全国导游资格考试备考通关教材

地方导游基础知识

陈云志 主编

廣東旅游出版社
GUANGDONG TRAVEL & TOURISM PRESS
悦读书·悦旅行·悦享人生
中国·广州

图书在版编目(CIP)数据

地方导游基础知识 / 陈云志主编. —广州 : 广东旅游出版社, 2024.3
全国导游资格考试备考通关教材
ISBN 978-7-5570-3161-9

Ⅰ. ①地… Ⅱ. ①陈… Ⅲ. ①导游—资格考试—教材 Ⅳ. ①F590.63

中国国家版本馆CIP数据核字(2023)第190670号

出 版 人：刘志松
策划编辑：官　顺
责任编辑：林保翠　陈伊甜
封面设计：谭敏仪
内文设计：谭敏仪　王燕梅
责任校对：李瑞苑
责任技编：冼志良

地方导游基础知识
Difangl Daoyou Jichu Zhishi

出版发行：广东旅游出版社
（广州市荔湾区沙面北街71号首层、二层）
邮　　编：510130
电　　话：020-87347732（总编室）　020-87348887（销售热线）
投稿邮箱：2026542779@qq.com
印　　刷：广州市岭美文化科技有限公司印刷
（广州市荔湾区花地大道南海南工商贸易区A幢）
开　　本：787毫米 × 1092毫米　16开
印　　张：13.75
字　　数：309千字
版　　次：2024年3月第1版
印　　次：2024年3月第1次
定　　价：38.00元

前言

101贝考教研团队根据文化和旅游部发布的《2023年全国导游资格考试大纲》，精细化详尽梳理历年真题，深挖历年高频考点，准确把握命题趋势，编写了本套全国导游资格证考试备考通关教材，助力考生科学备考，我们衷心希望这套教辅能切实满足广大考生的应考需求，助力考生顺利通过导游资格证考试。

一、考试方式及形式

全国导游资格考试科目包括：科目一“政策与法律法规”、科目二“导游业务”、科目三“全国导游基础知识”、科目四“地方导游基础知识”、科目五“导游服务能力”。

考试形式分闭卷考试与现场考试（面试）两种，科目一、科目二、科目三、科目四为闭卷考试，科目五为现场考试（面试）。

笔试实行全国统一的计算机考试。科目一、科目二合并为1张试卷进行测试，其中科目一、科目二分值所占比例各为50%；科目三、科目四合并为1张试卷进行测试。

考试题型包括判断题、单项选择题、多项选择题。

每张试卷考试时间为90分钟，含165题，共100分，其中判断题40题（每题0.5分，共20分）；单项选择题90题（每题0.5分，共45分）；多项选择题35题（每题1分，共35分）。

<table>
<tr><th colspan="11">导游资格证考试（笔试）方式、题型及分值</th></tr>
<tr><th rowspan="3">考试形式</th><th rowspan="3">试卷</th><th rowspan="3">考试科目</th><th rowspan="3">考试时间</th><th rowspan="3">总分</th><th colspan="6">题型</th></tr>
<tr><th colspan="2">判断题（每题0.5分）</th><th colspan="2">单选题（每题0.5分）</th><th colspan="2">多选题（每题1分）</th></tr>
<tr><th>题量</th><th>分数</th><th>题量</th><th>分数</th><th>题量</th><th>分数</th></tr>
<tr><td rowspan="4">机考</td><td rowspan="2">卷一</td><td>政策与法律法规</td><td rowspan="2">90 分钟</td><td>50</td><td rowspan="2">40</td><td rowspan="2">20</td><td rowspan="2">90</td><td rowspan="2">45</td><td rowspan="2">35</td><td rowspan="2">35</td></tr>
<tr><td>导游业务</td><td>50</td></tr>
<tr><td rowspan="2">卷二</td><td>全国导游基础知识</td><td rowspan="2">90 分钟</td><td rowspan="2">100</td><td rowspan="2">40</td><td rowspan="2">20</td><td rowspan="2">90</td><td rowspan="2">45</td><td rowspan="2">35</td><td rowspan="2">35</td></tr>
<tr><td>地方导游基础知识</td></tr>
</table>

科目五考试中文类考生每人不少于15分钟，备考旅游景区不少于12个；外语类考生每人不少于25分钟，备考旅游景区不少于5个。

现场考试成绩采用百分制。中文类分值比例为：礼貌礼仪占5%，语言表达占20%，景点讲解占45%，导游服务规范占10%，应变能力占10%，综合知识占10%。外语类分值比例为：礼貌礼仪占5%，语言表达占25%，景点讲解占30%，导游服务规范占10%，应变能力占5%，综合知识占5%，口译占20%。

科目五　现场考试（面试）				
考试类型	考试内容	分值比例	时间	备考景区
中文类面试	礼貌礼仪	5%	不少于 15 分钟	不少于 12 个
	语言表达	20%		
	景点讲解	45%		
	导游服务规范	10%		
	应变能力	10%		
	综合知识	10%		
外语类面试	礼貌礼仪	5%	不少于 25 分钟	不少于 5 个
	语言表达	25%		
	景点讲解	30%		
	导游服务规范	10%		
	应变能力	5%		
	综合知识	5%		
	口译	20%		

二、教材优势

全国导游资格备考通关教材具有以下优势：

贴合考试	考纲要求范围广、备考负担重，教材专为应试打造，帮助考生精准减负，删减考试无关内容，直击痛点，力求实用，简练，快速过关。
科学体系	严格依据最新考试大纲，构建条理清晰、要点全面的知识网络，让考生宏观把握重点，不做无用功。同时配有形式多样的思维导图、图表和顺口溜等多种方式，强化知识考点，便于理解记忆，帮助考生实现轻松备考。
重难点突出	大纲考点全覆盖，重难点各个突破。常考点、关键点、易错点用加粗、波浪线及双色印刷标注，圈定考点，使学生对高频考点了如指掌。注重基础知识与高频考点的理解与掌握，真正地夯实基础，筑稳根基。配备章节历年考试占比分值分析，方便考生抓住重点，突破难点，合理规划，提高效率。
思维导图	章节思维导图展示学习逻辑，罗列重点，归纳考点，提纲挈领，化繁为简，帮考生构建知识体系。
学练结合	超十亿次的后台答题数据分析，精选高频考点试题，提炼高频易丢分题目，圈题实战训练，熟知答题规则，掌握答题技巧，强化重难点理解和记忆，帮助考生提升做题正确率，从容应试。
彩色印刷，重点标注	波浪线及彩色印刷标注重点，清晰明了，一目了然。排版合理，不累眼睛，久看不倦。

三、备考攻略

1. 下划线、彩色印刷说明

2016 年全国统考以来历年真题的考点及题库高频知识点，教材运用下划线和彩色文字来标记，是学习的重点，复习时应着重记忆。

2. 历年分值统计说明

每个章节都有近 4 年该章节的考试分值分析，复习时应根据分值占比，分清主次，合理分配时间。

每章的分值占比统计公式：

该章的分值占比=该章当年的考试分值/当年该科目考试总分×100%

2022 年真题收集不完整，故不统计 2022 年各章分值情况。

2023 年真题科目一（政策与法律法规）、科目二（导游业务）小部分不完整，2023 年分值占比统计公式为：

2023年该章的分值占比=该章当年收集到的考试分值/当年该科目收集到的考试总分×100%

年份	政策与法律法规总分	导游业务总分	全国导基总分	地方导基总分
2018年	50	50	62.5	37.5
2019年	51	49	69.5	30.5
2020年	52	48	69	31
2023年	48.5	47	54	46

3. 图书二维码使用

扫描每章标题旁二维码，可以查看本章思维导图。思维导图支持下载。

每章易错考题小试牛刀题目的答案和解析，也可扫描本章二维码查看。

4. 笔试备考攻略

科目一 政策与法律法规	政策法规专业术语、法条较多，大部分考生认为是最难的科目。复习时要注重分类整理、归纳，加深理解，多刷题，做到考点心中有数。基础得分题较多，要认真审题，忌模棱两可。
科目二 导游业务	导游业务操作性、灵活性强，考试重点分布明确，理解与记忆并存，整个科目是笔试得分重点，务必加大复习。
科目三 全国导游基础知识	全国导基上至天文，下至地理，考点多，内容杂，对于有一定知识积累的考生来说比较有优势，知识薄弱的考生可通过多刷题加深记忆。记不住是因为重复的次数不够多！
科目四 地方导游基础知识	地方导基知识庞杂，不建议深入研究，建议刷题为主。考试往往考查一些具有关键字眼的点，例如“最大”“最长”“第一”“最早”“独有”等，重要考点教材也有用下划线描色标记，建议重点复习。

结合配套题库“101 贝考”APP 刷题，
效果更佳！

关注微信公众号“101 贝考导游”，
获取专业指导和最新考试动态。

目录

CONTENTS

【考试大纲】

- **了解**：历史、地理、气候、区划、人口、交通、旅游等概况。
- **熟悉**：列入世界遗产名录的中国遗产地景观，列入人类非物质文化遗产代表作名录的遗产项目，国家 5A 级旅游景区和国家级旅游度假区；各民族具有代表性的历史文化和民俗风情。
- **掌握**：各地代表性的饮食特点、主要美食和风物特产。国内知名的地域文化、民族文化及特色产业。

【历年分值】

年份	判断（题）	单选（题）	多选（题）	分值（分）
2018	14	33	14	37.5
2019	10	25	13	30.5
2020	9	31	11	31
2023	18	40	17	46

第一章　华北地区

第一节　北京市

一、概况

北京，简称“京”，是中华人民共和国的首都，也是全国的政治中心和文化中心，同时也是世界著名古都和现代化国际城市。北京总面积约 1.64 万平方公里，辖 16 个市辖区，全市常住人口约 2189.3 万。

二、地理、气候

类别	内容
位置	位于北纬 39° 56′ 、东经 116° 20′ ，地处华北大平原的北部，东面与天津市毗连，其余均与河北省相邻。地势西北高、东南低。西部、北部和东北部三面环山，东南部是一片缓缓向渤海倾斜的平原。北京市平均海拔 43.5 米，门头沟的东灵山为北京的最高峰，海拔 2303 米，被戏称为“北京的珠穆朗玛峰”，是当地户外爱好者非常喜欢攀登的山峰。
水系	境内有永定河、潮白河、北运河、大清河和蓟运河五大水系，是北京市淡水的主要来源。其中永定河是最大的过境河流，因上游流经黄土区，河水含泥沙量多，河道常常淤决迁徙，历史上曾有“小黄河”“无定河”之称。20 世纪 50 年代修建官厅水库后，水患得到有效治理。沿河名胜有卢沟桥、官厅水库国家湿地公园等。**潮白河**是北京第二条大河，在密云区建有密云水库，设计库容量 43 亿立方米，是华北地区最大的水库，也是北京最重要的地表饮用水水源地。**北运河**是隋朝大运河的最北段，历史上漕船穿梭，商贾云集。 北京市通过引入小红门再生水厂的再生水、南水北调中线工程引来的江水以及引黄工程的黄河水等多种水源进行生态补水。2022 年 4 月 28 日，京杭大运河实现百年来首次全线通水；6 月 24 日，京冀段 62 公里正式通航。五大水系干流全部成为“流动的河”，再现水草丰美的景象。北京已建湿地自然保护区 6 个，总面积 2.11 万公顷；国家和市级湿地公园 12 个，包括翠湖国家城市湿地公园、野鸭湖和长沟泉水国家湿地公园等。
气候	属典型的暖温带大陆性季风气候（暖温带半湿润半干旱季风气候）。一年四季分明，冬夏漫长，春秋短暂。夏季炎热多雨，冬季寒冷干燥。年平均气温 10℃ ~ 12℃，年平均降雨量 600 多毫米，夏季降水量约占全年降水量的 3/4。秋季天高气爽，气候宜人，是一年中的黄金季节。最佳的旅游时间为每年的 4 月、5 月、9 月、10 月四个月份。冬奥会后，冰雪旅游景点成为游客冬季休闲新选择。

三、交通状况

北京是全国公路、铁路、航空运输的枢纽，交通客运能力位居全国前列。

类别	内容
公路	有国家级高速公路8条，分别是京哈（G1）、京沪（G2）（京津塘）、京台（G3）、京港澳（G4）（京石）、京昆（G5）、京藏（G6）、京新（G7）、大广（G45）（京开）高速公路。全市公路网总里程约为2.2万公里。 截至2023年5月，北京私家车总数达657万辆，交通压力较大，采用环形交通方式，其中6环全长约187.6公里，7环长达940公里。
铁路	北京主要铁路客运站现有北京站、北京西站、北京南站、北京北站、朝阳站、丰台站等。铁路客运系统按“四主两辅”总体布局，北京站、北京西站、北京南站和北京北站为主要客站，新北京东站（通州）、丰台站为辅助客站。北京是中国铁路网的中心之一，主要有京九铁路、京沪铁路、京广铁路、京哈铁路、京张铁路等。京张客运专线，是中国第一条采用自主研发的北斗卫星导航系统、设计速度350公里/时的智能化高速铁路，也是世界上第一条最高设计速度350公里/时的高寒、大风沙高速铁路。从自主设计修建零的突破到世界最先进水平，从时速35公里到350公里，京张线见证了中国铁路的发展，也见证了中国综合国力的飞跃。
航空	航空业发达，建有2个4F级国际机场：首都国际机场和大兴国际机场。北京首都国际机场通过105家航空公司与全世界65个国家和地区的296座机场相连，其中，国内（含地区）航点160个，国际航点136个。首都国际机场连续9年位列世界第二繁忙机场，并在国际机场协会服务质量评比中连续10年获奖，2018年旅客吞吐量突破1亿人次，成为中国第一个年旅客吞吐量过亿人次的机场。大兴国际机场是目前世界上最大的机场，当前已开通4条民机跑道，未来将有7条跑道。

四、历史沿革

北京房山区周口店遗址是20万~70万年前的“北京人”、10万~20万年前的第四地点早期智人、约3.85万~4.2万年前的田园洞人、3万年前的山顶洞人生活的地方。1万多年前，定居于西山的东胡林人已经开始从事原始农业生产。房山区周口店镇龙骨山的北京人遗址，发现了不同时期的各类化石和文化遗物地点27处，出土人类化石200余件、石器10多万件以及大量的用火遗迹及上百种动物化石等，是人类化石宝库，是公认的人类发祥地之一。北京最早见于文献的名称叫“蓟”。公元前11世纪时，蓟国是统治中国北方的西周王朝的一个分封国。春秋中期，位于蓟国西南面的另一个封国燕吞没了蓟，并迁都于蓟城。从这时起，蓟城一直是燕的都城，直到公元前226年燕国被强大的秦国所灭。938年，蓟城成为辽的陪都。因为蓟位于辽所辖疆域的南部，所以改称南京，又叫燕京。一个多世纪以后，另一个少数民族女真族建立的金朝将辽灭亡，并于1153年迁都燕京，改名中都。1214年，金朝因受到新兴的蒙古族军队的进攻，被迫迁都汴京（今河南开封），第二年蒙古铁骑入主中都。

1267年，蒙古族首领忽必烈下令在中都城的东北郊筑建新城。1285年新城全部建成，这便是意大利旅行家马可·波罗在游记中称为“世界莫能与比”的元大都。从此，北京取代了长安、洛阳、汴梁等古都的地位，成为中国的政治中心，并延续到明、清两代。1911年辛亥革命后，北京成为新文化运动的发祥地，五四运动的爆发地，是国内最早引入马克思主义火种的地方，是中国共产党的最初孕育地，是“一二·九”运动的主战场。1949年10月1日，中华人民共和国成立，北京成为中华人民共和国的首都，是中国的政治中心、文化中心、国际交往中心、科技创新中心。

为深入推进京津冀协同发展，中共中央、国务院于2017年4月1日决定设立河北雄安新区。雄安新区的设立对于集中疏解北京非首都功能，探索人口经济密集地区优化开发新模式，调整优化京津冀城市布局和空间结构，培育创新驱动发展新引擎，具有重大现实意义和深远历史意义。

五、民俗风情

根据第七次全国人口普查数据，北京市少数民族户籍人口数量为104.8万，占全市总人口4.8%。排名前5位的少数民族分别是：满族47万、回族27.4万、蒙古族12.3万、朝鲜族3.3万、土家族3万。各民族群众在和睦相处、守望相助的历史积淀中，形成了独具京味特色的民族文化。民族体育项目蹴球、珍珠球、弹弓术等已成为北京非物质文化遗产重要的组成部分。

六、文旅资源

北京具有丰富的文旅资源，全市共有文物古迹7309项，其中世界文化遗产7处，全国重点文物保护单位138处。对外开放的旅游景区达200多处，其中5A级景区8处。

北京远古原始文化融合了中原和北方原始文化，其内容包含了整个人类社会发展的各个阶段。处于南北文化融合地带的地理位置，造就了北京特有的远古原始文化特点。

（一）文化资源

870年的建都史，形成了北京内涵丰富的皇家建筑文化。从辽代开始的800多年里，北京建造了许多宏伟的宫廷建筑，成为我国拥有帝王宫殿、陵墓和庙坛数量最多、内容最丰富的城市。北京有世界上最大的皇宫紫禁城、祭天神庙天坛、皇家花园北海、皇家园林颐和园与圆明园，还有八达岭长城、慕田峪长城以及世界上最大的四合院——恭王府等名胜古迹。

北京主要有京味文学、京剧、胡同文化和四合院建筑文化等文化资源。“京味文学”是北京最具特色的文化现象。老舍是京味文学的代表，小说和话剧创作的成就很高，他留下的《骆驼祥子》《四世同堂》《茶馆》《龙须沟》等作品至今影响甚广，也多次被改编成电视剧、电影、话剧。北京文化名人马致远，是“元曲四大家”之一，其散曲代表作是《天净沙·秋思》，杂剧代表作是《汉宫秋》。京剧最终形成于北京，北京也是中国京剧艺术的中心。京味文化是北京文化中最鲜活、最接地气的部分。京味文化包含以下三个方面，即王官文化、士大夫文化和市民文化。北京是封建时代的天子之都，帝王居住的紫禁城庄重高华，以其王者气象、帝王风范泽被京师；明清两代的最高学府国子监沉静肃穆，沉积着诗书情韵和儒雅格调；住在胡同、四合院里的普通百姓的生活则是四平八稳、大大方方。

（二）旅游景点

1.中华人民共和国成立十周年十大建筑

人民大会堂、中国历史博物馆与中国革命博物馆（两馆属同一建筑，即今中国国家博物馆）、中国人民革命军事博物馆、全国农业展览馆、北京火车站、工人体育场、民族文化宫、民族饭店、钓鱼台国宾馆、华侨大厦（现已拆除）。

2.北京故宫

位于北京中轴线的中心，是中国明、清两代的皇家宫殿，旧称紫禁城。北京故宫包括宫殿区、祖庙（现劳动人民文化宫）、社稷坛（现中山公园）三部分。宫殿区以三大殿为中心，占地面积约 72 万平方米，建筑面积约 15 万平方米，有大小宫殿 70 多座，房屋 9000 余间。**故宫博物院**是中国最大的古代文化艺术博物馆，文物收藏极其丰富，总数超过 186 万件。

3.八达岭长城

位于北京市延庆区，踞于西北通往北京的咽喉要道最高处，地势险要，素有“北门锁钥”之称。明王朝先后经营 80 多年，使八达岭长城成为一处城关相连、墩堡相望、重城护卫、烽燧预警的纵深军事防御体系。目前，八达岭长城对外开放长度为 3741 米，有城台、墙台 21 座。

4.天坛

位于东城区，是中国现存最大的古代祭祀性建筑群。天坛是圜丘、祈谷两坛的总称，有坛墙两重，形成内外坛，坛墙南方北圆，象征天圆地方。

5.颐和园

是中国现存规模较大、保存最完整的皇家园林，包括昆明湖、万寿山、长廊、文昌院、四大部洲、景明楼、澹宁堂、苏州街、耕织图等重要景点。颐和园集传统造园艺术之大成，借景周围的山水环境，既有皇家园林恢宏富丽的气势，又充满了自然之趣，高度体现了中国园林“虽由人作，宛自天开”的造园准则。

6.北京中轴线文化遗产

北端为北京鼓楼、钟楼，南端为永定门，纵贯北京老城，全长 7.8 公里，是由古代皇家建筑、城市管理设施和居中历史道路、现代公共建筑和公共空间共同构成的城市历史建筑群。北京中轴线布局和谐而明朗，被称为“古都的灵魂和脊梁”。其中包括北京鼓楼、钟楼、地安门外大街、万宁桥、景山、故宫、地安门内大街、社稷坛、太庙、天安门、天安门广场建筑群、正阳门、门前大街、天坛、天桥南大街、先农坛、永定门御道遗存、永定门等。

从景山的修整，到天安门广场的扩建，从中山公园、劳动人民文化宫的设置，到人民大会堂和国家博物馆的建造，再到毛主席纪念堂的营建，这条中轴线一直不断完善。北京申奥成功后，中轴线再次向北延长，成为奥林匹克公园的轴线。东边建造国家体育场（鸟巢），西边则是国家游泳中心（水立方）。再向北，穿过奥林匹克公园，到达奥林匹克森林公园，该公园中间的仰山、奥海均在中轴线上。这条绵延了七百年的中轴线见证了中国都城模式的变化，更见证了中华文明的源远流长。

7.北京四合院

北京的四合院是以正房、倒座房、东西厢房围绕中间庭院形成平面布局的北方传统住宅的统称。北京四合院源于元代院落式民居，是老北京城最主要的民居建筑。

8.胡同

胡同原为蒙古语，即小街巷，是北京特有的一种古老的城市小巷。北京胡同既是普通老百姓生活的场所，也是京城历史文化发展演变的重要舞台，是用以品味北京的百科全书。

北京胡同星罗棋布，共有7000余条，大部分形成于元、明、清三个朝代，民间有“有名的胡同三千六，没名的胡同赛牛毛”之说。胡同依照棋盘形进行建筑，绝大多数是正东正西、正南正北、横竖笔直的走向，从而构成了十分方正的北京城，体现了我国城市建造的传统特色。北京胡同名称五花八门，既反映了历史发展，也展示了社会风情。有的以人物命名，如文丞相胡同；有的以市场、商品命名，如米市胡同；有的以北京土语命名，如闷葫芦罐胡同等。北京最长的胡同是东西交民巷，全长6.5公里；最短的是一尺半大街，长不过十几米；最窄的是前门大栅栏地区的钱市胡同，胡同中间最窄处只有40厘米。

9.“双奥”场馆

北京成为世界上第一个举办过夏季奥运会和冬季奥运会（2022年第24届冬季奥运会和冬残奥会）的城市，“双奥”为北京留下了设施完善、可持续的场馆遗产。

国家体育场、国家体育馆、国家游泳中心、五棵松体育中心、首都体育馆等夏奥场馆变身冬奥场馆。国家体育场**“鸟巢”**成为唯一举办“双奥”开幕式和闭幕式的场馆；国家游泳中心**“水立方”**根据需要可以变身为“冰立方”；**五棵松体育中心**可以在6小时之内实现冰球、篮球两种比赛模式的转换，是国内第一个在一块场地上同时举办篮球、冰球两种职业体育赛事的场馆。**国家速滑馆**又被称为“冰丝带”，是唯一一个因为北京冬奥会新建的冰上项目竞赛场馆，因被22条晶莹美丽的丝带状曲面玻璃幕墙环绕而得名。它拥有亚洲最大的全冰面设计，冰面面积达**1.2**万平方米。国家速滑馆平时可接待超过**2000**人同时开展冰球、速度滑冰、花样滑冰、冰壶等所有冰上运动，与“鸟巢”“冰立方”共同组成“双奥”之城的标志性建筑群。国家速滑馆也是世界上第一座采用二氧化碳跨临界直冷系统制冰的大道速滑馆，碳排放趋近于零。

10.中华世纪坛

是中国人民迎接新千年、新世纪的标志性纪念建筑，是传统文化精神与现代设计艺术的巧妙结合，是集建筑、园林、雕塑、壁画等多种艺术形式于一体的大型人文景观。立坛之日起即承载弘扬中华优秀传统文化，传播世界优秀文明成果，祈祷世界和平的重要职能；同时还肩负沉淀、传承，升华人类物质文化遗产和非物质文化遗产的重任。中华故土地图、青铜雨道、主建筑乾体与坤体、56个民族象征性图饰浮雕、中华历史名人雕像等景观全面展示了中华民族五千年文明史，全方位呈现了中华民族五千年来走过的不凡历程和创造的灿烂文化，有助于激发参观者爱国热情和文化自信。自建成以来，中华世纪坛承担了大量公共文化活动，如国家级庆典、北京市重大节日庆典、世界主题日活动、中国传统节庆活动、中外名人纪念日等，已成为国家重大公共文化活动开展的重要载体。

11. 大兴机场

距天安门广场46公里，距北京首都国际机场67公里，距廊坊市中心26公里，旨在成为周边地区的主要航空枢纽。大兴机场的总体规划由荷兰机场建设专家纳科公司团队（NACO）负责。机场占地100万平方米，有全世界最大的单体机场航站楼，因拥有庞大的中央空间和5支“触手”以及类似巨型章鱼的外观，享有“海星”的昵称。航站楼使用双层到达、双层出发的平台，并配备了最前沿的服务技术，如人脸识别设备和行李追踪系统。

七、风物特产

（一）工艺品

景泰蓝得名于明朝景泰年间，以蓝釉为特点，是北京特有的传统工艺品。北京是景泰蓝技术的发源地，现存最早的景泰蓝是元代的产品，已有近千年的历史。制作景泰蓝先要用紫铜制胎，再用扁细的铜丝在铜胎上粘出图案花纹，然后用色彩不同的珐琅釉料镶嵌填充。在图案中，这道工序完成后才是反复烧结、磨光镀金。景泰蓝制作既运用了青铜工艺、瓷器工艺，又大量引进了传统绘画和雕刻技艺，堪称中国传统工艺的集大成者。

（二）传统名吃

多由宫廷帝后的御用菜沿袭。以民间家居及市肆的饮食为基础的中国烹饪技术造就了以满汉全席为代表的清宫御膳。满汉全席菜式有咸有甜、有荤有素，用料精细，突出满族菜点特殊风味，烧烤、火锅、涮锅几乎不可缺少的菜点，同时又展示了汉族烹调的特色，扒、炸、炒、熘、烧等兼备。

项目	内容
宫廷菜	溜鸡脯、一品官燕、烤鹿肉、蛤蟆鲍鱼（官府菜在规格上一般不得超过宫廷菜，又与平民菜有极大的差别）。
谭家菜	以烹制海味菜最为有名。代表名菜有清汤燕窝、红烧鲍鱼、扒大乌参、草菇蒸鸡。
地方名菜	北京烤鸭、涮羊肉、老北京烤肉、京酱肉丝。
知名食品品牌	富华斋饽饽铺、稻香村、百年义利、大顺斋。
糕点	品种多、名气大。著名的有蜜饯果脯、小桃酥、茯苓饼、京八件。
小吃	样样俱全，宫廷风味小吃更是别具特色。代表品种有：芸豆卷、豌豆黄、驴打滚、艾窝窝、糖耳朵、豆汁、年糕、爆肚。

八、特色产业

北京文化产业增加值占GDP比重保持增长态势，2019年占比达到9.4%，始终居于全国首位。北京市文化核心领域优势明显，“十三五”期末，内容创作生产、新闻信息服务等核心领域营业收入占比达到91.6%，比全国高约30个百分点。在中国人民大学和新华社发布的中国省市文化产业发展指数、文化消费指数及文化产业高质量发展指数排名中，北京“十三五”期间均连年蝉联第一。“十四五”期间，北京将加快建设国际科创中心，加快高精尖产业发展，在“十四五”期间谋划培育智能制造、医疗健康、产业互联网、智能网联汽车等万亿级产业集群，带动全市整体产业基础提升和产业结构实现优化。

北京是全国高等教育中心，一流高等教育资源富集，形成特有的研学旅游资源。辖区内北京大学、清华大学、中国人民大学等著名高等学府每年都吸引大量游客前往参观游览。

第二节　天津市

一、概况

天津简称“津”，意为“天子经过的渡口”，别名津沽、津门等。天津市现辖 16 个市辖区，土地总面积约 1.2 万平方公里。根据第七次全国人口普查数据，天津总人口约 1386.6 万。

二、地理、气候

类别	内容
位置	位于太平洋西岸，华北平原东北部，海河流域下游，东临渤海，北依燕山，西靠首都北京，是海河五大支流南运河、子牙河、大清河、永定河、北运河的汇合处和入海口，素有“九河下梢”“河海要冲”之称。 天津是中蒙俄经济走廊主要节点，海上丝绸之路的战略支点，“一带一路”交会点，亚欧大陆桥最近的东部起点，凭借优越的地理位置和交通条件，成为连接国内外、联系南北方、沟通东西部的重要枢纽，是邻近内陆国家的重要出海口。 天津背靠华北、西北、东北地区，是中国北方十几个省区市对外交往的重要通道，也是中国北方最大的港口城市。天津距北京 120 公里，历来是拱卫京畿的要地和门户。
气候	暖温带半湿润季风性气候。因临近渤海湾，海洋气候对天津的影响比较明显。主要气候特征是：四季分明，春季多风，干旱少雨；夏季炎热，雨水集中；秋季凉爽，冷暖适中；冬季寒冷，干燥少雪。因此，春末夏初和秋天是到天津旅游的最佳季节。天津的年平均气温约为 14℃，7 月最热，月平均温度 28℃，历史最高温度是 41.6℃；1 月最冷，月平均温度 −2℃，历史最低温度是 −17.8℃。年平均降水量为 360 ~ 970 毫米。

三、交通状况

类别	内容
公路	通过天津的国道主干线有 4 条：京津塘高速公路、京福一级汽车专用公路、拉丹高速公路和拉丹高速公路津唐支线。 国道 5 条：京哈、京塘、津同、津榆和山广公路。
铁路	天津不仅处于京沪铁路、津山铁路两大传统铁路干线的交会处，还是京沪高速铁路、京津城际铁路、津秦客运专线、津保客运专线等高速铁路的交会处，是北京通往东北和上海方向的重要铁路枢纽。
航空	天津滨海国际机场位于天津市东丽区，距天津市中心 13 公里，距天津港 30 公里，是国内干线机场、国际定期航班机场、国家一类航空口岸，中国主要的航空货运中心之一。

（续表）

类别	内容
水运	航运业发达，天津港是世界著名港口。

四、历史沿革

天津始于隋朝大运河的开通。南运河和北运河的交汇处、现在的金钢桥三岔河口，是天津的发祥地，史称“三会海口”。唐朝中叶以后，天津成为南方粮、绸北运的水陆码头。金代在直沽设“直沽寨”，元朝设“海津镇”，是军事重镇和漕粮转运中心。明初，朱棣曾率兵经此渡河南下夺取政权，并于1404年（明永乐二年）在此设立天津卫作为军事重镇，天津由此得名。翌年，设天津左卫，转年又增设天津右卫。1652年（清顺治九年）三卫合一，归并于天津卫。从1404年（明永乐二年）正式建卫至今，天津建城已有600多年历史。

1860年天津被辟为通商口岸后，西方列强纷纷在天津设立租界，天津成为中国北方开放的前沿和近代中国洋务运动的基地。天津在军事近代化以及铁路、电报、电话、邮政、采矿、近代教育、司法等方面的建设，均开全国之先河，成为当时中国第二大工商业城市和北方最大的金融商贸中心。

1949年中华人民共和国成立后，天津作为直辖市，经济建设和社会事业全面发展，进一步巩固了中国重要综合性工业基地和商贸中心地位。

五、民俗风情

天津是一个多民族散居、杂居的沿海城市。根据第七次全国人口普查统计，天津市各少数民族人口为443481人，占3.20%。全市有53个少数民族，缺少德昂族和珞巴族。人口最多的少数民族是回族。天津是中国汉民族地区民俗文化最丰富、最地道的城市之一，是北方曲艺的重要发源地。天津快板、相声、京韵大鼓、梅花大鼓、天津时调等在天津都有着深远的影响。著名相声表演艺术家马三立，擅使“贯口”和文哏段子，创立了独具特色的“马氏相声”，是当时相声界年龄最长、辈分最高、资历最老、造诣最深的“相声泰斗”，深受社会各界及广大观众的热爱与尊敬，形成了“无派不宗马”的说法。

六、文旅资源

天津是中国历史文化名城和中国首批优秀旅游城市，拥有山、河、湖、海、泉、湿地等丰富的自然资源和**中西合璧、古今兼容**的深厚历史文化底蕴。截至2022年年底，天津有49项国家级非物质文化遗产，34处全国重点文物保护单位，5处一级博物馆，已建成2家5A级景区和33家4A级景区。

天津市是中国近代史的缩影，与中国近代史有关的景点众多。许多珍贵的历史遗迹、名人故居和多国风格的建筑，如大沽口炮台、天后宫、石趣园、霍元甲故居、石家大院、古式教堂等，都体现着天津的近代特色。天津租界形式完备，建筑风格多样，号称“建筑博物馆”的五大道上保存完好的小洋楼、现存的名人故居、风貌建筑，具有鲜明的民族特色和中西文化交融的痕迹。这些历史遗迹真实地记录了天津乃至中国社会发展演变的轨迹，是城市发展史与中国近代史的缩影和有力见证，故有“看近代史到天津”的说法。

天津历史文化名人众多。有发动“陈桥驿兵变”的大将赵普，民国大总统曹锟，爱国武术家、精武会创始人霍元甲，著名理论物理学家、“两弹一星”元勋于敏等。

天津古文化街旅游区（津门故里）是津门十景之一。古文化街旅游商贸区古色古香，集民俗文化、旅游商贸、购物休闲、餐饮住宿、健身娱乐于一体，是天津市的一张富有魅力的“城市名片”。其主街仍然保持着600年前的建筑风貌和基本线型，建筑风格为仿明清小式建筑；街区走向自然曲直，错落有致。街内主要景点包括：天后宫、玉皇阁、通庆里、古玩城、文化小城、美博城、风情水畔餐饮娱乐带等。其中天津天后宫是天津市现存最古老的一座建筑群，是中国北方妈祖文化的研究中心和最大的妈祖庙。

天津的主要旅游景点有：

景点	介绍
盘山风景名胜区	位于天津市蓟州区西北15公里处，有“京东第一山”之誉。大自然的鬼斧神工造就了盘山的奇峰险壑，尤以“五峰”“八石”“三盘之胜”奇特称绝。主峰名挂月峰，前有紫盖峰，后依自来峰，东连九华峰，西傍舞剑峰，五峰攒簇，天然形成了上盘松树奇、中盘岩石怪、下盘响流泉、十里闻澎湃的美妙画卷。盘山历史上建有72座寺庙和13座玲珑宝塔，有1座皇家园林——静寄山庄，为历代帝王将相文人墨客竞游之地。
黄崖关长城	位于蓟州区最北端30公里处的东山上，初建于北齐，明代重修，包括黄崖关和太平寨。此段长城布局巧妙，集雄险奇秀于一身。有关城、塞堡、敌台、水关等各种防御设施，城墙有砖有石，敌楼有方有圆，砌垒砖有空心有实心。明代名将戚继光任蓟镇总兵时，曾经重新设计，包砖大修。
独乐寺	始建于唐，重建于辽统和二年（984年），由山门、观音阁、韦驮亭、报恩院、乾隆行宫、清代民居等组成。以古建、泥塑、壁画“三绝”享誉中外，具有极高的历史、文化、艺术价值。有国内最古老的木结构楼阁——观音阁；有现存最早的庑殿顶山门；寺内保存的辽代泥塑，艺术手法古朴有力，是古代泥塑佛像中的精品，有16米高的彩色泥塑观音大佛；观音阁四周的壁画具有元代风格；有国内现存规模最大的乾隆御笔碑刻和别致罕见的辽代白塔等。观音阁的独特设计保证了它历经千年风雨和强烈地震而依旧完好如初。
京杭大运河天津段	天津境内的京杭大运河全长约195公里，其中南运河长约99公里，北运河长约96公里，南、北运河相向而流，分别流经静海、西青、南开、北辰、武清等区，最终在三岔河口汇聚入海河。“北、南运河天津三岔口段”被列入世界文化遗产名录。九宣闸是目前京杭大运河天津段最古老的水闸，也被视为大运河进入天津的标志。
天津杨柳青博物馆（石家大院）	始建于1875年，规模宏大，建造精巧，有“华北第一宅”之称。堂院坐北朝南，南北长96米，东西宽62米，占地面积6080平方米，其中建筑面积2900多平方米。整个建筑包含12个院落，所有院落都是正偏布局，四合套成，院中有院，院中跨院，院中套院。石家大院中收藏大量名闻中外的杨柳青木版年画的历代杰作，集中陈列130余件天津砖雕的上乘之作。大院内的石府戏楼是中国北方最大的民宅戏楼。

七、风物特产

（一）美食

天津特产主要有宝坻大米、蓟州板栗、北辰葡萄、沙窝萝卜、黄庄大米、瓦岔庄村山药等。天津小站稻是我国著名的优质水稻之一，以其色香味俱佳的特点而驰名中外，具有“香、黏、弹、筋、甜”的特点。

天津是退海之地，古有“九河下梢”之说，盛产鱼、虾、蟹，民间素有“吃鱼吃虾，天津为家”的说法。八大碗、四大扒、冬令四珍是天津风味菜肴的代表性菜品。“冬令四珍”是指铁雀、银鱼、紫蟹、韭黄。目前已申报为津菜招牌菜式的有鲍鱼虾、酸沙鱼扇、扒全素、溜南北笋、虾脑扒白菜、扒通天鱼翅、罾蹦鲤鱼、鸡茸燕菜、炒青虾仁、酸沙紫蟹、煎烹大虾、高丽银鱼等。

“津门三绝”（狗不理包子、十八街麻花、耳朵眼炸糕）、嘎巴菜、小宝栗子、煎饼果子等美食家喻户晓。

（二）工艺品

1. 魏记风筝

天津市是中国风筝的主要产地。风筝是中国汉族传统的民间手工艺品之一。天津风筝之中，以“魏记”生产的风筝最为精美、著名。魏记风筝发展到今天已有100余年的历史，它的创始人魏元泰（生于1872年）技艺精湛，从艺70余年来，制作出数以万计具有很高艺术性的精美风筝，誉满中外，享有“风筝魏”的美誉。1914年，魏记风筝在巴拿马国际博览会上一举夺得金奖，从此成为受国内外众多博物馆所青睐的珍贵藏品。

2. 杨柳青年画

全称“杨柳青木版年画”，属于木版印绘制品，是著名的汉族民间木版年画之一，与苏州桃花坞年画并称“南桃北柳”。杨柳青年画产生于中国明代崇祯年间，继承了宋、元绘画的传统，吸收了明代木刻版画、工艺美术、戏剧舞台的形式，采用木版套印和手工彩绘相结合的方法，创立了鲜明活泼、喜气吉祥、富有感人题材的独特风格。2006年5月20日，该遗产经国务院批准列入第一批国家级非物质文化遗产名录。

3. 泥人张彩塑

是一种民间文化，也是著名的汉族传统手工艺品之一。被公认为天津一绝，早在清代乾隆、嘉庆年间就已经享有很大声誉。作为北方流传的一派民间彩塑，始创于清代道光年间，是天津艺人张明山于19世纪中叶创造的彩绘泥塑艺术品，现为天津市首批国家级非物质文化遗产。泥人张把传统的捏泥人提高到圆塑艺术的水平，又装饰以色彩、道具，形成了独特的风格。

八、特色产业

智能科技产业是引领天津市产业转型升级的重要引擎，营业收入占全市规模以上工业和限额以上信息服务业比重达到23.5%。近年来，天津以举办世界智能大会为牵引，将全球前沿科技融入天津经济血脉，形成了具有天津特色的**“1+3+4”产业体系：**

☆"1"——高技术产业，即智能科技产业，该产业发展以人工智能产业为核心、以新一代信息技术产业为引领、以信创产业为主攻方向、以新型智能基础设施为关键支撑、各领域深度融合发展的新兴产业，加快建设"天津智港"；

☆"3"——新能源、生物医药、新材料三大新兴产业；

☆"4"——航空航天、高端装备、石油石化、汽车四大优势产业。

天津是全国先进制造研发基地、北方国际航运核心区、金融创新运营示范区、改革开放先行区。目前，天津市信息安全产业集群规模占全国的比重达到23%，聚集企业超4000家。

天津港位于滨海新区，是世界等级最高、中国最大的人工深水港，码头等级达30万吨级，拥有万吨级以上泊位128个，同世界上180多个国家和地区的500多个港口有贸易往来，集装箱班轮航线达到120条，是蒙古国等内陆国家的主要出海口，国内服务区域辐射京津冀及中西部地区14个省市区，目前已是吞吐量世界第四的综合性港口。

第三节　河北省

一、概况

河北省简称"冀"，环抱首都北京，地处中原地区，文化博大精深，自古有"燕赵多有慷慨悲歌之士"之称，是英雄辈出的地方。河北省总面积约18.88万平方公里，常住人口约7461余万，辖石家庄、唐山、秦皇岛、邯郸、邢台、保定、张家口、承德、沧州、廊坊、衡水11个地级市，168个县（市、区）。省会石家庄市。

二、地理、气候

类别	内容
位置	被称为燕赵大地，北为燕山山地，西为太行山地，西北部为张北高原，其余为河北平原。
地形	河北省是全国唯一兼有高原、山地、丘陵、平原、湖泊和海滨的省份，也是旅游资源大省。地势由西北向东南倾斜。西北部为山区、丘陵和高原，中部和东南部为广阔的平原。 ☆**坝上高原**平均海拔1200 ~ 1500米，是清代皇家猎苑木兰围场故地，有著名的塞罕坝国家森林公园； ☆**河北平原**是华北大平原的一部分，占全省总面积的43.4%，海拔多在50米以下。
气候	属于温带大陆性季风气候，大部分地区四季分明，寒暑悬殊，雨量集中，干湿期明显。北部的坝上地区冬季漫长，低温寒冷，适合开展冰雪旅游；东部的北戴河冬无严寒，夏无酷暑，暑期平均气温只有20多度，是驰名中外的避暑胜地。全省大部分地区一年四季均可旅游。

三、交通状况

类别	内容
公路	有 17 条国家干线公路，公路货物周转量居全国大陆省份第 2 位。
水运	海运条件也十分便利，其中秦皇岛港港阔水深，风平浪小，一年四季不冻不淤，是中国大陆第二大港。
航空	截至 2022 年 7 月，已经通航的机场有石家庄正定国际机场、张家口宁远机场、秦皇岛北戴河机场、承德普宁机场等 6 个。
铁路	有 15 条铁路干线及支线，货物周转量居全国大陆省份第 1 位。
旅游风景道	承德国家一号风景大道、张家口草原天路、邯郸太行山旅游风景道、沧州大运河沿线生态廊道、衡水湖环湖绿道、石家庄滹沱河生态走廊等一批精品旅游风景道，以进一步增强河北旅游的便利性和舒适感。

四、历史沿革

河北省是中华民族的发祥地之一。根据考古发现，河北省阳原县泥河湾分布着大批旧石器时代文化遗址，出土大量石制品和动物化石。其年代早的距今 200 万年左右，晚的距今约 7530 年，其中距今 100 万年以上的遗址达 18 处，几乎记录了人类从旧石器时代至新石器时代发展演变的全部过程，是中国乃至世界上罕见的旧石器文化遗址群，被誉为“旧石器时代考古的圣地”。河北省尚义县发现的四台遗址，距今约 1 万年，有房址 40 余座，显示出人类从旧石器时代的流动性栖居向新石器时代定居生活的转变；考古还发现四台遗址居民的食谱中粟黍有从杂粮变成主食的过程，暗示着原始农耕文明正逐步兴起。

进入新石器时代，河北发掘出大量的仰韶文化和龙山文化遗址。5000 多年前，中华民族的三大始祖黄帝、炎帝和蚩尤就在河北由征战到融合，开创了中华文明史。大禹时，根据山川地理将中国划分为九州，河北是冀州所在地。春秋战国时期，河北地属燕国和赵国，故有“燕赵”之称。汉代，河北人口众多，经济繁荣。考古发现的河北保定满城西汉中山靖王刘胜夫妇墓，出土“金缕玉衣”“长信宫灯”“错金铜博山炉”等稀世珍宝，充分反映了西汉时期河北经济文化的高度发达。

三国时期，河北成了州郡牧守等割据势力逐鹿中原、争夺地盘的主要战场。**宋代**，河北是宋朝与北方少数民族辽、金两国交兵的战场，有霸州和永清境内的宋辽古战道和定州料敌塔——开元寺塔。元、明、清三朝定都北京，河北成为京师的畿辅之地。到了**清代**，承德成了清王朝的第二个政治中心。

近代和现代，燕赵儿女与全国人民一道书写了一部可歌可泣的反帝、反封建的革命史诗，1900 年“义和团”运动就是由河北威县首先发起的；**抗日战争时期**，河北大地是对日作战的主战场，著名的“百团大战”就主要发生在河北。**解放战争时期**，党中央在河北平山县西柏坡指挥了著名的“三大战役”，召开了西柏坡会议（七届二中全会），为夺取全国胜利奠定了基础。解放石家庄是中国革命由农村包围城市，最后夺取全国胜利的转折点。

五、民俗风情

河北是少数民族人口较多的省份，全省少数民族人口约 322.11 万。河北的少数民族中，满族、回族、蒙古族、朝鲜族为世居民族，其中满族人口最多，其次是回族，乌孜别克族人口最少。

河北省民俗风情丰富多彩。河北普遍盛行庙会，有句俗话："赶集上会做买卖。"这里的赶集、上会，也就是去赶庙会、在庙会上做买卖的意思。庙会会期短则一天，长则一个月，还会举行富有民族风情和地方气息的民间艺术表演，如舞狮子、扭秧歌、跑驴、挂花灯、霸王鞭、跑旱船等。庙会也离不开捏面人（也叫面花），面塑艺人通过揉、搓、挤、压、团、挑、按、拨等造型技巧，顷刻之间，就把面团塑造成了千姿百态的人物或动物，惟妙惟肖、活灵活现，令人称奇！保定有灯花祈福的习俗，灯花都是自家制作，用香油浸了放到灯碗里燃烧。家家屋里点小灯花，屋外放大灯花，一家连着一家放，整个街道连接起来通红通红的，像一条火龙。邢台的古村落春节还有抬杠箱的风俗，这个风俗来自上古时代的祭祀仪式，先祖们肩扛杠箱，企盼事事如意，五谷丰登。

六、文旅资源

（一）旅游景点

据统计，河北省现有世界文化遗产 5 处，中国历史文化名城 6 座，中国优秀旅游城市 10 座，国家 5A 级旅游景区 11 家。无论是数量规模，还是价值品位，河北都堪称全国的旅游资源大省。

项目	内容
清代帝王陵寝群 清东陵和清西陵	享誉海内外，是我国第一批全国重点文物保护单位，国家 5A 级旅游景区，世界文化遗产。
承德避暑山庄	我国现存最大的园林，也是清代皇帝夏日避暑和处理政务的场所，为我国著名的古代帝王宫苑。
明代金山岭长城	地势险要，视野开阔，设防严谨，建筑雄伟，是我国万里长城的精华地段，世界文化遗产，全国重点文物保护单位，国家 5A 级旅游景区。
景色秀丽的北戴河海滨	暑期平均气温 24.5℃，是驰名中外的旅游避暑胜地。
峻峭挺拔的嶂石岩	太行山中最为雄险与灵秀的地段，有着丹崖、碧岭、奇峰、幽谷等独特的山岳景观。
以雄、险、奇、秀著称的天桂山	峰险、石奇、洞幽、泉多、林木繁茂、云雾缭绕。山上古建原为崇祯皇帝归隐行宫，后改为青龙观道院，又称"北武当"。

（二）民俗文化

项目	内容
戏曲	传统戏曲众多。金、元杂剧就是在河北省境内盛行之后，南下传播到江浙一带的。明清以来，弋阳、昆山、梆子、二黄等戏曲声腔，先后在河北盛行。
评剧	流布较广、影响较大的地方剧种，是国家级非物质文化遗产。评剧原名蹦蹦戏、落子戏，表演自然、朴实，虽吸收梆子和京剧的身段动作及唱腔，但仍保持着自由活泼的民间小戏特征，具有浓厚的生活气息和广泛的群众基础。内容一般是取材于民间故事、时事要闻、古今小说等。《马寡妇开店》《花为媒》《杨三姐告状》《小女婿》《刘巧儿》《小二黑结婚》《秦香莲》《杜十娘》等经典剧目有很大影响，出现了新凤霞、小白玉霜、魏荣元等著名演员。
民间曲艺	曲种有西河大鼓、评书、相声等 30 余种。
手工艺品	不仅有历史悠久的传统陶艺，还有巧夺天工的雕刻艺术，以及惟妙惟肖的装饰工艺，如滕氏布糊画、花丝、花丝首饰、花丝摆件等。
拳种	有民间武术 129 个拳种，其中 52 个发源于河北省。现存规模和影响较大的有沧州的八极拳、邯郸永年的太极拳、廊坊的八卦掌等。
杂技	吴桥杂技驰名中外，全国各地的杂技团体与世界各国的杂技团都有吴桥籍杂技艺人，故国内杂技界有“没有吴桥人不成杂技班”之说，吴桥也被称为“杂技之乡”。
旅游演艺	河北丰富的山水资源，厚重的人文历史，为旅游演艺提供了得天独厚的表演场地和取之不尽的创作素材，孕育出《鼎盛王朝·康熙大典》《君临热河》等一批动人心弦的优质产品。《鼎盛王朝·康熙大典》被誉为“全球首部皇家文化主题大型户外实景演出”，整场演出以承德独特的历史文化为创作基础，汲取康乾盛世时期的历史脉络与皇家文化元素，让观众在高科技声光电舞台效果的感染下、在激动不已的情感中穿越百年历史时空，体验康熙大帝从修建避暑山庄到确立清朝版图的宏大历史故事。《君临热河》则是以皇帝大寿普天同庆、各国使者“拜帖”为创作蓝本，以奇幻空间、平行宇宙为创作思路，为观众呈现一场时空交错、搞笑、刺激的国潮、国风、国际范儿马戏表演。

七、风物特产

广袤的土地和悠久的历史孕育了绚丽多彩的民俗文化和民间艺术。定窑、邢窑、磁州窑和唐山陶瓷是中国历史上北方陶瓷艺术的典型代表。蔚县剪纸、廊坊景泰蓝、曲阳石雕、衡水内画鼻烟壶、易水古砚、武强年画、丰宁布糊画、白洋淀苇编、辛集皮革、安国药材等名扬中外，河北梆子、老调、皮影、丝弦等饶有特色，沧州武术、吴桥杂技、永年太极、保定长寿之道独具魅力。

河北省物华天宝，许多土特产品和风味小吃享誉中华，著名的有驴肉火烧、赞皇大枣、京东板栗、赵县雪花梨、兴隆山楂、宣化龙眼葡萄、深州蜜桃、衡水老白干等。核桃、柿子和花椒被誉为“太行三珍”。口蘑盛产于坝上高原，是一种名贵真菌。蕨菜号称“山菜之王”，国内外市场供不应求。秦皇岛的八仙宴、唐山的蜂蜜麻糖、石家庄的空心宫面以及白洋淀的全鱼席无不以其独特的风味令中外游客赞不绝口。

河北菜即冀菜，包括三大流派：

流派	代表地	特点
冀中南菜	保定	选料广泛，以山货和白洋淀鱼、虾、蟹为主，代表性菜品是保定驴肉火烧和石家庄正定等地的“十大名菜”“三八席”（八凉、八热、八蒸碗）。
塞外宫廷菜	承德	虽与北京的宫廷菜有相同之处，但也有口味香酥鲜咸、讲究造型和器皿的独到特点。
冀东沿海菜	唐山	由于唐山濒临渤海，盛产海鲜，所以以烹饪鲜活水产见长。原料丰富，并且擅长刀花和柔丝连片，讲究明油亮芡。主要有皮皮虾。

八、特色产业

河北是制造业大省。高端装备制造、信息智能、生物医药健康、新能源、新材料、钢铁、石化、食品八大主导产业占规模以上工业增加值比重达 71.6%。钢材、汽车轮毂、皮卡、乳制品、维生素 C 等产品产量居全国第一，秦皇岛港是国内外闻名的世界最大能源输出港。

河北省在中国钢铁行业中占据着举足轻重的地位，但也正是因为钢铁产量体量的原因，目前面对“双碳”和“高质量”发展时，产业转型升级的压力也较大，故近些年，河北省非常重视持续提升钢铁产业集中度，提升产品综合竞争力，推动钢铁产业高质量发展和产业多样化发展，比如：

☆**迁安市**——河北省 GDP 超千亿元的县（市），从比较单一的传统钢铁产业逐步升级转型，重点发展装备制造业，在航空装备、高端精密轴承制造、输配电设备等领域优势明显。

☆**深泽县**——主导产业为生物医药，目前已形成了集研发、原料供应、医药中间体、原料药、制剂、医疗器械、包装、危废处理于一体的较为完整的产业链条，年产值突破千亿元。

河北省新能源资源丰富。其中，风能资源主要分布在张家口、承德坝上、秦皇岛、唐山、沧州沿海地区以及太行山、燕山山区，累计风电装机量居全国第三位，建有国家第一个风电示范基地——坝上地区百万千瓦级风电基地。太阳能资源也比较丰富，全省日照率 50% ~ 70%，累计实现光伏装机 1363 万千瓦，居全国第三位。生物质能资源方面，通过秸秆肥料化利用、饲料化利用、能源化利用、基料化利用和原料化利用“五化”并举，变废为宝，全省秸秆综合利用水平居全国前列。

第四节　山西省

一、概况

山西，因居太行山之西而得名，又因地处黄河之东，古称河东。山西为古晋国故地，因此简称“晋”，又称“三晋”。据第七次全国人口普查统计，山西省常住人口约 3491 万。全省辖太原、大同等共 11 个地级市 117 个县（区、市）。省会太原市。

二、地理、气候

类别	内容
地理	山西省地处黄河流域中部，总面积 15.67 万平方公里。山西总的地势是“两山夹一川”，即东有太行山，西有吕梁山（俗称“左手太行，右手吕梁”），中部为一列“多”字形的山间盆地和平原，地形剖面很像一个“凹”字。山西东侧太行山主峰五台山，是我国佛教四大名山之一，最高峰叶斗峰海拔 3061 米，有“华北屋脊”之称。山西省有山地、丘陵、高原、盆地、台地等地貌类型，山区面积约占全省总面积 80% 以上。全省大部分地区海拔在 1000 米以上，与东部华北大平原相比，地形呈现出强烈的隆起形势。
气候	地处中纬度地带的内陆，属于温带大陆性季风气候。具有四季分明、雨热同步、光照充足、南北气候差异显著、冬夏气温悬殊、昼夜温差大的特点。全省各地年降水量在 358 ~ 621 毫米，季节分布不均，主要集中在炎热的夏季，如遇高强度对流天气，容易引发山体崩塌或滑坡等地质灾害。流经山西省的主要河流有黄河和海河，黄河水系有汾河、沁河支流，海河水系有桑干河、漳河、滹沱河支流。山西是海河主要支流永定河、大清河、子牙河、漳卫河的发源地，因此也被誉为“华北水塔”。

三、交通状况

山西省已形成铁路、公路、航空立体交通运输网络。

类别	内容
铁路	大西客运专线全线贯通，大张高铁、郑太高铁建成通车，省内实现了市市通动车。
航空	已经形成以太原武宿国际机场为主，大同、忻州、吕梁、长治、临汾、运城等支线机场为辅的“一干六支”民用运输机场布局。
公路	规划黄河、长城、太行三条“一号旅游公路”，长度达 1.3 万公里，不仅连通了三晋大地各旅游目的地，而且沿途配置了旅游驿站、房车营地、观景台和慢行步道，完善了旅游服务设施，大大提升了旅游交通服务水平。截至 2022 年底，三条“一号旅游公路”已建成 7992 公里，串联起 112 个 A 级旅游景区，315 个非 A 级旅游点，有力支撑了山西省旅游业发展。

四、历史沿革

山西是人类以及华夏文明的起源地之一。早在 20 世纪 90 年代，中外科学家就在山西运城垣曲县发现过距今 4500 万年的灵长类动物化石，命名为“世纪曙猿”，它与在江苏溧阳发现的中华曙猿同时代，是现代猴类、类人猿以及人类共同的祖先。这一发现将类人猿出现的时间（距今 3500 万年的北非法尤姆灵长类动物化石）整整向前推进了 1000 万年，动摇了人类起源于非洲的传统观念，为人类起源地研究提供了新的思路。

旧石器时代早期，原始人群就在山西晋南地区繁衍生息，考古工作者在山西省运城市芮城县西侯度遗址发现了距今 180 万年（一说 243 万年）前的旧石器工具和火烧骨，这是人类产生以及开始使用火的实证，也是迄今为止中国发现的最早使用火的遗迹。考古工作者还在山西襄汾发现了旧石器时代中晚期的“丁村人”化石和文化遗址，距今约 2 万 ~ 30

万年。进入新石器时代，山西农业、畜牧业和手工业已达到相当发达的水平，史传尧、舜、禹都曾在山西建都：“尧都平阳（今临汾尧都区），舜都蒲坂（今运城永济市），禹都安邑（今运城夏县）。”现临汾市尧都区仍有尧庙和尧陵，运城市有舜帝陵庙。西周初期，封叔虞于山西，建立唐国。叔虞死后子嗣改称晋国。春秋时期晋国成为五霸之一，其都城在今临汾市。战国时期，晋国分裂为韩、赵、魏三国（史称“三晋”），与秦、楚、齐、燕并称为“战国七雄”。秦始皇统一中国后，在山西设有太原、上党、河东、雁门、代郡五郡。隋末李渊父子起兵于太原，唐朝也把太原尊为“北都”。明清时期山西曾大量向外移民，其中仅 1370 年（明洪武三年）到 1420 年（明永乐十八年）的 50 年间就移民 18 次。由于各地移民须在洪洞县广济寺门前的大槐树下办理手续后才能远行，因此大槐树成为移民的起点，全国各地流传的“问我祖先在何处，山西洪洞大槐树”的说法即由此而来。清代，晋商成为国内势力最雄厚的商帮，著名的平遥古城、乔家大院都与晋商的鼎盛息息相关。

五、民俗风情

山西省民族成分齐全，但少数民族人口数量偏少。居住在山西省的少数民族人口 12.14 万，占 0.35%，数量排前三位的是回族、满族和蒙古族。

山西汉族传统民俗活动丰富多彩，以剪纸、炕围画、面塑最具特色。山西剪纸在民间往往伴随着生辰、婚嫁、丧葬、喜庆节日和日常生活，剪纸最常见的是窗花，大小根据窗格的形状来定。窗户格式有菱形、圆形、多角等样式，窗花也随窗而异，总体上精致灵巧，雅趣横生。山西炕围画是过去在农村土炕周围墙面做的装饰画，题材一般为传统戏曲、历史人物、山川河泽、花鸟鱼虫或蔬菜水果等，是一种集诗、书、画、印于一体的艺术形式。山西面塑是用面粉制成动植物形状的食品，这与山西人嗜好面食分不开，山西妇女不仅擅长做面食，更擅长将面食捏制小虎、玉兔、佛手等生动形象，用彩色点染，称为“花馍”，也称为羊羔儿馍（“羊”同“祥”，有象征吉祥的寓意）。面塑作为一种民间造型艺术，与原始宗教意识和日常生活中的婚丧嫁娶活动密不可分，是民俗风情文化的一种体现。

六、文旅资源

山西省作为华夏文明重要的发祥地和黄河流域文化中心之一，历史悠久，文化昌盛，寺庙宫观、历代古塔、石窟造像、彩塑壁画、城垣关隘、古文化遗址、出土文物、传世珍宝等文化遗产极其丰富，拥有全国最庞大的地上文物群，文化和旅游资源颇受旅游者青睐。

山西省素有“中国**古代建筑**艺术博物馆”的美称，全国保存完好的宋、金以前的地面古建筑物 70% 以上在山西境内，数量之多和历史价值、艺术价值之高居全国首位。其中唐代建筑有五台山南禅寺大殿、佛光寺东大殿和芮城广仁王庙等；五代、宋、辽、金建筑多达上百处，代表性的有晋祠圣母殿（宋）、应县木塔、大同华严寺建筑群、大同善化寺（天王殿、三圣殿、大雄宝殿）、文水则天庙（辽金）等。山西元代建筑精品有芮城永乐宫、洪洞广胜寺。永乐宫的壁画面积达 960 平方米，是世界现存最大的古代壁画艺术宝库之一，主殿三清殿的《朝元图》被誉为世界绘画史上群像构图发展的顶峰，堪称国宝。山西明清建筑精品有恒山悬空寺（北魏始建明代重建）、五台山寺庙建筑群、“全国武庙之首”解州关帝庙等。除寺庙建筑外，山西以平遥古城、乔家大院等为代表的古城民居建筑也具有相当高的观赏、科研和历史文化价值。

山西省石窟众多，仅北朝石窟就有 19 处，以大同云冈石窟为代表，具有较高的艺术价值。云冈石窟位于大同市西郊武周山南麓，石窟依山开凿，东西绵延 1 公里，现存大小窟龛 254 个，主要洞窟 45 座，造像 5.9 万余尊。造像最高 17 米，最矮为 2 厘米，早、中、晚不同时期**石窟造像**风格各有特色，堪称中国佛教艺术的巅峰之作，代表了 5 世纪世界雕刻艺术的最高水平。云冈石窟与敦煌莫高窟、洛阳龙门石窟和天水麦积山石窟并列为“中国四大石窟”，1961 年被国务院公布为第一批全国重点文物保护单位，2001 年被联合国教科文组织列入世界文化遗产名录。

山西是古代民族融合的走廊，也是北方的门户，蜿蜒曲折的长城和连绵不断的战争为山西留下了雁门关、平型关、宁武关、娘子关、偏关等**重要关隘**。关隘建筑和丰富多彩的关隘历史传说形成山西特有的关隘文化，成为山西旅游业发展重要的支撑，其中雁门关已经建成国家 5A 级旅游景区。

山西历史上人杰地灵，名人众多，其中有战国后期儒家代表人物荀子，西汉大将军卫青、霍去病，三国蜀将关羽，一代女皇武则天，唐朝宰相狄仁杰，唐朝诗人王勃、王之涣、王维、王昌龄、白居易、温庭筠、柳宗元，北宋《资治通鉴》作者司马光，元曲《窦娥冤》作者关汉卿，《三国演义》作者罗贯中等。**名人文化**为山西造就了一批知名文化旅游景点，如解州关帝庙、文水则天庙和山西运城鹳雀楼等。鹳雀楼因唐代诗人王之涣《登鹳雀楼》诗“白日依山尽，黄河入海流。欲穷千里目，更上一层楼”而天下知名，成为与岳阳市岳阳楼、武汉市黄鹤楼、南昌市滕王阁齐名的古代“四大名楼”之一，元初毁于战火，2002 年重建完成，现已成为中小学生开展诗歌文化研学的重要依托。

山西省**知名景区**众多，现有世界文化遗产 4 处——平遥古城、大同云冈石窟、五台山、长城（山西段），国家 5A 级旅游景区 10 家。除此之外，位于山西忻州市宁武县的“万年冰洞”国家地质公园，位于乡宁县云丘山景区的云丘山冰洞群，也是近年来颇受旅游者追捧的特色景区。两处冰洞形成于新生代第四纪冰川期，距今约 300 万年，洞内有冰帘、冰花、冰柱、冰瀑布、冰笋等景观，终年不化，或玲珑剔透，或晶莹夺目，是十分罕见的地质奇观。山西知名景区大多有旅游演艺项目，其中平遥古城开发的大型实景演艺节目《又见平遥》影响最大、知名度最高。

七、风物特产

汾酒和竹叶青是山西酒类两大特产。汾酒产于汾阳市杏花村，又称“杏花村酒”，是中国清香型白酒的典型代表，具有入口绵、落口甜、饮后余香、回味悠长的特点。北朝时被载入贾思勰《齐民要术》中，并受到北齐武成帝高湛的极力推崇。唐代诗人杜牧诗“清明时节雨纷纷，路上行人欲断魂，借问酒家何处有，牧童遥指杏花村”，更让汾酒名声大噪。1915 年汾酒参加巴拿马万国博览会，曾获得白酒甲等大奖。竹叶青酒是汾酒厂生产的另一品牌名酒，最早是以黄酒加竹叶合酿而成，故名，现以汾酒为基酒，添加砂仁、紫檀、当归、陈皮等十余味名贵药材加工而成。其色泽金黄透明，口感甜绵微苦，具有一定的保健作用。

山西老陈醋是中国四大名醋之一，国家地理标志产品。山西老陈醋有3000余年的酿造史，以绵、酸、香、甜、醇的独特风味和悠久的酿造历史，享有“天下第一醋”的盛誉，在中国四大名醋（山西老陈醋、江苏镇江醋、四川保宁醋和福建红曲醋）中名列首位。

山西刀削面是一道集美味与文化于一身的传统小吃，因制作过程中采用独特的削面工艺而得名。面团经过重重揉搓、扯拉等步骤后，最终用专用的小刀削成中厚边薄、棱锋分明、形似柳叶的面条。面条入口外滑内筋，软而不黏，越嚼越香，是我国著名的“五大面条”之一。

八、特色产业

山西省矿产资源丰富，煤矿、铝土矿、耐火黏土矿、镁矿、冶金用白云岩矿资源储量居全国前列，尤其煤炭资源储量大、分布广、品种全、质量优，占全国保有资源储量的17.3%。我国十四大煤炭基地中，晋北、晋东、晋中三大基地均在山西，晋中基地还是我国最大的炼焦煤生产基地，炼焦煤产品畅销全国。

第五节　内蒙古自治区

一、概况

内蒙古自治区地处欧亚大陆内部，是中国面积第三大省区，是中国5个少数民族自治区之一，现设呼和浩特、包头、乌海、赤峰、通辽、鄂尔多斯、呼伦贝尔、乌兰察布、巴彦淖尔9个地级市，兴安、阿拉善、锡林郭勒3个盟，另外有满洲里、二连浩特2个计划单列市，52个旗（其中包括鄂伦春、鄂温克族、莫力达瓦达斡尔族3个少数民族自治旗），17个县，11个盟（市）辖县级市，23个区。内蒙古面积约118万平方公里，占全国总面积的12.3%，在全国各省、自治区、直辖市中名列第三。第七次全国人口普查显示，全区常住人口约2404.92万。全区常住人口中，汉族人口占78.74%，蒙古族人口占17.66%，其他少数民族人口占3.60%。首府为呼和浩特市。

二、地理、气候

类别	内容
位置	内蒙古自治区东、南、西依次与黑龙江、吉林、辽宁、河北、山西、陕西、宁夏和甘肃8省区毗邻，跨越三北（东北、华北、西北），靠近京津；北部同蒙古国和俄罗斯联邦接壤，国境线长4200公里。

（续表）

类别	内容
地貌	全区地势较高，平均海拔1000米，基本上是一个高原型的地貌区。由呼伦贝尔高平原、锡林郭勒高平原、巴彦淖尔—阿拉善及鄂尔多斯等高平原组成，适合发展农林牧业，草原、森林和人均耕地面积居全国第一。如呼伦贝尔草原是中国保存最完好的草原，也是世界著名的天然牧场，有“牧草王国”之称。再如额济纳胡杨林国家级自然保护区，是中国天然胡杨林的主要分布地之一。 内蒙古四周分布着大兴安岭、阴山、贺兰山等山脉，最北部、东北部距离石勒喀河、格尔必齐河等较近，西端分布有巴丹吉林、腾格里、乌兰布和等沙漠。如果游客漫游腾格里沙漠，可以体验沙漠野餐、沙漠露营、观星赏月、沙漠找水、沙漠游牧民族探访、骆驼骑行等活动。腾格里沙漠东部边缘有美丽的天鹅湖，沙漠腹地有醉人的月亮湖，这两个湖一大一小，是腾格里190多个湖泊中一对出众的姐妹花，湖的四周沙丘起伏，沙涛滚滚，景象奇伟壮观。
气候	内蒙古自治区为温带大陆性季风气候区，中部和东北、西北地区气候的差异较大。春季气温容易骤升，多大风天气。夏季很短，非常炎热，降水集中，但夏季大草原上牧草茂盛，适合骑马、垂钓，或在西部的呼伦湖上泛舟。

三、交通状况

类别	内容
公路	截至2021年年底，内蒙古自治区公路总里程达到21.26万公里，其中高速公路6985公里、一级公路8984公里、二级公路20817公里，实现了全部乡镇（苏木）通油路，96%行政村（嘎查）通沥青水泥路。
航空	内蒙古现有呼和浩特白塔国际机场、包头二里半机场、乌海机场、鄂尔多斯伊金霍洛国际机场、乌兰浩特机场、赤峰玉龙机场、通辽机场等16个运输机场。
铁路	2020年，内蒙古铁路运营里程达到1.48万公里，居全国首位，其中高铁470公里。
自驾游线路	黄河几字湾大漠风情旅游线，全程660余公里，可以到达“塞外西湖”敕勒川草原文化旅游区、乌兰布和沙漠、乌海湖畔等。还有呼伦贝尔大环线，全程约1700公里，可游玩阿尔山森林公园、呼伦湖、满洲里，沿中俄边防公路途经186彩带河，最后回到海拉尔，一路可以体验蒙古族风情、骑马、射箭、滑草、住蒙古包，绚丽的阿尔山、绵延的额尔古纳河、一望无际的呼伦贝尔油菜花海、迷人的俄罗斯小镇风光，美不胜收。
风景道	从2022年起，内蒙古要建设和完善黄河生态文化风景道，打造沿黄旅游风景道内蒙古段；打造呼伦贝尔—兴安盟旅游交通圈等风景道环线体系；建设“三小时高铁旅游圈”+“世界级休闲自驾网”，如“环京津冀”交旅融合示范区。

四、历史沿革

距今五六千年的人类，在内蒙古赤峰附近创造了红山文化。红山文化以辽河流域中支流西拉木伦河、老哈河、大凌河为中心，分布面积达20万平方公里，延续时间达2000年之久。其社会形态初期处于母系氏族社会的全盛时期，主要社会结构是以女性血缘群体为纽带的部落集团，晚期逐渐向父系氏族过渡。红山文化是与中原仰韶文化同时期的分布在西辽河流域的发达文明，是在发展中同中原仰韶文化相交会产生的多元文化，是富有生机和创造力的优秀文化，内涵十分丰富。红山文化时期，农业经济占据主导地位，渔猎采集经济也十分发达，生产力水平显著提高，手工业分化日趋加剧，出现了从事建筑、制陶、玉雕、陶塑与泥塑等行业的专业化人才队伍。建筑技术的发展突出表现在大规模建筑群体的规划与设计上。玉雕方面，大量采用磨光、钻孔技术制造石器，其最有代表性的器物是玉龙、玉龟、玉鸟等动物形状的精美玉器。

内蒙古是中国古代北方少数民族主要的活动舞台，先后有十多个游牧民族在此生息繁衍，时间较长、影响较大的有匈奴、鲜卑、突厥、乌桓、契丹等。

春秋战国之前，一些北方的游牧民族——如东胡人——在今天的内蒙古地区游牧生活。战国后期，燕、赵、秦的领土已经拓展到今天的内蒙古地区，中原的华夏民族开始在阴山山脉南部定居。赵国赵武灵王推广“胡服骑射”，打败林胡、楼烦这两个游牧民族之后，在今呼和浩特托克托县建云中城。两汉时期，修筑汉长城并且对匈奴的反击战争最终取胜。汉朝全盛，在今天的漠南地区置五原郡、朔方郡，辖境相当于今巴彦淖尔市、包头市和鄂尔多斯市一带。

唐安史之乱后，内蒙古西部为回鹘国控制，以明教为国教。东部为兴起的契丹人的势力范围。916 年建立契丹国，947 年更国号为辽，其间在今内蒙古赤峰市巴林左旗附近建立了蒙古草原上的第一个都城上京。1206 年成吉思汗建立了大蒙古国，1271 年元世祖忽必烈在中原建立了元朝。由于忽必烈政治、军事和经济力量的基础都在漠南（今内蒙古），因此迁都于燕京，并改称大都。1735 年（清雍正十三年）至 1739 年（清乾隆四年）在今呼和浩特东部新建军事驻防城，命名为“绥远城”，后将“归化”“绥远”两城合并为归绥县。清朝时漠南蒙古没有统一的行政区划，内札萨克 49 旗分属于 6 个盟，同时呼伦贝尔地区隶属黑龙江。

清亡之后喀尔喀蒙古走向独立，而内蒙古则在中华民国的统治下，分属于若干省。20 世纪 20 年代，内蒙古各族人民在中国共产党领导下，积极投身反封建反侵略斗争，1947 年 5 月 1 日，内蒙古自治政府在王爷庙（现兴安盟乌兰浩特市）成立。中华人民共和国成立后，内蒙古自治政府改名为内蒙古自治区人民政府。

五、民俗风情

内蒙古自治区目前居住着 49 个民族。其中，人口在 100 万以上的有汉族、蒙古族；人口在 10 万以上的有回族和满族；人口在 1 万以上的有朝鲜族、达斡尔族、鄂温克族。

蒙古族是内蒙古自治区的主要少数民族，源于约 7 世纪唐朝望建河（今额尔古纳河南岸）的一个部落，与中国北方的东胡、鲜卑、契丹、室韦有密切的渊源关系。12 世纪，蒙古部首领铁木真击败纷争部落，统一蒙古。1206 年，铁木真在斡难河畔举行大聚会，建立大蒙古国，铁木真被推为蒙古大汗，号成吉思汗，于是“蒙古”开始成为民族的族称。“蒙古”意为“永恒之火”。

蒙古族主要聚居在内蒙古自治区，其余多分布于新疆、辽宁、吉林、黑龙江、甘肃、青海等省区，少数散居和小聚居于宁夏、河北、河南、四川、云南、北京等地。蒙古人信仰萨满教，崇拜自然和祖先，主张万物有灵。其最高神是“腾格里”（天神）。萨满（巫师）在社会上的地位很高。元朝以后，蒙古贵族大多信奉佛教，元朝开国皇帝忽必烈就曾经尊奉吐蕃萨迦派首领八思巴为帝师。16世纪后，蒙古人主要信奉藏传佛教格鲁派（黄教），黄教高僧索南嘉措被尊封为“三世达赖喇嘛”。蒙古还建造大批寺庙，并接受了藏传佛教灵童转世制度。后来三世达赖喇嘛的转世灵童（法名“云丹嘉措”，即四世达赖喇嘛）就是蒙古人，这是历代达赖喇嘛中迄今唯一的蒙古族人。

（一）经济

长期以来主要从事畜牧业，过着“逐水草而居”的游牧生活。近几十年来，已由游牧向定牧转化，而且也发展了农业。

（二）语系

有自己的语言文字，蒙古语属阿尔泰语系。

（三）民族特色

蒙古族别称“马背民族”，以能歌善舞、喜摔跤、善射箭、爱赛马著称，风格粗犷豪放。安代舞是蒙古族自娱性的传统民间舞蹈，具有鲜明的民族风格和浓郁的生活气息。蒙古族的文化遗产十分丰厚，被列入国家级非物质文化遗产名录的主要有马头琴音乐、摔跤、祭敖包、那达慕等。蒙古长调、呼麦还被列入人类口头与非物质文化遗产名录。

（四）传统民居和交通工具

游牧地区牧民多住圆形穹庐顶的蒙古包。蒙古族地区的标志性建筑常饰以穹庐顶。勒勒车是蒙古族特有的牛车，是蒙古族为适应草原上的自然环境和自身的生活习惯制造出的一种交通工具，“行则为室，止则为庐”，堪称“草原之舟”。

（五）传统服饰

大体分为首饰、长袍、腰带、靴子四个主要部分。首饰指蒙古族妇女头上的装饰品，多用玛瑙、珍珠、宝石、金银制成，逢年过节、喜庆宴会、探亲访友时佩戴。平时牧区女子多用红、绿等彩色的长绸子把头缠上。男子冬季多戴尖顶大耳的羊皮帽，夏日多戴前进帽或礼帽。蒙古族男女老少都喜爱穿长袍。腰带是穿蒙古袍所必备的。靴子尖稍向上翘起。

（六）饮食

大致分为三类：粮食、奶食和肉食。农区与汉族大体相似，牧区主要是奶食和肉食。奶食俗称白食，以奶为原料制成，有白油、黄油、奶皮子、奶豆腐、奶酪、奶果子等食品和奶茶、奶酒、酸奶等饮料。肉食俗称红食，以牛、羊肉为主。蒙古族人热情好客，常用手抓羊肉和清水煮全羊款待宾客。吃烤全羊时，最高的待客礼节是请客人吃羊头和羊尾巴。粮食中最有民族特色的是炒米。

（七）传统节日

有年节（也叫白节）、敖包祭祀、那达慕大会等。

（八）主要禁忌

崇尚白色。骑马坐车到蒙古包时，要轻骑慢行，进包时要将马鞭放在门外；入包后坐在右边，离包时走原路，待送行的主人回去后再上马或上车；忌讳坐在蒙古包的西北角，睡和坐时脚忌伸向西北方；不能在火盆上烤脚；赠送礼品忌单数；有产妇或病人的人家忌接待客人来访；忌食虾、蟹、鱼、海味等食物；禁食狗肉，也不许打狗、骂狗。

（九）民俗

1. 献哈达

哈达是我国藏族、蒙古族日常行礼中不可缺少的物品。献哈达是藏族、蒙古族牧民迎送客人和日常交往中使用的礼节。内蒙古的哈达主要有蓝色和白色两种，白色哈达是献给一般客人的，蓝色哈达是献给珍贵客人的。献哈达时，主人张开双手捧着哈达，吟唱吉祥如意的祝词或赞词，渲染敬重的气氛，同时将哈达的折叠口向着接受哈达的宾客。宾客要站起身面向献哈达者，听祝词和接受敬酒。接受哈达时，宾客应微微向前躬身，献哈达者将哈达挂于宾客颈上。宾客应双手合掌于胸前，向献哈达者表示谢意。

2. 敬茶

到牧民家做客，主人首先会给宾客敬上一碗奶茶。宾客要微欠起身用双手接，客来敬茶是一种高尚的蒙古族传统礼仪。在蒙古族历史上不论是富贵之家还是贫穷之家，不论是上层社会还是平民百姓，都是先向贵宾献上一碗奶茶，接着主人端上来炒米、奶油、奶豆腐和奶皮子等奶制品。

3. 敬酒

通常主人将美酒斟在银碗、金杯或牛角杯中，托在长长的哈达之上，唱起动人的蒙古族传统的敬酒歌，客人若是推让不喝酒，就会被认为是瞧不起主人，不愿以诚相待。宾客应随即接住酒，接酒后用无名指蘸酒向天、地、火炉方向各点一下，以示敬奉天、地、火神。不会喝酒也不要勉强，可沾唇示意，表示接受了主人纯洁的情谊。

4. 敬神

蒙古族的礼宴上有敬神的习俗。据《蒙古风俗鉴》描述，厨师把羊割成9块相等的肉块，"第一块祭天，第二块祭地，第三块供佛，第四块祭鬼，第五块给人，第六块祭山，第七块祭坟墓，第八块祭土地和水神，第九块献给皇帝"。

5. 唱歌

蒙古族的劝酒往往通过情真意切的歌唱表达出来，唱歌与劝酒是同时进行的，往往一人主唱之后，大家举杯合唱，然后大家一起干杯，如此数遍，酒意酣畅。歌唱有礼仪性的，也有即兴尽兴的，有一人或数人的，也有合唱的，往往痛快淋漓、通宵达旦。

六、文旅资源

（一）历史文化

辽阔的内蒙古草原是我国北方各民族世代繁衍生息的地方。蒙古、汉、满、回、达斡尔、鄂伦春、鄂温克等各民族人民在这片古老大地上创造了丰富灿烂的文化。

蒙古族传统文化的价值内涵十分丰富，它最核心的理念集中表现在以下三个方面：

☆以顺从"长生天"为特征的自然观，本质上是一种可持续发展理念；

☆以多样的贸易需求和灵活的谋生方式为特征的经济价值理念；

☆以讲真话、讲信用、诚实守信为特征的思想道德理念。

（二）文学艺术

内蒙古的文学艺术以其鲜明和独具特色的区域个性、多样的创作手法和表现形式、浩繁庞大的创作数量以及丰富多彩的主题内容，在中华民族文学史上占有极其重要的地位。

民族典籍《蒙古秘史》因历经战乱，原文本早已失传，而它的汉文音译本被编入《永乐大典》完整地保存下来，展现了12世纪至13世纪蒙古草原上诸部征战的场面。蒙古族文学史上第一篇历史小说《乌巴什洪台吉》和传记文学作品《黄金史》，以及脱胎于藏族同名史诗的长篇英雄史诗《格斯尔传》，都充分显示了各民族传统文学艺术的相互联系和相互影响。

《鄂尔多斯舞》《马刀舞》等一大批表现民族精神、反映蒙古族人民新生活的舞蹈也家喻户晓，而《草原上升起不落的太阳》《敖包相会》等一批激情洋溢、旋律优美、富有民族特色的歌曲也很快传遍祖国大地。

此外，内蒙古辉腾锡勒黄花沟景区展现敖包文化、马文化、草原文化的大型室内实景剧《相会敖包》，胡杨林景区大型实景民族音乐剧《阿拉腾陶来》，响沙湾景区大型歌舞剧《鄂尔多斯婚礼》，神泉景区大型马术实景剧《一代天骄成吉思汗》，呼和浩特全景式大型马舞剧《千古马颂》也都深受游客的喜爱。

（三）旅游景点

内蒙古拥有丰富的旅游资源，不仅有独特的草原文化、浓郁的民俗风情、悠久的历史古迹、壮美的自然风光和边境口岸，还有自然保护区、风景名胜区、地质公园、湿地公园、森林公园、沙漠公园6类自然保护地，以及世界文化遗产2项：元上都遗址、长城（内蒙古段）；国家5A级旅游景区6家；国家级风景名胜区2个；中国历史文化名城1个；国家级地质公园11个，其中阿拉善沙漠、阿尔山、克什克腾为世界地质公园。

内蒙古拥有四大品牌旅游区：敕勒川现代草原文明核心区（呼包鄂巴）、环京津冀草原风情旅游区（乌锡赤）、大兴安岭全生态旅游区（呼伦贝尔、兴安盟、通辽）、阿拉善秘境探险旅游区（乌海、阿拉善）。

（四）自然资源

内蒙古既有草原，又有森林氧吧、浩瀚沙海、冰雪世界、美丽河湖以及温泉、湿地、地质奇观。呼伦贝尔草原是中国最大、世界第三大的草原，被誉为“草原明珠”，适宜举办各种户外运动，如草原越野、马术竞技等。玩沙是内蒙古特有的旅游项目。内蒙古科尔沁草原被誉为“草原上的花园”，每到夏季，草原上各种花草盛开，可观赏大量的野生动植物和珍稀鸟类。大兴安岭是中国北部面积最大、保存最好的一片原始森林，被誉为“绿色氧吧”；大兴安岭可观赏千年古木、山河壮美、湖泊清澈、天空湛蓝；阿拉善沙漠国家地质公园是中国唯一的沙漠地质公园，其中腾格里沙漠是中国拥有湖泊数量最多的沙漠；中国第二大沙漠巴丹吉林沙漠拥有世界上面积最大的鸣沙区以及世界最高沙山——必鲁图沙峰。在鄂尔多斯库布齐沙漠中以“沙子会唱歌”而闻名的5A级景区响沙湾，被称为“响沙之王”，只要踩踏或滑行沙子就会发出嗡嗡响声。还有集沙地、火山、石林、冰臼、温泉和草原神奇景观于一体的克什克腾沙漠等，对喜爱沙漠风光的旅游者有巨大的吸引力。

七、风物特产

内蒙古地大物博，物产丰盈。全区境内生长着经济价值较高的野生植物600多种，其中罗布麻、芦苇等70多种纤维植物是造纸、制绳和人造棉的重要原料。内蒙古还是中国中草药生产基地之一。有被中国传统医学誉为中国“国老”的甘草、补气药材之最——黄芪、中国地精——肉苁蓉等几十种药材。

内蒙古赤峰市出产巴林石，隶属叶蜡石，石质细润，通灵清亮，质地细洁，光彩灿烂，颜色妩媚温柔，似婴儿之肌肤，娇嫩无比，与寿山石、青田石、昌化石并称为中国四大印石。

蒙古族人的饮食比较粗犷，以羊肉、奶、野菜及面食为主要的菜点原料。烹调方法相对比较简单，以烤最为著名。内蒙古烤全羊是蒙古族传统名菜，为招待贵宾或举行重大庆典时的盛宴特制的佳肴；烤全羊起源于西北游牧民族，是蒙古民族的餐中之尊。传统菜点还有马奶酒、莜麦面、奶酪、奶豆腐等。内蒙古菜点分量大，崇尚丰满实在，注重原料本味。比如，乌珠穆沁羊肉就深受欢迎，乌珠穆沁羊产于水草丰美的乌珠穆沁草原上，肉质鲜美、肥而不腻，无膻味，是中国宝贵的肉羊资源。风干牛肉精选科尔沁草原上等有机黄牛，提取背脊优质部位，堪称牛肉中的“黄金肉”。肉色深褐、喷香扑鼻、嚼劲十足，加上黄牛肉营养丰富，是当地最具特色美食之一。

八、特色产业

内蒙古草原面积广阔，居我国五大牧区之首。内蒙古草原总面积达8666.7万公顷，其中可利用草场面积达6800万公顷，占全国草场总面积的1/4。内蒙古现有呼伦贝尔、锡林郭勒、科尔沁、乌兰察布、鄂尔多斯和乌拉特6个著名大草原，已初步形成以乳产业为龙头，肉类、羊绒产业为支柱，传统优势产业、特色产业多元发展的产业格局。畜牧业的快速发展，为数百万农牧民创造了致富的机会，广大牧民收入的70%以上来自畜牧业。

内蒙古自治区矿产资源丰富，煤炭、铅、锌、银、稀土等20种矿物资源保有量居全国第一位。包头市被誉为“世界稀土之都”。包头白云鄂博矿山是世界上最大的稀土矿山，其铁与稀土共生，造就了包钢独有的“稀土钢”产品，其延展性、韧性、耐磨性、耐腐蚀性、拉拔性等方面品质优良。北方稀土集团也是中国稀土产业的龙头企业。

易错考题小试牛刀

1.（判断题）天津杨柳青的石家大院有“华北第一宅”的美称。（ ）

2.（判断题）山西老陈醋是中国四大名醋之一，素有“天下第一醋”的盛誉。（ ）

3.（单选题）意大利旅行家马可·波罗在游记中称为“世界莫能与比”的城市是（ ）。

A. 元大都　B. 长安　C. 汴梁　D. 洛阳

4.（多选题）内蒙古自治区矿产资源丰富，其中（ ）等 20 种矿物资源保有量居全国第一位。

A. 煤炭　B. 铅　C. 锌　D. 银　E. 稀土

5.（多选题）天津“冬令四珍”指的是（ ）。

A. 韭黄　B. 银鱼　C. 紫蟹　D. 燕菜　E. 铁雀

【答案】1. 对　2. 对　3.A　4.ABCDE　5.ABCE

第二章　东北地区

第一节　辽宁省

一、概况

辽宁简称“辽”，取“辽河流域永远安宁”之意而得其名，位于中国东北地区的南部。全省面积约 15 万平方公里，大陆海岸线长 2292 公里，近海水域面积 6.8 万平方公里。全省有 14 个省辖市、100 个县（市、区），省会沈阳市。根据第七次全国人口普查结果，全省总人口为 4259.14 万。

二、地理、气候

类别	内容
位置	位于中国东北地区的南部。南临黄海、渤海，东与朝鲜一江之隔，与日本、韩国隔海相望，是东北地区唯一的既沿海又沿边的省份，也是东北及内蒙古自治区东部地区对外开放的门户。
地形	大致是“六山一水三分田”，地势大致为自北向南、自东西两侧向中部倾斜，山地丘陵分列东西两侧，向中部平原下降，呈马蹄形向渤海倾斜。辽东、辽西两侧为平均海拔 800 米和 500 米的山地丘陵；中部为平均海拔 200 米的辽河平原；辽西渤海沿岸为狭长的海滨平原，称为“辽西走廊”。
气候	属温带大陆性季风气候，雨热同季，日照丰富，四季分明。冬季以西北风为主，漫长寒冷，夏季多东南风，炎热多雨，春季少雨多风，秋季短暂晴朗。阳光辐射年总量在 100 ~ 200 卡 / 平方厘米，年日照时数 2100 ~ 2900 小时，全年平均气温为 5.2℃ ~ 11.7℃，最高气温 30℃左右，最低气温 –30℃左右。年平均降水量 400 ~ 970 毫米，平均无霜期 130 ~ 200 天，一般无霜期均在 150 天以上。

三、交通状况

辽宁区位优越、交通便利。辽宁是东北地区通往关内的交通要道和连接欧亚大陆桥的重要门户，是全国交通、电力等基础设施较为发达的地区。

类别	内容
公路	通车里程 5.4 万公里，其中高速公路 1849 公里，连通了 14 个省辖市。
水运	大连港是我国北方地区最好的深水不冻港，沿黄海、渤海沿岸形成包括营口、丹东、锦州、葫芦岛港在内的港口群。
航空	有沈阳桃仙、大连周水子等 4 个航空港，开辟国际国内航线 200 多条。
铁路	营运里程达到 3939 公里，密度居全国第一。

四、历史沿革

辽宁历史源远流长。考古发现，早在 40 万～50 万年以前，辽宁已是古人类活动的场所。新石器时代，辽西地区分布着大批红山文化遗址，与中原仰韶文化同属母系氏族阶段。据《尚书·禹贡》记载，辽宁夏商为幽州、营州之地，周分封属燕国。春秋时期，燕置辽东、辽西两郡，秦置辽东、辽西、右北平三郡。两汉、三国归属幽州。隋置柳城、辽东、燕郡。唐属河北道，辽为东京、中京道。元为辽阳行省。明为辽东都指挥司，下设 2 州、25 卫。清初划归盛京特别行政区，清末改为奉天省。

民国时奉天省及东北地区被奉系军阀张作霖所盘踞。1928 年 6 月张作霖在沈阳皇姑屯被日军谋害后，其子张学良继任为少帅，并于同年 12 月 29 日通电全国，归顺南京国民政府，史称“东北易帜”。南京国民政府将奉天省改称辽宁省，奉天市改称沈阳市，并任命张学良为东北边防军司令长官。1931 年日本发动震惊中外的“九一八”事变，占领东三省。次年，日本在吉林长春扶植清朝末代皇帝溥仪成立伪满洲国，统治东北大部和华北、内蒙古的部分地区。1945 年 8 月日本战败，溥仪宣布退位，结束了伪满洲国的历史。1948 年 9 月至 11 月东北野战军发动辽沈战役，打败国民党军队，解放包括辽宁在内的东三省，为夺取全国胜利奠定了坚实的基础。

五、民俗风情

辽宁省是全国少数民族人口较多的省份之一。全省少数民族人口总计 642.2 万，占全省总人口的 15.08%，少数民族人口绝对数排全国第五位。少数民族人口占总人口比例排全国第十位，民族分布形式主要体现为“大杂居、小聚居”。全省有 5 个世居少数民族，即满族、蒙古族、回族、朝鲜族和锡伯族，其中，满族人口 533.7 万，占全省少数民族人口的 80.3%，占全国满族人口的 50.4%，居全国第一位；锡伯族人口 13.3 万，占全国锡伯族人口的 70.2%，居全国第一位。全省现有 8 个少数民族自治县，其中 6 个满族自治县（新宾、岫岩、清原、本溪、桓仁、宽甸）、2 个蒙古族自治县（喀左、阜新）。

六、文旅资源

辽宁历史悠久，人杰地灵，自然风光秀美，山海景观壮丽，文化古迹别具特色，旅游资源十分丰富。

（一）历史文化

辽宁有历史久远、保存完整的人文景观。从旧石器时代的古遗址至各类寺庙、古塔、古城址，种类繁多，遍布全省。目前，已发现的古遗址、古墓葬就有 1 万多处。辽宁有较完整的清人入关前历史遗迹。辽宁还是长城资源十分丰富的省区之一，境内保存有战国燕长城、汉长城、北齐长城、辽长城和明长城，总长约 1300 多公里。

辽宁的文学创作古已有之，伯夷、叔齐的《采薇歌》是辽宁最早有文字记载的文学作品。辽宁省戏曲艺术种类齐全，特色鲜明，辽宁极具民间特色的艺术形式有二人转、辽剧、海城高跷秧歌等。岫岩满族剪纸、刺绣等 15 项被评为国家级非物质文化遗产。

（二）旅游资源

辽宁有集名山、溶洞、岛屿、海岸于一体的自然景观。辽宁省有著名的医巫闾山、千山、凤凰山和大孤山等。岩洞风景有距本溪市 35 公里的本溪水洞；海岸风光有大连滨海、金州东海岸、大黑山风景区、兴城滨海、笔架山、葫芦岛、鸭绿江等；泉水名胜有汤岗子温泉、五龙背温泉、兴城温泉等；特异景观有金石滩海滨喀斯特地貌景观、蛇岛、鸟岛、怪坡、响山等。

截至 2023 年，辽宁有 4 处世界文化遗产（九门口长城、沈阳故宫、辽宁盛京三陵和五女山山城），有 6 家 5A 级旅游景区（沈阳植物园、大连老虎滩、大连金石滩、本溪水洞、鞍山千山、盘锦市红海滩风景廊道）。

景点	介绍
沈阳故宫	是清朝入关前努尔哈赤、皇太极两代皇帝兴建和使用的宫殿，清初时期被称为“盛京皇宫”。1644 年，清政权迁都到北京后，沈阳故宫作为康熙、乾隆等皇帝东巡祭祖期间居住的行宫，又被称为“陪都宫殿”。
盛京三陵	清永陵（葬清太祖努尔哈赤以上四代父祖）、福陵（葬努尔哈赤）、昭陵（葬皇太极）合称盛京三陵。清永陵因建筑年代远在清朝定都北京之前，且墓主人辈分又高，因此为“三陵之首”，是清王朝的关外第一陵。清福陵是清太祖努尔哈赤和孝慈高皇后叶赫那拉氏的陵墓。
五女山山城	规模较大、气势恢宏、体系完备。在城址布局、墙体砌筑、墙石加工等方面，突显高句丽民族杰出的智慧和高超的建筑技艺，开创了高句丽民族构筑山城的先河，对后世高句丽建筑乃至东北亚建筑技术都产生了巨大影响。山城内外，王宫、兵营、粮仓、天池等多处高句丽早期遗迹，向世人再现了高句丽民族生活、战争的场面。
千山	位于辽宁省鞍山市东南 17 公里处，素有“东北明珠”之称，是国家重点风景名胜区。千山为长白山支脉，主峰高 708.3 米，总面积 72 平方公里。山峰总数为 999 座，其数近千，故名“千山”。有“无峰不奇，无石不峭，无庙不古，无处不幽”之美誉。
金石滩国家旅游度假区	位于辽宁省大连市金州区，是国家 5A 级旅游景区。在大连以“满家滩，凉水湾，海参螃蟹成筐搬”而知名，滩上有数亿年前形成的海滨地貌与沉积岩石，被称为“海上石林”，后因这些石头“比金子还要贵重”，故改名为“金石滩”。整个旅游度假区分为东部半岛、西部半岛、中部主题公园区、北部生态旅游区、综合服务区和东部未来世界六大功能区。

七、风物特产

辽宁美食数不胜数，其中西塔大冷面、那家白肉血肠、杨家吊炉饼鸡蛋糕、老边饺子、马家烧卖、不老林糖、李连贵熏肉、四季抻面、王麻子菜馆、北乐巴氏奶、金州樱桃等堪称一绝。辽中玫瑰、桓仁冰酒、红崖子花生、盘锦大米、岫岩滑子蘑、东港大黄蚬6个特产入选中国首批100个地理标志产品名单。盘锦大米、大连海参、北镇葡萄、鞍山南果梨入围中国百强农产品区域公用品牌。

八、特色产业

辽宁是我国重要的老工业基地之一。截至目前，全省工业有39个大类、197个中类、500多个小类，是全国工业行业最全的省份之一。全省装备制造业和原材料工业比较发达，冶金矿山、输变电、石化通用、金属机床等重大装备类产品和钢铁、石油化工业在全国占有重要位置。

2020年，辽宁省航空装备产业实现营业收入500亿元，其中民机转包生产位列全国第三。造船完工534.8万载重吨，占全国造船总量13.9%，位列全国第三。部分关键技术和核心产品填补国内空白。如大船集团建造了全球首艘安装风帆装置的30.8万吨超大型原油船“凯力轮”，中车大连机车车辆有限公司的高原型交流传动内燃机车、东软医疗的双旋转中心七轴联动成像系统等产品填补了国内空白。沈阳飞机工业（集团）有限公司拥有国际先进水平的飞机装配、整机试验、可靠性试验、飞行试验的技术及设备和先进完整的航空产品制造生产线，是中国创建最早、规模最大的现代化歼击机设计、制造基地，被誉为“中国歼击机摇篮”。

辽宁是中国石化工业的“摇篮”，已建成生产、销售、物流、科研等较为完备的石化产业体系。辽宁原油加工能力位列全国第二位，聚集了一批规模较大的炼化企业，涌现出奥克股份、中触媒、七彩化学等一批细分领域的科技型领军企业。到2025年，辽宁省成品油产量占原油加工量比重将下降40%，精细化工产业营业收入将达到2000亿元，化工精细化率将达到50%。

辽宁立足于冰雪资源优势，逐步建成以冰雪体育休闲旅游产业为核心的冰雪全产业链条。形成以“冰雪旅游、冰雪体育、冰雪文化”重点冰雪项目为支撑，冰雪装备制造粗具规模，市场活力得到充分释放，基础设施基本完善，产业体系较为完备的冰雪产业发展格局。

第二节　吉林省

一、概况

吉林省简称“吉”，位于中国东北地区中部，辖区面积约19万平方公里。全省总人口约2407.35万。辖1个副省级城市、7个地级市、1个自治州、60个县（市、区）和长白山保护开发区管理委员会，省会长春市。

二、地理、气候

类别	内容
位置	地处中国东北地区腹地，位于东北亚地理几何中心。东西长769.62公里，南北宽606.57公里。南邻辽宁省，西接内蒙古自治区，北与黑龙江省相连；东部与俄罗斯联邦接壤，东南部与朝鲜民主主义人民共和国隔江相望。 吉林省地处边境近海，边境线总长1438.7公里，其中，中朝边境线1206公里，中俄边境线232.7公里。吉林省具有沿边近海优势，是全国9个边境省份之一，是国家"一带一路"向北开放的重要窗口。吉林省东端的珲春距日本海最近处仅15公里，距俄罗斯的波谢特湾仅4公里，是吉林乃至中国对外贸易、对外交流的重要通道。
地形	地貌形态差异明显。地势由东南向西北倾斜，呈现明显的东南高、西北低的特征。以中部大黑山为界，可分为东部山地和中西部平原两大地貌区。东部山地分为长白山中山低山区和低山丘陵区，中西部平原分为中部台地平原区和西部草甸、湖泊、湿地、沙地区。地貌地形主要有火山地貌、侵蚀剥蚀地貌、冲洪积地貌和冲积平原地貌。主要山脉有大黑山、张广才岭、吉林哈达岭、老岭、牡丹岭等。主要平原有松嫩平原，辽河平原。在总面积中，山地占36%，平原占30%，台地及其他占28.2%，其余为丘陵。
气候	位于中纬度欧亚大陆的东侧，属于温带大陆性季风气候，四季分明，雨热同季。春季干燥风大，夏季温暖多雨，秋季凉爽宜人，冬季寒冷漫长。从东南向西北由湿润气候过渡到半湿润气候再到半干旱气候，全省气温、降水、温度、风以及气象灾害等都有明显的季节变化和地域差异。年平均气温为2℃～6℃。从对旅游的影响来看，吉林夏季具有消夏避暑优势，冬季是吉林最有魅力的季节。北纬43°附近是世界的"冰雪黄金带"，长白山雪期长、降雪量大、具有发展冰雪旅游的良好气候。

三、交通状况

吉林省公路、铁路交通和民航事业快速发展，形成以省会长春为中心，公路、铁路和航空连接省内各主要城市，并辐射全国内地各大中城市的四通八达的现代化立体交通网络。

类别	内容
铁路	营业里程4868.89公里，其中高速铁路470公里。长哈、长图、长白等主要干线辐射四方。珲春铁路与俄罗斯铁路接轨。长春—满洲里—德国（简称"长满欧"）国际货运班列终点到达德国的施瓦茨海德，全程约9800公里，是国内运行的所有国际班列中，途经国家最少、运行时间最短、基础运行成本最低的班列。
公路	截至2022年年底，全省公路总里程10.98万公里，高速公路4395公里，以长春为中心呈辐射状网络，通向省内外。长春市距大连港约700公里、距营口港约500公里、距俄罗斯扎鲁比诺万能海港589公里。
航空	以长春龙嘉国际机场为核心，形成辐射周边国家和地区的航空网络，运营航线156条，民航集团全年共保障运输起降航班10.61万架次，完成旅客吞吐量1383.74万人次。国际航线与韩国首尔，日本东京、名古屋、仙台、福冈等城市及中国香港通航。白山机场、延吉机场已成为国内重要旅游机场。

（续表）

类别	内容
水运	吉林省境内内河通航总里程 1600 多公里，全年全省旅客运输周转量 484.47 亿人公里，货运量 60453.97 万吨，全年全省货物运输周转量 1778.63 亿吨公里。大安港是国家一类内河口岸，年吞吐能力可达 100 万吨，经水路可直达俄罗斯远东一些港口，并可进入日本海。

四、历史沿革

早在远古时期，就有人类在吉林这块土地上繁衍生息，逐步形成了肃慎、濊貊、东胡三大部落系统。在舜、禹时期，吉林省境内的古代民族就开始与中原王朝建立了具有隶属性质的贡纳关系，并逐渐成为中华民族的重要组成部分。从先秦开始，吉林就被历代中央政权划入行政区域管辖之下。在汉朝时就设置了郡县，唐朝的渤海及后来的辽、金、元各代也都设立府、州、县。明朝设立都司、卫所。1653 年（清顺治十年），清政府设置宁古塔昂邦章京，是吉林省建置之始。1673 年（清康熙十二年），于船厂（今吉林市）建吉林城，史称“吉林乌拉”（满语译音“沿江”之意），吉林由此得名。1907 年（清光绪三十三年），正式建制称吉林行省。

20 世纪初，东北成为俄、日帝国主义进行殖民扩张的角逐之地。吉林大地不断掀起反帝爱国斗争风潮。1931 年“九一八”事变后，吉林沦为日本帝国主义的殖民地。在抗击日本帝国主义入侵的斗争中，吉林人民不畏强暴，奋起抗战，英勇杀敌。从沦陷初期的王德林、唐聚伍、王凤阁等抗日义勇军的崛起，到杨靖宇、魏拯民、王德泰领导的东北抗联第一路军的浴血奋战，吉林人民用鲜血和生命谱写了一曲曲气壮山河的爱国主义篇章。在解放战争中，吉林人民为胜利作出重要贡献。中国共产党领导的东北民主联军，在吉林大地上组织了“四战四平”“四保临江”“三下江南”等战役，成为扭转东北战局的关键。1948 年辽沈战役开始，东北人民解放军兵围长春，在强大的政治攻势和军事压力下，国民党驻守长春部队向解放军投诚。至此，吉林全境获得解放。中华人民共和国成立后，吉林省成为新中国重要的工业基地和粮食生产基地，为国家经济建设作出巨大贡献。

五、民俗风情

吉林省是一个多民族省份，境内共有汉族、朝鲜族、满族、蒙古族、回族、锡伯族等 56 个民族。朝鲜族主要分布在东部的延边、吉林、通化、白山等市州，蒙古族和锡伯族主要分布在西部的白城市和松原市，满族、回族以长春、吉林、通化、四平市居多。

吉林省是朝鲜族的主要聚居地。朝鲜族有自己的语言、文字，具有吃苦耐劳、坚强勇敢的优良品质。朝鲜族爱穿素白服，注重礼仪，尊老爱幼，能歌善舞。

吉林省是满族的发源地之一。满族有自己的语言、文字，现已通用汉语文。旗袍已成为中国传统女装。满族传统的礼俗、祭俗、婚俗、葬俗等，现在还影响很多地区。满族饮食独具特色，“满汉全席”闻名遐迩。

吉林省民俗主要包括东北鼓乐、长白山冬俗、吉林延边生日宴、东北的年俗；蒙古族家庭宴席、婚俗、那达慕、饮食特点；满族的春节、民乐与关东民间“红白喜事”、育儿、婚姻、丧葬、祭祀、姓名、歌舞、岁时节令；朝鲜族婚礼、花甲宴、传统节日等。

东北鼓乐起源于汉代，西汉武帝时称“横吹”，初用于军旅，后来进入宫廷，用于帝王宴享和驾行，称为“鼓吹”。延至辽、金，宫廷的“鼓吹”更为隆重，其规模、礼仪、曲调也相当讲究。到了明、清两代，鼓乐已成为宫廷重大活动中不可缺少的祭祀、演艺形式。

长白山年俗颇多。在长白山，每到冬季，人们就开始蒸黏豆包、蒸年糕、做豆腐，放进大小缸里冻起来，随吃随取。进入腊月，家家宰杀猪羊鸡鸭，捕捞鱼虾蛤蟆，猎飞禽走兽。将猎物埋在厚厚的雪里保鲜，而新宰杀的猪羊肉，则边沾水，边冰冻，吃的时候敲掉包肉的冰壳，里边的肉新鲜如初，不会有丝毫的风干变质。在长白山的冰雪世界里，有许多与冰雪相关的游戏。小孩堆雪人、滚雪球、打雪仗、玩冰划子、滑雪、打冰猴、凿冰灯等习俗流传至今。查干湖冬捕已传承数千年。查干湖是多民族聚居地，多年来形成了独特的具有渔猎色彩的查干湖文化。

六、文旅资源

吉林省旅游资源丰富。其中生态、民俗、冰雪和边境旅游是最具吸引力的旅游资源。

（一）生态旅游资源

景色宜人的长白山是令世人瞩目的神奇之地，“雄山托天池，林海藏珍奇”。冰清玉洁的吉林雾凇为中国四大自然奇观之一。景色迷人的松花湖国家级风景名胜区，两岸绿树成荫、湖光山色，令人流连忘返。辉南三角龙湾，湖水深邃，景色秀美。查干湖冬捕，气势恢宏，原汁原味。长春净月潭国家级森林公园，潭水涟漪，林茂风疏，为亚洲最大的森林氧吧。还有吉林市北大湖滑雪场、通榆向海鸟类自然保护区、集安五女峰国家级森林公园、珲春防川风光。

（二）民俗旅游资源

吉林省民族文化丰富多彩、底蕴深厚，具有极高的研究价值和探索意义。萨满文化异彩纷呈，形式多样，内容丰富，包括满族剪纸文化、泥塑文化、宗教文化、饮食和服饰文化等。集安高句丽古迹、长春伪满洲国皇宫和伪满“八大部”遗址、农安黄龙府古城等遗迹犹如一颗颗璀璨的文化明珠镶嵌在吉林大地上。

长春电影制片厂是中国电影的摇篮，拍摄出一部又一部优秀经典影片，培育了一代又一代著名电影艺术家。

（三）边境旅游资源

吉林省有着独特的边境风光旅游资源，与朝鲜、韩国、日本、蒙古国和俄罗斯东西伯利亚地区构成东北亚地理中心位置，游客可以到中、俄、朝三国交界处珲春防川体验“一眼望三国、犬吠惊三疆”之意境，还可以观赏延边、白山、通化观赏鸭绿江、图们江边境风光带。

目前，吉林省已形成以长白山生态旅游区为龙头，包括长春净月潭国家森林公园旅游区、长春净月潭滑雪场、长白山高原冰雪训练基地、吉林松花湖滑雪场和长春莲花山滑雪场以及通榆向海草原湿地旅游区、集安高句丽王城文化遗址等景点的辐射全省的旅游网络体系。全省拥有国家4A级及以上旅游景区80家，其中5A级旅游景区7家：长白山、伪满皇宫、净月潭、长影世纪城、六鼎山、世界雕塑公园、通化市高句丽文物古迹旅游景区。国家级旅游度假区1家：长白山旅游度假区。国家级滑雪旅游度假地4家：永吉北大湖滑雪旅游度假地、东昌万峰滑雪旅游度假地、丰满万科松花湖滑雪旅游度假地、抚松万达长白山滑雪旅游度假地。

七、风物特产

吉林省是著名的“东北三宝”——人参、貂皮、鹿茸角的主产区。长白山人参是珍贵的药材，由于其形状酷似人形，故而得名。因其含人参皂苷Ⅰ–Ⅵ等有效成分，被中国传统医学认为有大补元气、养血安神之功效，在中国已有4000多年的药用历史。吉林省是中国最大的人参生产和出口基地，人参产量占全国的60%，占世界的40%以上。紫貂是国家一级保护动物，其毛皮呈棕褐色或灰褐色，间有白色针毛，皮质轻便坚韧，毛绒华丽，细致丰厚，轻柔轻缓，且具有光泽，堪称裘皮之冠。鹿茸角是珍贵的药材，中国传统医学认为有生精补髓、滋血助阳、强筋健骨之功效。吉林省也是梅花鹿之乡，所产的鹿茸酒、鹿尾巴精、鹿胎膏等鹿产品深受国内外用户欢迎。此外吉林还盛产长白山黑木耳、黄松甸食用菌等吉林长白山地理标志产品。

吉林美食主要有通化山葡萄酒、四平李连贵熏肉大饼、长白山皇封参、八吉集团松花石、真不同熏酱系列、老韩头清真食品、吉林华兰德冰酒等老字号及吉字号传统品牌。

八、特色产业

吉林省的特色产业主要有现代汽车及零部件产业、冰雪旅游及生态旅游产业、农产品加工产业、医药健康产业和电子信息及数字经济产业等。

1. 现代汽车及零部件产业

吉林省是全国汽车工业六大产业集聚区之一，汽车工业增加值占全省工业1/4以上，利润占全省工业一半以上，汽车销量占国内市场的比重超10%，是当之无愧的第一支柱产业。现已形成以一汽集团公司为核心，国内规模较大、具有相当竞争实力的综合性汽车及零部件研发和制造基地，走出了富奥汽车、一汽富维、吉林通用机械集团等行业领军企业。2021年，一汽集团全年营业收入7070亿元，居全国制造业企业第2位。全省新能源汽车制造业实现工业总产值219.4亿元，同比增长1.6倍，新能源汽车产量达到10.7万辆，同比增长1.4倍，占全年全国新能源汽车总产量的2.9%。一汽解放中重卡销量实现全球“五连冠”，重卡销量实现全球“六连冠”。到2025年，吉林省零部件本地配套率将达到70%，汽车产业规模突破万亿级。“十四五”期间，吉林省将突出电动化、智能化、网联化、共享化，完善设计研发、整车制造、零部件配套、汽车物流、市场服务创新等汽车全产业链体系，将一汽打造成世界一流企业、长春建成世界一流国际汽车城。

2. 医药健康产业

吉林省是国家重点建设的中药现代化科技产业基地、生物产业基地、医药出口基地和创制药物孵化基地，医药健康产业基础雄厚。吉林医药健康产业具有药用资源丰富、工业基础雄厚、集聚特色鲜明、研发优势明显、创新成果丰硕等特点。“十三五”期末，全省医药健康产业总经营规模达到1450亿元，其中医药健康工业实现总产值627.5亿元。

长白山区是“世界生物资源宝库”和“中国三大中药材基因库”之一。全省共有药用资源2790种，其中有全国重点普查的药材品种137种，占总量的37.7%。拥有9个国家地理标志保护产品——长白山人参、长白山淫羊藿、长白山红景天、大川平贝母、长白山五味子、吉林梅花鹿等。

全省现有规模以上医药健康工业企业298户，营业收入超亿元企业97户，销售收入超亿元医药品种71个；现有以金赛药业、敖东药业、修正药业、益盛药业、长白山制药、施慧达药业、迪瑞医疗为代表的具有核心竞争力的骨干企业50余户；现有东宝、茂祥、通药、益盛、万通等医药健康领域中国驰名商标31件；现有有效药品批准文号13634个，总数位列全国第一。2019年，修正药业、东宝药业、金赛药业、万通药业、敖东药业、金马药业、亚泰医药7户企业进入中国医药行业最具影响力名单，修正药业、敖东药业、长春高新3户企业进入中国医药工业百强榜名单。全省医药健康产业已形成以通化国家医药高新区和长春国家生物产业基地“一区一基地”为双核心，以辽源、梅河口、白山和敦化4个医药高新技术特色产业园区（基地）为补充的全省医药健康产业发展格局。

全省有吉林大学、长春中医药大学、中国科学院长春应用化学研究所、中国农业科学院特产研究所、吉林省中医药科学院等20余所综合性和专业类医药科研院校。目前，重组人白蛋白注射液等100余款新药正在开展临床研究；抗癌新药人参皂苷Rg3等8项成果获得国家科技进步二等奖；长白山制药康艾注射液2019年销售收入跃升为我国抗肿瘤中药注射液市场第一位。

3. 冰雪旅游及生态旅游产业

吉林省具有发展冰雪产业的独特优势，冰雪产业特别是冰雪旅游位居全国第一梯队前列。吉林省位于世界冰雪黄金纬度带，是世界三大粉雪基地之一，降雪期长、雪量丰沛，尤其是大长白山地区山岭绵延、湖泽密布、粉雪静风，具备国际级雪场深度开发潜力。目前，吉林省已经建成46个滑雪场，雪道总数347条，雪道总长度298公里，雪道总面积1032公顷（居全国第一位）。其中，“万科松花湖”“吉林北大湖”“万达长白山”三个大型滑雪度假区，接待床位数量、缆车数量、雪道总面积和每年雪季滑雪人数，均位列全国前三。

2021年9月10日，中国一汽与中国航天科技集团联合向国家体育总局冬运中心交付国产雪车，实现了国产雪车“零”的突破，宣告我国雪车装备长期以来由国外品牌垄断的历史从此结束。“十四五”期间，吉林省将力争打造以冰雪旅游、冰雪运动、冰雪文化和冰雪装备为核心，以冰雪科技、冰雪人才、冰雪商贸等相关产业门类为支撑的“4+X”现代化冰雪经济体系。到2025年，全省冰雪产业高质量发展体系初步建立，产业总规模达到2500亿元，成为世界知名的国际冰雪旅游胜地、“带动三亿人参与冰雪运动”的重要承载区。

第三节　黑龙江省

一、概况

黑龙江省，简称“黑”，位于中国东北部。全省土地总面积约 46 万平方公里（含加格达奇和松岭区），边境线长 2981.26 公里。全省总人口约 3185 万。辖 12 个地级市、1 个地区，121 个县（市、区），省会哈尔滨市。

二、地理、气候

类别	内容
位置	位于中国东北部，是中国位置最北、纬度最高的省份，最高纬度 53° 33′。北、东部与俄罗斯隔江相望，西部与内蒙古自治区相邻，南部与吉林省接壤。
地形	地貌特征为“五山一水一草三分田”。地势大致是西北、北部和东南部高，东北、西南部低，主要由山地、台地、平原和水面构成。主要山脉有大兴安岭、小兴安岭和完达山。主要平原有东北部的三江平原（包括兴凯湖平原）和西部的松嫩平原。 黑龙江省山地海拔高度大多在 300 ~ 1000 米，平原海拔高度在 50 ~ 200 米。有黑龙江、松花江、乌苏里江、绥芬河等多条河流；有兴凯湖、镜泊湖、五大连池等众多湖泊。
气候	属于寒温带与温带大陆性季风气候（注意“寒”字）。全省从南向北，依温度指标可分为中温带和寒温带。从东向西，依干燥度指标可分为湿润区、半湿润区和半干旱区。全省气候的主要特征是春季低温干旱，夏季温热多雨，秋季易涝早霜，冬季寒冷漫长，无霜期短，气候地域性差异大。黑龙江气候非常适合开展冰雪旅游。黑龙江省“天气气候景观观赏地”达到 5 个，列全国首位。雪乡景区由于受老秃顶子山、大秃顶子山、云龙山三座高山阻隔，北上的日本海暖湿气流与南下的贝加尔湖冷空气在此频繁交汇，形成了降雪丰富的独特小气候。每年 10 月开始降雪至次年 4 月，降雪期长达 7 个月。年平均降雪量 2.6 米，最高近 4 米。雪乡的雪质地粘软，积雪随物具形，形成罕见的冰雪奇观。

三、交通状况

类别	内容
公路	截至 2022 年年末，黑龙江省公路线路里程 16.9 万公里，其中高速公路 4659 公里。全省 13 个地市除加格达奇外已全部通高速公路，已打通与吉林和内蒙古的 6 个高速公路出口，连通绥芬河、东宁、同江、黑河、抚远等国家一类口岸，服务五大连池、亚布力、镜泊湖、兴凯湖等重点景区，基本形成除加格达奇外以哈尔滨为中心的 4 小时经济圈。
铁路	黑龙江省铁路以哈尔滨为中心，向四周辐射，并以齐齐哈尔、牡丹江和佳木斯为主要枢纽。主要铁路有京哈铁路、滨绥铁路、滨州铁路、滨北—北黑铁路、平齐铁路、哈佳铁路、富西铁路、牡佳铁路、勃七铁路等。已建成或在建的高速铁路有：哈大高速铁路、哈齐高速铁路、哈佳快速铁路、哈牡高速铁路、牡佳高速铁路、哈绥高速铁路等。

（续表）

类别	内容
航空	黑龙江航空机场主要有哈尔滨太平国际机场、哈尔滨平房机场、齐齐哈尔三家子机场、牡丹江海浪国际机场、佳木斯东郊国际机场、大庆萨尔图机场、伊春林都机场等。其中哈尔滨太平国际机场是黑龙江省的最大机场、国家对外开放的一类航空口岸、国际区域性航空枢纽，距离哈尔滨市区 33 公里。哈尔滨太平国际机场地处东北亚中心位置，是东南亚至北美航线的经停点。
口岸	随着中俄经贸合作和边境旅游的蓬勃发展，黑龙江省获准对外开放的国家一类口岸，已由原来的 1 个增加到 25 个，成为我国对外开放一类口岸最多的省份之一。其中，水运口岸 15 个、公路口岸 4 个、航空口岸 4 个、铁路口岸 2 个。构成了水陆空俱全和客货运兼有的口岸群体，在全国口岸对外开放总体格局中独具优势。

四、历史沿革

历代以来，黑龙江地理区域主要围绕大小兴安岭、张广才岭和三江流域发展演变，没有发生大的变动。到了近代，黑龙江地区的地理边界变化呈现出国界后移、省界变迁和区划演变三个特点。

黑龙江作为行政区域名称始于清代，而之前的漫长岁月里，这片土地上生活的东胡（山戎）、濊貊、肃慎（息慎）等民族先民已经与中原民族产生了广泛交流，相互影响，创造出辉煌灿烂的古代文明。清代黑龙江地区行政制度大体沿袭明制而略加改变，长时期内一直实行军府制（也称“军政制度”），设置将军、都统、副都统镇守，直至清末的 1907 年才开始设置行省的建制。至清宣统末年（1911 年），全省分设 3 道、7 府、6 厅、1 州、7 县及郭尔罗斯后旗、杜尔伯特旗、扎赉特旗和依克明安旗。

中华民国成立后，黑龙江省名称和行政区划沿袭旧制不变。黑龙江省共有 42 县、11 个设治局。吉林省分设 42 县，在今黑龙江境内有 22 县。黑龙江省在裁撤道区的同时，将呼伦、黑河道改为呼伦、黑河市政筹备处，辖原道属各县。1931 年“九一八”事变后，东北地区行政区划，按照日本侵略者进行严密统治的需要，逐步把省划小。至伪满洲国覆亡前夕，今黑龙江省境内共设有滨江、龙江、三江、黑河、北安、东满 6 省，共辖 5 市、76 县、3 旗。

1949 年 4 月 21 日，东北行政委员会发布《重划东北行政区划令》，决定将黑龙江地区的合江、松江、黑龙江、嫩江 4 省和哈尔滨市合并为松江、黑龙江 2 省。5 月中旬，撤销合江省并入松江省，哈尔滨市改为松江省辖市。1954 年 6 月，中央人民政府颁布《关于撤销大区一级行政机构和合并若干省、市建制的决定》，撤销松江省建制，与黑龙江省合并为黑龙江省，同时将哈尔滨市改为省辖市并入黑龙江省。

五、民俗风情

黑龙江省是一个多民族的边疆省份，少数民族总人口 112.1 万，占全省总人口的 3.52%。其中世居本省的少数民族有满、朝鲜、蒙古、回、达斡尔、锡伯、赫哲、鄂伦春、鄂温克和柯尔克孜 10 个少数民族。10 个世居少数民族中，满、朝鲜、蒙古、回 4 个民族人口超过

10万，达斡尔族人口4.3万，其余5个民族人口不足1万。赫哲族有3910人，为黑龙江省独有民族，鄂伦春族3871人，占全国鄂伦春族人口的52%。

满族、回族普遍使用汉语文；朝鲜族、蒙古族使用本民族语言、文字，大多数人通用汉语文；达斡尔、鄂伦春、鄂温克、赫哲族有本民族语言，没有文字，普遍使用汉语文；其他43个少数民族大部分是在黑龙江开发和建设中，从外地调入、分配、转业、移居而来的，大多通用汉语文。

黑龙江省主要有以下民俗活动：

1. 鄂伦春族古伦木沓节

“古伦木沓”为鄂伦春语，意为祭祀火神。古伦木沓节由祭祀火神的仪式演变而来，在每年的春季举行，是鄂伦春人别具一格的传统节日。届时人们带着好酒好肉及帐篷等物，举家骑马到预定地点参加活动。节日期间活动内容丰富多彩：白天举行赛马、射箭、射击、摔跤和唱歌、跳舞、讲故事、下棋、玩木牌等文体活动；夜间在篝火周围请萨满跳舞，祭神祭祖。古伦木沓节并非单一的祭神祭祖日，其蕴蓄着丰富的文化内涵。

2. 五大连池药泉会（圣水节）

五大连池药泉会（圣水节）为民俗节日，是黑龙江省五大连池风景区内的达斡尔族、鄂伦春族、蒙古族、满族和汉族人民以“敬天”“娱人”为内容，以歌舞、祭祀为载体，含有历史、信仰、民俗、艺术等诸多文化内容的传统民间文化活动。200多年前达斡尔族猎人在五大连池药泉山下发现矿泉水后，各族人民每年在农历五月初五端午节前后（夏历五月初四至初六3天）举行纪念活动。主要包括祭祀、民俗表演、秧歌舞龙、竞技、篝火舞会、抹黑祈福、泉湖灯会、抢零点水、火把庙会、戏曲表演、钟灵素斋、敬拜黑龙、游园踏青、洗眼明目和弃石丢病等十几项活动。

3. 鄂温克族瑟宾节

“瑟宾”为鄂温克语，意为“欢乐祥和”。瑟宾节是鄂温克族重要的传统节日，起源于古代鄂温克人狩猎胜利时举行的部落庆典。讷河市兴旺鄂温克族乡的鄂温克人从狩猎生产逐渐转化为游牧和农耕生产，庆典内容也由祭祀山神演变为赛马、射箭、摔跤、歌舞、宴会等活动。瑟宾节在中国鄂温克族曾经中断，1993年在第三届鄂温克族研究会会员代表大会上，确定每年6月18日为鄂温克族的共同节日“瑟宾节”，将驯鹿定为吉祥物，每年举行一次。

4. 朝鲜族花甲礼

朝鲜族花甲礼又称“回甲宴”，是中国朝鲜族人生礼仪中最重要的庆祝仪式之一，是为60周岁的老人举行的生日宴会。其起源于朝鲜王朝，始为宫廷宴，后发展到朝廷大臣，再普及到平民百姓。中国朝鲜族花甲礼大体形成于17世纪中叶至18世纪中叶。花甲礼一般定在老人60周岁生日那天，摆寿宴、献寿是基本仪式：子女们为父母准备丰盛的宴席（摆大桌）；父母入座后主持人讲生平业绩，有来宾祝词；子女们按长子、次子、长女、次女顺序敬酒磕头；子女们载歌载舞祝福老人健康长寿；来宾祝歌，共同跳朝鲜族舞蹈祝贺。祝寿庆典结束后宾主共同饮酒，组织娱乐活动，演奏民族乐器。

5. 达斡尔族传统婚俗

富拉尔基罕伯岱村是达斡尔族聚集村落，为黑龙江最早的达斡尔族原始部落。罕伯岱达斡尔族民俗婚礼融萨满信仰文化、民族文化、性文化教育、传统道德教育和传统习俗于一体，是达斡尔族特有的礼仪和教育、繁衍后代的形式。此传统婚俗在提亲、定亲、相亲、过彩礼、定结婚日期、举办婚礼、入洞房、回门等环节都有相应的达斡尔族歌舞和酒文化相伴，再现了达斡尔族人民生产生活的独特习俗特点，已在族内世代传承了几百年，至今仍影响着现代达斡尔人的婚礼习俗。

六、文旅资源

（一）历史文化

黑龙江省是北魏和辽、金、清朝的发祥地，其文化源流可归结为鲜卑文化、渤海文化、金源文化和满族文化。黑龙江文旅资源丰富，有原生态的自然环境，标志性的地理位置，独特的地域文化，顶级的冰雪资源等。特殊的地理位置、气候条件、人文历史赋予黑龙江旅游自然、自在、神奇、浪漫的色彩。黑龙江省保留了较丰富的人类文化遗存，如昂昂溪遗址和新开流遗址、唐代渤海国上京龙泉府遗址、金代上京会宁府遗址。以农耕为主的满族、朝鲜族，以捕鱼为生的赫哲族，以狩猎为生的鄂伦春族和以牧业为主的蒙古族、达斡尔族保留着北方少数民族特有的民俗风情，成为黑龙江省重要的民俗旅游资源（耕、捕、狩、牧）。

哈尔滨市是国家级历史文化名城，也是国家首批优秀旅游城市，有代表世界多种建筑风格的建筑物近百处，素有“东方小巴黎”“东方莫斯科”之称。齐齐哈尔、宁安、依兰、阿城、呼兰等是省级历史文化名城。东北烈士纪念馆、侵华日军第七三一部队罪证陈列馆、虎林要塞陈列馆、瑷珲历史陈列馆、大庆铁人纪念馆是全国百家爱国主义教育基地。

（二）旅游资源

黑龙江省著名的风景名胜区有国家级的五大连池、镜泊湖。黑龙江省大部分区域处于中温带，山区冬季雪量大，雪期长（120 天左右），雪质好，适宜滑雪旅游。滑雪资源主要集中在四大区域：哈尔滨市、伊春市、牡丹江市和大兴安岭地区。冰灯和冰雪游乐主要集中在哈尔滨、牡丹江、齐齐哈尔等大中城市。著名冰雪旅游项目有哈尔滨冰雪大世界游园会、牡丹江雪乡和漠河北极村冰雪游等。目前全省拥有国家 5A 级旅游景区 6 家：哈尔滨太阳岛、五大连池、镜泊湖、汤旺河区林海奇石景区、漠河北极村、虎林市虎头旅游景区。

七、风物特产

黑龙江省特产主要有人参、玛瑙雕、五常大米、桦川大米、克山马铃薯、克山大豆、东宁黑木耳。美食主要有烤冷面、得莫利炖鱼、杀猪菜、锅包肉、哈尔滨红肠、鸡西冷面、齐齐哈尔烤肉。目前，黑龙江省申报并得到国家市场监督管理总局审核批准的地理标志保护产品总数已达 47 个。“五常大米”获准加入国家与欧盟签署的“100+100”地理标志产品互认项目。

八、特色产业

黑龙江省是共和国工业摇篮。“一五”时期，国家实施的156个重点工业项目，22个布局在黑龙江。目前黑龙江省能生产40个大类、162个中类、364个小类的上千种工业产品，拥有中国一重、哈电集团等一大批“共和国长子”“大国重器”企业。黑龙江在大型电站成套机组、大型压力容器、重型数控机床、核电装备、支线客机和直升机，以及精密轴承、铁路货车、量具刃具等领域，都达到了国内领先或国际先进水平。装备工业、能源工业、石化工业和食品工业是黑龙江省传统的四大支柱行业。《黑龙江省工业强省建设规划》中提出将打造“433”工业新体系：优先发展绿色食品、高端装备、新材料、生物医药四大战略性产业，重点培育新一代信息技术、新能源、节能环保三大先导性产业，优化提升化工、汽车、传统能源三大基础性产业。

1. 粮食

作为维护国家粮食安全的“压舱石”，黑龙江省粮食总产连续十二年位居全国第一，粮食总产占全国的九分之一，近四年均稳定在1500亿斤以上。“寒地黑土”“绿色有机”“非转基因”，是黑龙江农业的3张金字招牌。黑龙江地处世界仅有的3大黑土带之一，土壤有机质含量是全国平均水平的1.5倍；全省绿色、有机食品认证面积达到8816万亩，连续多年居全国首位。黑龙江土地平坦集中连片，农业综合机械化率达98%，居全国第一。

2. 农业生物

黑龙江省农业生物质资源全国第一，年产秸秆约9000万吨，是全国最大生物发酵氨基酸和生物质燃料乙醇生产基地。汇集中国农业科学院哈尔滨兽医研究所等一批生物技术领域前沿科研机构，拥有哈药集团1家百亿级企业，哈尔滨生物医药产业入选国家级战略性新兴产业集群。“十四五”期间，黑龙江省把生物经济作为战略性主导产业，将打造生物医药千亿级和生物制造、生物农业、生物能源、生物服务等产值规模超百亿元、产业链齐全、配套完善的生物产业集群，培育形成一批具有行业竞争力的龙头企业。

3. 冰雪资源

黑龙江是全国最早开发利用冰雪资源、发展冰雪产业的省份，冰雪大世界、雪乡、亚布力滑雪场等驰名中外。黑龙江借冬奥之风，不断拓展上下游产业。目前已形成以索道、魔毯、造雪机等产品为主的冰雪场地装备和以冰刀、雪板、雪服、雪鞋、冰上娱乐器材等产品为主的冰雪运动器材两大制造体系。齐齐哈尔黑龙国际冰雪装备有限公司，依托不断改革创新，数字化冰刀生产线每年可生产冰刀300万副。

4. 油田

20世纪60年代开发的大庆油田是我国最大的油田，也是世界上为数不多的特大型陆相砂岩油田之一。油田位于黑龙江省中西部，松嫩平原北部，目前已成为我国最大的石油生产基地，是维护国家石油供给安全的重要基石。以铁人王进喜为代表的大庆铁人精神，是中国人民民族精神重要的组成部分。

易错考题小试牛刀

1.（判断题）国内运行的所有国际班列中，途经国家最多的班列是“长满欧”国际货运班列。（　）

2.（单选题）拥有水陆空俱全和客货运兼有的口岸群体的省份是（　）。

A. 黑龙江省　B. 辽宁省　C. 吉林省　D. 甘肃省

3.（单选题）我国北方地区最好的深水不冻港是（　）。

A. 营口港　B. 丹东港　C. 大连港　D. 锦州港

4.（多选题）吉林省最具吸引力的旅游资源是（　）。

A. 海岸旅游　B. 边境旅游　C. 冰雪旅游　D. 民俗旅游　E. 生态旅游

【答案】1. 错　2.A　3.C　4.BCDE

第三章　华东地区

第一节　上海市

一、概况

上海，简称“沪”，别称“申”。相传春秋战国时期，上海曾经是楚国春申君黄歇的封邑，故上海别称为“申”。晋朝，以捕鱼为生的居民创造了一种竹编的捕鱼工具叫“扈”，又因为当时江流入海处称“渎”，因此松江下游一带被称为“扈渎”，以后又改“扈”为“滬（沪）”。上海隔东中国海与日本九州岛相望，南濒杭州湾，北、西与江苏、浙江两省相接，总面积 6340.5 平方公里，辖 16 个市辖区，2022 年年末，上海市常住人口为 2475.89 万。

二、地理、气候

类别	内容
地理	上海地处长江三角洲前缘，位于坦荡低平的长江三角洲平原，水网密布，西南部散见小山丘，平均海拔高度约 4 米，北界长江，东濒东海，南临杭州湾，西接江苏、浙江两省，长江由此入海，交通便利，腹地宽阔，地理位置优越，是一个良好的江海港口。
气候	亚热带季风性气候，四季分明，日照充分，雨量充沛。气温最热的时候是在 7 月至 8 月；最冷的时候是 1 月下旬到 2 月初。6 月中旬至 7 月上旬是梅雨季节，阴雨连绵；8 月底到 9 月上中旬是台风多发季节，常有突如其来的狂风暴雨。春秋两季是前往上海旅游的最佳季节。3 月至 5 月的上海温度适中，草长莺飞，适合郊外踏青，观赏桃红柳绿；9 月至 11 月期间的上海秋意浓浓，此时，不能错过品尝膏足、肉美的大闸蟹。

三、交通状况

上海港是中国最大的枢纽港之一。目前，上海已形成了由地面道路、高架道路、越江隧道和大桥以及地铁、高架式轨道交通组成的立体型市内交通网络。

类别	内容
公路	上海高速公路已基本形成“两环、九射、一纵、一横、两联”的网络布局，通过高速公路实现市内快速到达，市外快速连接，通车里程达到 805 公里，有效覆盖市区同时衔接国内交通枢纽。

（续表）

类别	内容
铁路	地铁形成了 20 条轨道交通线，运营总里程达 831 公里，运营里程位居世界第一。其中，10 号、14 号、15 号、18 号线以及浦江线均为最高等级（GOA4）全自动驾驶线路，运营里程合计 167 公里，规模同样列全球城市首位。有上海站、上海南站、上海虹桥站三座大型铁路客运车站。
航空	上海港是中国最大的枢纽港之一，2019 年，浦东国际机场口岸出入境人员数量 3900 万人次，连续 17 年位居全国空港口岸首位。

四、历史沿革

春秋时期，上海地区属吴。原为一渔村。唐代始置县。清代设江海关，上海遂成为繁荣的港口。1840 年鸦片战争后被迫开为通商口岸，沦为“冒险家的乐园”。我国机械工业始于 19 世纪 60 年代。1852 年，上海最早一家外国修船木工与造船厂伯维公司开始营业。1862 年，李鸿章在上海创办了上海制造局，1865 年扩充为江南制造总局，专造军械。19 世纪 70 年代，民族资本家为了适应航行业的需要，相继开设了几家船舶修造厂和机器厂。上海最早的机器厂是达昌钢铁机器厂。1880 年以后，合昌机器厂、源昌机器五金厂、公茂机器厂等相继开办。翻砂厂以顺昌翻砂厂为最早，创办于 1890 年。殖民地时期的上海，从鸦片战争后到甲午战争前的几十年内，工业发展以外国资本、官僚资本为主，民族工业处在萌芽时期，发展相当缓慢。至 1894 年，上海有 36000 多名工人，占全国工人的 50% 左右。据估算，当时上海从事机器和军事工业共有 12700 多人，占全市工人的 36%，占全国造船及机器、军用工业的 70%。1927 年 7 月 7 日，上海特别市成立，直辖于中央政府，上海始有直辖市一级建置。1930 年 7 月，上海特别市改称上海市。1949 年 10 月 1 日，中华人民共和国成立，上海仍为中央直辖市。1990 年 4 月 18 日，党中央、国务院宣布开发开放上海浦东。2005 年 6 月 21 日，国务院批准浦东在全国率先开展综合配套改革试点；2013 年 9 月 29 日，中国（上海）自由贸易试验区在浦东挂牌。

五、民俗风情

截至 2022 年年底，上海常住人口中，少数民族人口近 40 万，占 1.6%。每年农历正月初五为财神（俗称“路头神”）诞辰。财神统“财”，人人有关，尤其是商家开业为财，故他们庆祝最为起劲。商家接财神多供三牲：生猪头、鲤鱼、雄鸡。鲤鱼者，谐音“利余”，特别受到欢迎。早在日前，街巷中来自农村的乡人，向各家兜卖新鲜鲤鱼，鲤鱼又被称为“元宝鱼”，故被称为“送元宝”。初五子时，商家堂上正中挂起赵公元帅的新像，除三牲外，其余供品也极为丰盛。香烛燃起，光耀满堂。接着在户内外大放爆竹，此起彼伏，阖城轰响，声震百里。且连续不断，其声势之烈竟过于初一正日的天明：“爆竹相连不住声，财神忙煞共争迎。只求生意今年好，接送何妨到五更。”

六、文旅资源

（一）历史文化

上海南自延安东路、北至苏州河畔，1500多米长的外滩建筑群荟萃着世界各国不同时期的多种建筑样式，有新古典式、文艺复兴式、巴洛克风格、近现代派等风格，同时又有很大的兼容性，多数建筑为折中主义风格。折中主义是指在一座建筑中把历史上各时期的建筑词汇并列在一起。这一风格在19世纪末20世纪初流行于西方。外滩建筑群大多定型于20世纪初，受到该风格的强烈影响，所以有"万国建筑博览"之称，在浦西形成了一条气势非凡的天际线。因此，国务院于1966年11月20日将整个外滩建筑群公布为全国重点文物保护单位。

如果说外滩建筑群展示了上海的时尚特征，那么弄堂建筑展示的则是上海人深厚的乡愁。上海弄堂是上海特有的民居形式。石库门和天井是石库门弄堂中最典型、最有代表性的空间元素和视觉元素。

上海的文化被称为"海派文化"。海派文化是在中国江南传统文化（吴越文化）的基础上，融合开埠后传入上海并影响深远的欧美近现代工业文明而逐步形成的上海特有的文化现象。海派文化是尊重多元化、个性化，兼顾个人利益和社会利益，以契约精神为主导的理性的、较成熟的商业文化。海派文化既有江南吴越文化的古典与雅致，又有国际大都市的现代与时尚，区别于中国其他文化，具有开放而又自成一体的独特风格。

截至2022年年底，上海拥有国家5A级旅游景区4家：浦东新区东方明珠广播电视塔、浦东新区上海野生动物园、浦东新区上海科技馆、中国共产党一大·二大·四大纪念馆景区。人文景观主要有特色建筑，如外滩建筑群、上海弄堂；有上海文化，如"海派文化"；有革命遗址，如中共一大会址、中共二大会址；有名人故居，如孙中山故居、鲁迅故居等。

（二）旅游资源

1. 中国共产党第一次全国代表大会会址纪念馆

中共一大会址房屋建于1920年秋，为上海典型石库门式样建筑，外墙青红砖交错，镶嵌白色粉线，门楣有矾红色雕花，黑漆大门上配有铜环，门框围以米黄色石条，门楣上部有拱形堆塑花饰。1921年7月23日，来自各地中国共产党早期组织的代表李达、李汉俊、张国焘、刘仁静、何叔衡、毛泽东、董必武、陈潭秋、王尽美、邓恩铭、陈公博、周佛海，还有包惠僧及共产国际代表马林等人秘密会聚在上海法租界望志路106号（今兴业路76号），举行了中国共产党第一次全国代表大会。纪念馆的藏品主要是鸦片战争以来至社会主义革命和建设各个历史时期的文献、实物、报刊、书籍和照片。据2007年年底统计，共有藏品10万余件，珍贵文物2万余件，其中国家一级文物118套（416件）。

2. 上海国际电影电视节

上海国际电影节创办于1993年，是中国唯一获国际电影制片人协会认证的国际A类电影节，每年6月举办一届。上海电视节创办于1986年，是中国第一个国际性电视节，如今已成为亚洲地区最重要的国际电视交流平台之一，每年6月举办一届。主要活动包括白玉兰奖评选、国际电视节目展播、电视市场、白玉兰电视论坛、互联网影视峰会和“白玉兰绽放”颁奖典礼等。

3. 中国上海国际艺术节

中国上海国际艺术节是中国唯一的国家级综合性国际艺术节，由中华人民共和国文化和旅游部主办、上海市人民政府承办。艺术节创办于1999年，每年举办一次，集合舞台演出、展览博览、“艺术天空”系列演出、艺术教育、“扶持青年艺术家计划”暨“青年艺术创想周”、节目交易、论坛研讨、节中节等系列活动。

作为中国历史文化名城，上海可以说是中国近现代史的“缩影”，许多重大的历史事件和革命活动曾在这里发生并影响全国。除此之外，位于上海西南郊、紧靠龙华古镇的龙华寺，是上海历史最长、规模最大的古刹，矗立于龙华寺前的龙华塔则是上海市区唯一的古塔，该塔被誉为申城“宝塔之冠”。与龙华寺一样蜚声中外的玉佛寺创建于1882年，建筑宏伟。豫园原为明代上海人潘允端的私人花园，有大小景点30多处，1982年3月被评为全国重点文物保护单位。金茂大厦在88层楼设有观光厅，高度340.1米，面积1520平方米，是目前国内最大的观光厅，荣膺上海大世界基尼斯之最。东方明珠广播电视塔高468米，位居亚洲第六、世界第九和左右两侧的南浦大桥、杨浦大桥一起，形成双龙戏珠之势，成为上海改革开放的象征。虽说上海的郊区不及市区繁华，没有南京路步行街那样的购物天堂，但却坐拥着如朱家角、枫泾这样的江南古镇。2016年6月16日开幕的上海迪士尼度假区位于上海国际旅游度假区核心区内，是中国内地首个、亚洲第三个、全球第六个迪士尼度假区。

如今的上海早已成为一座融古色古香和现代潮流于一体的旅游中心城市。截至2022年，有全国重点文物保护单位40处，博物馆159座；国家湿地公园2个：吴淞炮台湾国家湿地公园、上海明珠湖·西沙湿地；国家级自然保护区2个：崇明东滩鸟类自然保护区、九段沙湿地自然保护区。沪剧和越剧虽为地方剧种却广有影响，滑稽戏独树一帜，评弹在上海很受大众欢迎。

七、风物特产

上海中华商业第一街南京路、时尚高雅的淮海路是闻名全国的商业大街，正大广场、徐家汇的港汇恒隆广场规模巨大，南京西路的恒隆广场、中信泰富广场等云集顶级品牌、时尚商品、大众用品等。

上海汇聚世界各国的饮食文化，开设有3万多家中式、西式、休闲型、快餐连锁型餐饮企业。西餐汇聚了意大利、法国、日本、葡萄牙、印度等30多个国家和地区的风味；中餐则汇聚了苏、锡、宁、徽等近20个地方的风味，并拥有著名的老城隍庙、云南路、黄河路、乍浦路、仙霞路等饮食文化区。

上海人称的本帮菜，指的是上海本地风味的菜肴，特色可用浓油赤酱（油多、味浓、糖重、色艳）概括。常用的烹调方法以红烧、煨、糖为主，品味咸中带甜、油而不腻。本帮炒菜中，荤菜特色菜有响油鳝糊、油爆河虾、油酱毛蟹、锅烧河鳗、红烧圈子、佛手肚膛、黄焖栗子鸡等，真正体现本帮菜浓油赤酱的特点。上海小吃种类多而制作精，名声远扬，豫园商场（老城隍庙）更是上海小吃最集中的地方。

八、特色产业

产业	概况
金融业	上海作为世界金融中心，建立了较为完善的金融市场体系，已成为国际上金融市场门类最为完备的城市之一，集聚了股票、债券、货币、外汇、黄金、期货、票据、保险等各类金融要素市场，基本确立以人民币产品为主导、具有较强金融资源配置能力和辐射能力的全球性金融市场地位。
碳金融	上海把碳金融作为国际金融中心建设的重要组成部分，以全国碳市场交易市场为基础，打造国际碳金融中心。推进碳金融业务创新，积极探索碳金融的现货、远期等产品，支持碳基金、碳债券、碳保险、碳信托等金融创新。构建碳达峰、碳中和的投融资机制，引导金融资源向绿色发展领域倾斜。加强金融风险防范，更好地服务企业绿色转型发展。
工业战略性新兴产业	2022 年，上海市工业战略性新兴产业总产值 17406.86 亿元，占规模以上工业总产值的 43.0%。主要有光伏电池、新能源汽车、工业机器人、集成电路等产业。

第二节　江苏省

一、概况

江苏，简称“苏”，1667 年因江南省东西分置而建省，取“江宁府”与“苏州府”之首字而得名。江苏省位于中国大陆东部沿海中心，总面积约 10 万平方公里，辖 13 个地级市，96 个县（市、区）。常住人口 8478.8 万。省会南京市。

二、地理、气候

类别	内容
位置	江苏跨江滨海，湖泊众多，地势平坦，地貌由平原、水域、低山丘陵构成；地跨长江、淮河两大水系。地处中国大陆东部沿海地区中部，长江、淮河下游，东濒黄海，北接山东，西连安徽，东南与上海、浙江相邻，是长江三角洲地区的重要组成部分。
地形	以平原为主，占总面积的 86.90%，主要由苏北平原、黄淮平原、江淮平原、滨海平原、长江三角洲平原组成。江苏地势低平，河湖较多，平原、水面所占比例占江苏省的 90% 以上，比例仍居中国各省首位，这是江苏的地理特点。江苏是中国地势最低的一个省区，绝大部分地区在海拔 50 米以下，低山丘陵集中在西南部，占江苏省总面积的 14.3%，主要有老山山脉、云台山脉、宁镇山脉、茅山山脉、宜溧山脉。连云港的市郊云台山玉女峰为江苏最高峰，海拔 625 米。

（续表）

类别	内容
水系	水兼江河湖海，中国第一大河——长江横穿东西，江面辽阔。世界上最古老的运河——京杭大运河纵贯南北。我国第三大淡水湖——太湖及第四大淡水湖——洪泽湖烟波浩渺，苏南第二大湖泊——西太湖碧波万顷。连云港的海滨浴场、南通盐城的湿地滩涂则是江苏的沿海旅游资源。江苏的名泉有镇江中泠泉、无锡惠山泉及苏州虎丘的憨憨泉。
气候	属东亚季风气候区，处在亚热带和暖温带的气候过渡地带，气候同时具有南方和北方的特征。从11月到次年3月大致是江苏各地的冬季。江苏各地的春季始于3月中、下旬，止于5月底6月初，历时约两个月。春季是冬、夏季风转换交替季节，冷暖气流互相争雄，常常出现时寒时暖，乍晴乍雨的天气现象。从5月底到6月初，江苏由南向北先后进入夏季，夏季止于9月中旬，历时约4个月。总的来说，夏季全省各地气温高、降水多，但初夏和盛夏天气特征又各不相同。初夏江苏大部分地区为梅雨天气，云量多，日照少，气温不高，连续降雨，相对湿度大，出现了“黄梅时节家家雨，青草池塘处处蛙”的景象。盛夏则为伏旱天气，云量少，日照强，温度很高，偶有阵雨，相对湿度较小。9月中旬以后，伴随着北方第一次较强的冷空气南下，江苏各地开始进入秋季。江苏的秋季一般短于春季。入秋后，常常出现风力微弱、阳光灿烂、秋高气爽的天气。但也有少数年份由于夏季风撤退较晚，加上台风侵袭，出现连续阴雨的“秋黄梅”。

三、交通状况

类别	内容
公路	截至2022年，全省公路里程15.8万公里，其中高速公路里程5023公里。
铁路	铁路营业里程4221.9公里，其中高速铁路里程2212公里。8市开通城市轨道交通运营线路32条，运营里程952.5公里。
航空	全省拥有9个运输机场、8个A1类通用机场。累计建成综合客运枢纽37个，设区市实现全覆盖，连云港入选“十四五”首批国家物流枢纽。四级以上内河高等级航道里程3254公里，省干线航道达标里程达2419公里。

四、历史沿革

商代末年，泰伯、仲雍兄弟从陕西周原迁到江南，建立勾吴国，徐国也从山东曲阜迁都泗洪。异域文化与土著文化的融合，加速了江苏经济社会的发展和崛起。徐国的偃王一度被东方各方国、部落拥为领袖。到春秋时期，吴国青铜器的冶炼及锻造业已相当闻名。吴王阖闾筑邗沟北上争霸，使吴国成为“春秋五霸”之一。

秦朝末年，下相（今属江苏宿迁）项羽在江东（今苏南）起兵反秦，沛丰邑（今江苏丰县）刘邦也在家乡高举义旗。秦国灭亡后，经过五六年的楚汉相争，刘邦最终统一天下，建立汉朝。刘邦之侄刘濞被封为吴王后，定都广陵（今扬州），统辖东南3郡53城，利用“东有海盐之饶，章山之铜，三江五湖之利”的有利条件，大规模铸钱，“煮海为盐”，国力强盛，富可敌国。

东吴、东晋和南朝的宋、齐、梁、陈，先后在今南京建都立国，江苏地区成为中国南方的政治、经济、文化中心。当时，北方战乱频繁，南方相对安定，大量北方难民纷纷南迁，带来黄河流域先进的生产技术和经营经验，有力促进了江苏经济社会的发展。隋唐时期，由于大运河的开凿，带动沿河经济带的形成。唐代安史之乱后，全国经济重心南移，形成“军国大计，仰于东南”的局面。

两宋时期，太湖地区兴治的圩田已形成由人力控制的排灌体系，江苏地区成为全国著名粮仓，南宋时“苏常熟，天下足”的民谚广为流传，到元代又进一步口语化为“上有天堂，下有苏杭”。

宋元之际，松江、苏州一带引进和推广海南岛种植木棉和纺纱织布新技术，促进苏南地区手工业经济繁荣发展。明初建都南京，南京再次成为全国政治、文化中心。明代中叶起，苏南地区已出现“机户出资、机工出力”的新型生产关系，苏州、南京和浙江杭州三足鼎立，构成全国丝织业的三大中心。与此同时，苏州东山、西山的洞庭商帮以小博大，巧妙致富，号称“钻天洞庭”。清代，全省粮、盐产量雄踞全国之首，田赋和盐税一度分别占全国的3/10和7/10。

清代末年，清政府被迫开放通商口岸，外国商品和资本主义生产方式通过上海大量进入江苏腹地。江苏人性格坚韧，不甘人后，在帝国主义经济侵略中努力汲取西方的工业文明，由此开启工商业近代化的历史进程，先后涌现出南通张謇、无锡荣氏等民族工业集团，涌现出棉纱大王、面粉大王、煤铁大王、电器大王、颜料大王等一系列工商业巨头。

1912年，孙中山在南京就任临时大总统，建立**中华民国**。1927年，国民政府定都南京，江苏又一次成为全国的政治中心。抗日战争和解放战争时期，苏北根据地与解放区在中国的民族独立和人民解放事业中作出了重要贡献。1949年4月23日，中国人民解放军占领南京，标志着中国革命取得决定性胜利。中华人民共和国成立后，特别是1978年后，江苏经济社会快速发展。到20世纪末，全省基本迈入小康社会，苏南部分地区在全国率先实现初步现代化。

五、民俗风情

第七次全国人口普查数据显示，江苏省共有少数民族常住人口62.12万，少数民族流动人口68.72万人。全省现有1个民族乡、1个享受民族乡待遇的镇，39个民族村（社区、居委会）。

江苏的民俗风情多姿多彩，令人眼花缭乱。如：

（一）文化娱乐风俗

有昆山的昆曲、苏州的评弹、扬州的扬剧、无锡的锡剧、南京的白局。民间文学有神话、传说、民间故事、民谣、民歌、谚语、谜语。江南丝竹开始产生于明代的苏州一带。“丝”指丝弦乐器，如胡琴、月琴、琵琶、三弦、秦琴、扬琴等。“竹”指管乐器，如笛、箫、笙、唢呐等。演奏的乐曲来自婚丧、喜庆和庙会活动中的风俗音乐。

（二）农事和节气风俗

根据二十四个节气进行农事和安排生活。如“春打六九头，耕牛满地走”，元旦日如阴则“岁朝乌云秃，高低田稻一齐熟”。立春日举行探春、采春、迎春和打春及迎春牛和送“春牛图”。夏日有“雨打立夏，无水浇耙”“小暑不见日头，大暑晒开石头”，立夏人们吃补食、称体重。秋季“雷打秋头，百事无收”“八月十五云遮月，来岁元宵雨打灯”。寒冷的冬季主要进行田间管理“庄稼要收成，土地要冬耕”“冬季清除田边草，来年肥多害虫少”。“冬至大如年”，人们吃年糕、做汤圆、穿新衣服、祭祀祖先。

（三）农事祭祀风俗

清明前后下稻，下稻要选时辰、选经验丰富的男性老农，说话要讨口彩。第一天插秧，谓“开秧门”，除一套程序外还需祭土地神，若干旱不雨，则去城隍庙祈求降雨。为了防治病虫害，正月半夜“甩火把”。太湖一带如遇上虫害，将扫帚插在田中，称为“扫虫”，或将刘猛春将军菩萨请出来巡游。中秋节后举行土地会、青苗会、稻花会和庆丰会。

六、文旅资源

吴文化是中华文化的一个重要组成部分，而且它“个性”非常突出，生命力异常强盛，历史上曾长期繁荣发展，有卓越贡献，在世界文明史中也占有光辉独特的一页。它曾一次次创造历史性奇迹，周代吴国的历史就是一例。3100 多年前，勾吴建立，逐步形成了吴文化。最初的政治中心在无锡、吴县交界处一带，2500 年前吴国迁都苏州，大为兴盛，吴文化发展也有了飞跃性的变化，历史的奇迹从此反复出现。春秋时期，楚、晋、齐是大国，吴是偏居南方的小国，竟能以 3 万之师打败 20 万之众的楚国，占领其郢都。后来吴又战败齐军，威震晋国，夺得天下之霸主地位。

（一）历史名人

类别	人物
政治家、军事家	孙武、伍子胥、刘邦、项羽、韩信。
科学家	祖冲之、沈括、徐光启、徐霞客。
文学家	刘勰、李煜（南唐后主）、范仲淹、秦观、范成大、施耐庵、吴承恩、曹雪芹、吴敬梓、冯梦龙、刘鹗。
	《水浒传》《西游记》《红楼梦》《儒林外史》等古典名著均出自江苏籍作者之手或与江苏有关。
艺术家、书画家	顾恺之、张旭、米芾、唐寅、文徵明、祝枝山和以郑板桥为代表的“扬州八怪”。
思想家	顾炎武。
著名实业家	张謇、荣宗敬、荣德生、刘国钧，是我国近代民族工业的重要创始人。
近代和当代著名科学家	华罗庚、周培源、茅以升、钱伟长。
文化名人	柳亚子、朱自清、叶圣陶。
著名书画家	徐悲鸿、刘海粟、钱松嵒、林散之。
著名表演艺术家	梅兰芳、周信芳、赵丹。
老一辈无产阶级革命家	周恩来、张太雷、恽代英、瞿秋白，都是江苏籍。

（二）绘画艺术

江苏绘画艺术以山水画、水印木刻版画和水彩水粉画见长，即“江苏三水”。据统计，明代中国知名画家约4000人，江苏一省就有1700多人，几乎占有半壁江山。

名人	尊称	特点
东晋无锡顾恺之	“画绝”	善画人物
王羲之	“书圣”	书法艺术出神入化
唐苏州张旭	“草圣”	运笔纵横捭阖
晚唐苏州杨惠之	“塑圣”	创“塑壁”新技法
梁吴县张僧繇擅作壁画，成语“画龙点睛”就和他有关。		
常熟黄公望、无锡倪瓒和王蒙、吴镇并称元代山水画四大家。		

（三）音乐、舞蹈艺术

类别	说明
音乐	昆剧，又称“昆曲”“昆山腔”“昆腔”，起源于江苏昆山。一般认为，明代嘉靖年间魏良辅吸收海盐腔、弋阳腔的音乐，加工提高昆山腔，影响逐渐扩大。魏良辅配合传奇作家梁辰鱼创作了《浣纱记》，使之成为符合昆腔音律的脚本，对昆腔的传播起了推动作用。昆腔曲调清丽柔婉，有“水磨腔”之称，表演时载歌载舞，程式严谨，集宋元以来戏曲艺术成就之大成，创造了最完整的表演体系，对许多剧种影响深远，因此被誉为“百戏之祖”。
	江苏素有“二胡之乡”美誉，“江南丝竹”是最富代表性的民间音乐。古琴艺术在中国具有突出地位，先后形成常熟虞山琴派、扬州广陵琴派、南京金陵琴派等重要的地方性音乐流派。江苏流传至今的民歌有12800余首，有六合民歌《茉莉花》、二胡演奏曲《二泉映月》等，广为流传。历史上产生过大小曲种50余种，现尚存20余种，苏州评弹（苏州评话、苏州弹词）、扬州评话、扬州弹词、扬州清曲、徐州琴书、南京白局都是代表性曲种。
舞蹈	江苏民间舞蹈种类丰富，秧歌舞、花鼓舞、龙舞、狮舞、灯舞、傩舞、高跷等，均有深厚的文化内涵和鲜明的地域特点，具有代表性的有70多个品种、1600多个舞蹈。

（四）旅游景点

江苏拥有丰富的旅游资源，自然景观与人文景观交相辉映，可谓是“吴韵汉风，各擅所长”。江苏的山虽不高，但多负盛名，有常州溧阳南山竹海，南京钟山，镇江北固山、金山，金坛和句容交界处的茅山，南通狼山，苏州天平山，徐州云龙山，新沂马陵山和连云港花果山等。截至2023年，江苏有世界遗产4处：苏州古典园林、明孝陵、京杭大运河（江苏段）、黄（渤）海候鸟栖息地（第一期）。有国家5A级旅游景区25家，如苏州园林、周庄、同里、中山陵、水浒城、夫子庙—秦淮河等。有国家级旅游度假区7家。

景点	介绍
中国古典园林	其精华集中在江南。前人有所谓“江南园林甲天下，苏州园林甲江南”的说法。苏州的沧浪亭、狮子林、拙政园、留园，分别代表着宋、元、明、清四个朝代的艺术风格，被称为苏州“四大园林”。拙政园位于苏州市东北隅，明正德年间，由明代御史王献臣弃官回乡后拓建而成。王献臣曾请吴门画派的代表人物文徵明为其设计蓝图，形成以水为主、疏朗平淡、近乎自然的风景。拙政园占地5.2万平方米，是苏州现存最大的古典园林，也是苏州园林的代表作。全园以水为中心，山水萦绕，亭榭精美，花木繁茂，充满诗情画意，具有浓郁的江南水乡特色。全园分东、中、西三部分，各具特色。拙政园主要建筑有远香堂、雪香云蔚亭、留听阁、十八曼陀罗花馆、卅六鸳鸯馆等，布局疏落相宜、构思巧妙，风格清新秀雅、朴素自然。
中山陵	位于南京市玄武区紫金山南麓钟山风景名胜区内，是中国近代伟大的民主革命先行者孙中山先生的陵寝及附属纪念建筑群，陵寝面积8万余平方米，于1926年春动工，1929年夏建成，整个建筑群依山势而建，由南往北沿中轴线逐渐升高，主要建筑有博爱坊、墓道、陵门、石阶、碑亭、祭堂和墓室等，排列在一条中轴线上，体现了中国传统建筑的风格，从空中往下看，像一座平卧在绿绒毯上的“自由钟”。中山陵建筑融会中国古代与西方建筑之精华，庄严简朴，别创新格。
中国黄（渤）海候鸟栖息地（第一期）	位于江苏省盐城市，主要由潮间带滩涂和其他滨海湿地组成，拥有世界上规模最大的潮间带滩涂，是濒危物种最多、受威胁程度最高的东亚—澳大利西亚候鸟迁徙路线上的关键枢纽，也是全球数以百万迁徙候鸟的停歇地、换羽地和越冬地。该区域为23种具有国际重要性的鸟类提供栖息地，支撑了17种世界自然保护联盟濒危物种红色名录物种的生存，包括1种极危物种、5种濒危物种和5种易危物种。2019年7月5日，中国黄（渤）海候鸟栖息地（第一期）获批入选世界遗产名录。
夫子庙秦淮风光带	位于南京市秦淮区中部，以夫子庙古建筑群为中心、十里内秦淮河为轴线、明城墙为纽带，串联起众多全国重点文物保护单位和文物古迹，以儒家思想与科举文化、民俗文化等为内涵，集自然风光、山水园林、庙宇学堂、街市民居、乡土人情、美食购物、科普教育、节庆文化于一体，不仅是南京历史文化荟萃之地，也是中国最大的传统古街市。

七、风物特产

江苏是物产丰饶的鱼米之乡。繁体“蘇”字拆开，即为“鱼米”。江苏与粮食相关联的地名也不少，太仓、常熟、大丰等地名都寄托了人们对五谷丰登、仓廪殷实的愿望。自唐代以来，中央王朝供给便仰仗东南，号称“苏湖熟、天下足”。后来江苏稻米种植减少，桑棉增多，丝织业和棉织业获得大发展，清朝便在江苏设了江宁、苏州两个织造府，足见当时纺织业之兴盛。虽然“苏湖熟、天下足”让给了“湖广熟、天下足”，却也赢回了一个“衣被天下”的美誉。

江苏的特产有云锦、苏绣、常州梳篦、泰州三麻、南京盐水鸭、水蜜桃、阳澄湖大闸蟹、宜兴紫砂壶、苏州碧螺春茶等。

苏菜（也叫淮扬菜）主要由淮扬菜（淮安、扬州、镇江）、金陵菜（南京）、徐海菜（徐州、连云港）及苏锡菜（苏州、无锡、常州）四种风味组成。与鲁菜、川菜、粤菜并称为中国四大菜系。淮扬菜，始于春秋，兴于隋唐，盛于明代，素有“东南第一佳味，天下之至美”

之美誉。著名菜点有：松鼠鳜鱼、蟹粉狮子头、响油鳝糊等。

八、特色产业

江苏省港口货物通过能力、万吨级以上泊位数、货物吞吐量、亿吨大港数等多项指标均位列全国第一。全省共有一类港口口岸 17 个，直接与世界上 100 多个国家和地区港口有贸易往来。全省拥有港口生产性泊位数 5684 个，万吨级以上泊位数 524 个，港口综合年通过能力达 22.9 亿吨。江苏拥有 18 个国家级高新区，汽车制造、电子信息、生物医药、新材料等产业比较发达，成为江苏经济的重要支柱。

第三节　浙江省

一、概况

浙江省简称“浙”，省会杭州，素有“鱼米之乡”“文物之邦”之称。浙江省地处中国东南沿海长江三角洲南翼，东临东海，南接福建，西与江西、安徽相连，北与上海、江苏接壤。陆域面积约 10.55 万平方公里，下辖 2 个副省级城市，9 个地级市，90 个县（市、区）。截至 2022 年末，全省常住人口约 6577 万。

二、地理、气候

类别	内容
地形	浙江地形复杂，山地和丘陵占 70.4%，河流和湖泊占 6.4%，平原和盆地占 23.2%，耕地面积仅 208.17 万公顷，故有“七山一水二分田”之说。地势南高北低，山地多呈东北—西南走向，大致可分为浙北平原、浙西丘陵、浙东丘陵、中部金衢盆地、浙南山地、东南沿海平原及滨海岛屿 6 个地形区。浙江省山脉自西南向东北呈大致平行的三支。西北支从浙赣交界的怀玉山伸展成天目山、千里岗山等；中支从浙闽交界的仙霞岭延伸成四明山、会稽山、天台山，入海成舟山群岛；东南支从浙闽交界的洞宫山延伸成大洋山、括苍山、雁荡山。龙泉市境内海拔 1929 米的黄茅尖为浙江省最高峰。舟山群岛是我国最大的群岛。
水系	主要有钱塘江、瓯江、灵江、苕溪、甬江、飞云江、鳌江、曹娥江八大水系和京杭大运河浙江段。有杭州西湖、绍兴东湖、嘉兴南湖、宁波东钱湖四大名湖及新安江水电站建成后形成的全省最大人工湖泊千岛湖。钱塘江是浙江省内第一大江，又称“之江”。钱塘江有南、北两源，北源从源头至河口入海处全长 668 公里，其中在浙江省境内 425 公里；南源从源头至河口入海处全长 612 公里，均在浙江省境内。 浙江海域面积 26 万平方公里。面积大于 500 平方米的海岛有 3061 个，是全国岛屿最多的省份。其中面积 502.65 平方公里的舟山岛为中国第四大岛。在“2016 中国海洋宝岛榜”中，浙江有 21 个海岛上榜，占总数的 1/5。 浙江海岸线总长 6486.24 公里，居全国首位。

（续表）

类别	内容
气候	属于典型的亚热带季风气候。受其影响，浙江气候呈现出如下特点：季风显著，四季分明，年气温适中，光照较多，雨量丰沛，空气湿润，雨热季节变化同步，气候资源配置多样，气象灾害频发。浙江年平均气温 15℃ ~ 18℃；全省年平均降水量在 980 ~ 2000 毫米，年平均日照时数 1710 ~ 2100 小时。浙江是我国受台风、暴雨、干旱、寒潮、大风、冰雹、冻害、龙卷风等灾害影响最严重的地区之一。夏季出游应注意防范极端天气。

三、交通状况

浙江交通已形成陆、海、空三维立体式交通网络。

类别	内容
公路	实现“陆域县县通高速，陆域市市通高铁”。截至 2022 年年末，全省公路总里程 12.29 万公里，其中，高速公路 5289 公里。高速公路有沪杭、杭甬、上三、金丽温、甬台温、杭金衢、宁杭、杭徽等。另有 104 国道和 320 国道经过浙江全境，省内有 329 国道（杭州—舟山沈家门）和 330 国道（寿昌—温州）。千岛湖环湖公路、宁波四明山盘山公路、温州 331 省道温州泰顺段、温州雁楠公路等是浙江省较有特色的风景公路。
公路	杭州湾跨海大桥是国道主干线——沈海高速跨越杭州湾的便捷通道。大桥北起嘉兴市海盐县郑家埭，跨越宽阔的杭州湾海域后止于宁波市慈溪水路湾，大桥于 2008 年 5 月 1 日建成通车，建成后缩短了宁波至上海间的陆路距离 120 公里。杭州湾跨海大桥是我国自主投资、自主建设的超级工程，施工地形之复杂、建设难度之大，在全国及世界建桥史上都罕见。大桥入选 1949 年—2009 年中国 60 大地标和美国媒体评选的“世界 12 大奇迹桥梁”，荣获鲁班奖、詹天佑奖、国家科技进步二等奖和菲迪克工程项目优秀奖等一系列国家级和世界级荣誉。
铁路	现已开通杭沪、杭宁、杭甬、杭温高铁。在建的通苏嘉甬高铁将跨越杭州湾，该条高速跨越杭州湾的铁路桥将成为世界最长跨海高速铁路桥，建成后将进一步提升长三角的高速铁路交通网络。
水运	宁波、上海、舟山群岛之间每天都有多班客轮往返，形成了中国最为繁忙的海上客运“金三角”；还有杭州湾、象山湾、台州湾、温州湾等深水港湾，建有万吨级以上泊位的港口有北仑港、乍浦港、舟山港、海门港和温州港，其中以北仑港最大。
航空	全省有杭州、宁波、温州、义乌、黄岩、衢州、舟山 7 个民用机场，其中杭州萧山国际机场和宁波栎社国际机场、温州龙湾国际机场为国际机场。2020 年，全年旅客吞吐量 4996 万人次，其中发送量 2523 万人次。

四、历史沿革

浙江历史悠久，源远流长，是中国古代文明的发祥地之一。早在 5 万年前的旧石器时代，我们的祖先就开始在浙江大地上繁衍生息。1963 年在建德县（今建德市）乌龟洞发现的 5 万年前的“建德人”，是迄今为止发现的浙江省最早的古人类化石。此后在浙江境内又发现了距今 1 万年的上山文化、距今 7000 ~ 8000 年的跨湖桥文化、距今 6000 多年的马家浜文化、距今 5000 ~ 7000 年的河姆渡文化、距今 4000 ~ 5000 年的良渚文化，近来在良渚遗址又发现了5000年前中国最大古城，是人类早期城市文明的范例，证明中国有5000年文明史。

跨湖桥遗址中发现了七八千年前的“独木舟”；**河姆渡**是母系氏族社会繁荣时期的代表性文化遗址，遗址中发现了我国木结构建筑中最早的榫卯构件，出土了大量保存完好的稻米，这证明当时浙江先民已能人工栽培水稻。**良渚**属于父系氏族时期的文化遗址，遗址中发现了黑陶和玉琮、玉璧等大量玉器，这些在商周奴隶制国家中都属贵重礼器。湖州市区南部钱山漾遗址出土的一批珍贵的丝麻织物，证明了四五千年以前，浙江先民已开始养蚕缫丝。

浙江春秋时分属吴、越两国，战国时属楚；秦时分属会稽郡、鄣郡、闽中郡；汉时属扬州刺史部；三国时入东吴版图，仍属扬州；唐朝时先属江南道，后属江南东道，又分置浙江东道、浙江西道两节度使，“浙江”作为行政区名称自此始；五代十国时临安人钱镠建立吴越国，属江南道；北宋时属两浙路；南宋建都临安（即今杭州），分置两浙西路和两浙东路；元代时属江浙行中书省；明初置浙江行中书省，简称浙江省，省名自此出现，后改为浙江承宣布政使司，省界区域基本定型；清康熙初年改为浙江省，沿袭至今。

五、民俗风情

浙江省少数民族人口总量不多，但民族成分较多。其中世居浙江省的少数民族有畲族、回族和满族等，其他少数民族大多是在中华人民共和国成立后，特别是改革开放以来因工作、经商或婚嫁而落户浙江的。浙江省少数民族以畲族人口为多数，农村人口为主体，具有大分散和小聚居相结合的特点。主要分布在温州、丽水、杭州、金华、宁波等市。

浙江省丽水市设有全国唯一的畲族自治地区——景宁畲族自治县，畲民自称“山哈”，意为山里的客人。畲族主要民族风俗如下：

项目	内容
信仰	崇拜祖先，重视祭祖，并带有原始社会图腾崇拜的色彩。
民歌	民歌是人们在长期生产和生活中创造的民间口头文学，主要作品《高皇歌》是一部反映畲族祖先英雄事迹的民族史诗，长达400多行。2008年，经国务院批准，畲族民歌被列入第一批国家级非物质文化遗产扩展项目名录。
服装	女性的传统服装“凤凰装”具有鲜明的民族特色。其特点是：红头绳扎的长辫高盘于头顶，象征着凤头；衣裳、裙上用大红、桃红、杏黄及金银丝线镶绣出五彩缤纷的花边图案，象征着凤凰的颈项、腰身和翅膀；金色腰带象征着凤尾；周身叮当作响的银饰象征着凤凰的鸣叫。整体装束色彩绚丽，端庄热烈。
饮食	日常以大米、薯类为主食。畲族人喜喝茶、爱饮酒。闻名于世的畲族“惠明茶”历史悠久，明清时期曾被列为贡品，1915年获巴拿马万国博览会金质奖章。
节日	三月三是畲族最为重要的民族传统节日。其内容包括赶场对歌、吃乌米饭、民间体育竞技等形式。这些节日活动对畲族的生活、生产、婚嫁和娱乐等多方面产生了巨大的影响。

六、文旅资源

截至 2023 年，浙江省共有良渚遗址、杭州西湖、中国丹霞（江郎山）、中国大运河（浙江段）4 处世界遗产；**杭州西湖风景名胜区、杭州西溪湿地旅游区等 20 家 5A 级旅游景区；淳安千岛湖旅游度假区和德清莫干山国际旅游度假区等 8 家国家级旅游度假区。**

浙江省山川秀丽、人文荟萃。奇山异水哺育出一代代杰出人物，吸引了一批批四方豪客，造就了浙江省深厚的人文底蕴。六朝以后浙江文学逐渐兴起。谢灵运开创了中国古代山水诗派，对后世影响深远。南宋时期，陆游的作品不仅量大而且质优，世所罕见。晚清龚自珍、王国维皆为一代大家。民国时期的鲁迅、郁达夫、茅盾等人均在中国文学史上具有举足轻重的地位。此外浙江还是"中国戏曲的摇篮"和中国电影的发源地。深厚的文化底蕴产生了一处处人文遗迹。

良渚古城遗址，距今 4300 ~ 5300 年，位于中国浙江省杭州市余杭区，是中国早期区域文明的重要代表。作为良渚文化的权力与信仰中心，良渚古城遗址拥有建造于公元前 3300 年—前 2300 年的规模宏大的城址、功能复杂的外围水利系统、分等级墓地（含祭坛）等一系列相关遗址，还拥有以具有信仰与制度象征的系列玉器为主的出土物。这些文物的存在揭示了，中国新石器时代晚期，在长江下游环太湖地区曾经存在过一个以稻作农业为经济支撑、出现明显社会分化和具有统一信仰的区域性早期国家，并以其时间早、成就高、内容丰富而展现出长江流域对中华文明起源阶段"多元一体"特征所作出的杰出贡献，填补了世界遗产名录中东亚地区新石器时代城市考古遗址的空缺，为中国 5000 年的文明史提供了独特的见证，因此被誉为"实证中华五千年文明史的名地"。

浙江省境内有号称"东南第一山"的**雁荡山**风景名胜区，素有"海山第一"之盛名，有以"海天佛国""南海圣境"著称于世的**普陀山**风景名胜区以及遍布神奇钟乳石景观的**双龙洞**风景名胜区等。此外，浙江省还有丰富独特的水域风光，如世界上最古老的运河之一**京杭大运河**、犹如一颗明珠镶嵌于群山之中的**西湖**等。自古以来，"天下西湖三十六，就中最美是杭州"，西湖景区是国务院首批公布的国家重点风景名胜区，也是全国首批十大文明风景旅游区和国家 5A 级旅游景区。作为"东方文化名湖"，是中国历代文化精英秉承"天人合一""寄情山水"的中国山水美学理论下景观设计的杰出典范，展现了东方景观设计自南宋以来讲求"诗情画意"的艺术风格，为中国传衍至今的佛教文化、道教文化以及忠孝、隐逸、藏书、印学等中国古老悠久的文化与传统的发展与传承提供了特殊的见证。

坐落于浙江省杭州市西湖景区孤山南麓的**西泠印社**创建于 1904 年（清光绪三十年），由浙派篆刻家丁辅之、王福庵、吴隐、叶为铭等召集同人发起创建，吴昌硕为第一任社长。以"保存金石，研究印学，兼及书画"为宗旨。是海内外研究金石篆刻历史最悠久、成就最高、影响最广的国际性研究印学、书画的民间艺术团体，有"天下第一名社"之誉。2006 年，"金石篆刻（西泠印社）"成为首批国家级非物质文化遗产代表作。2009 年，由西泠印社领衔申报的"中国篆刻艺术"成功入选联合国教科文组织"人类非物质文化遗产代表作"，进一步确立了西泠印社作为篆刻传承代表组织和国际印学中心的地位。

乌镇素有“中国最后的枕水人家”之誉，拥有7000多年文明史和1300年建镇史，是典型的中国江南水乡古镇，有“鱼米之乡、丝绸之府”之称，2014年11月19日成为世界互联网大会永久会址。乌镇主要由东栅、西栅、乌村和北栅丝厂等组成，拥有江浙分府、江南木雕陈列馆、茅盾故居、木心美术馆、余榴梁钱币馆、修真观、汇源当铺等文化名胜。乌镇的名人大家荟萃，包括梁昭明太子，《文选》编纂者萧统，著名诗人谢灵运、范成大，齐梁文坛领袖沈约，唐宰相裴休，中国最早的镇志编撰者沈平，理学家张杨园，藏书家鲍廷博、晚清翰林严辰、夏同善，当代文学大师茅盾（原名沈雁冰）等，名人文化让乌镇充满人文魅力。

2005年8月15日，在浙江省安吉县吉余村，时任浙江省委书记的习近平同志创造性地提出“绿水青山就是金山银山”的重要理念。遵循这一理念，浙江省美丽乡村建设走在了全国前列，中国“洋家乐”发源地莫干山镇利用乡村闲置资源发展文化旅游度假新业态，以“裸心谷”“裸心堡”“法国山居”等为代表的“洋家乐”年营业收入突破20亿元。莫干山镇先后被评为全国美丽宜居小镇、首批中国特色小镇、首批省级旅游风情小镇、中国国际乡村度假旅游目的地等荣誉称号，并被《纽约时报》评选为全球最值得去的45个地方之一。

在国务院公布的五批国家级非物质文化遗产代表性项目名录中，浙江的入选数量居全国第一，已达257项。杭州西湖、京杭大运河浙江段和浙东运河、良渚古城遗址入选世界文化遗产，江郎山入选世界自然遗产；全省有世界非物质文化遗产10项：龙泉青瓷传统烧制技艺、中国传统桑蚕丝技艺（浙江、江苏、四川三省联合申报）、昆剧、妈祖信俗、皮影戏、农历二十四节气、中国传统木结构营造技艺、端午节、中医针灸、中国剪纸。

七、风物特产

（一）农副土产

浙江气候温润，四季分明，雨量充沛，物产极为丰富，茶叶、蚕丝、水产品、柑橘、竹制品等在全国占有重要地位。

茶类有西湖龙井、径山香茗、湖州熏豆茶、普陀佛茶、开化龙顶茶和景宁惠明茶等。龙井茶色泽翠绿，香气浓郁，甘醇爽口，形如雀舌，即有“色绿、香郁、味甘、形美”四绝的特点。西湖龙井是我国十大名茶之一，具有1200多年历史，明代被列为上品，清顺治时被列为贡品。清乾隆皇帝游览杭州西湖时，盛赞龙井茶，并把狮峰山下胡公庙前的十八棵茶树封为“御茶”。龙井茶得名于龙井。龙井位于西湖之西翁家山西北麓的龙井茶村。龙井茶因其产地不同，分为西湖龙井、钱塘龙井、越州龙井三种，除了西湖产区168平方公里的茶叶称作西湖龙井外，其他两地产的俗称为浙江龙井茶。

酒类以黄酒为最，其中绍兴加饭酒与女儿红、金华的寿生酒、建德的致中和五加皮都是酒中珍品。

中药以“浙八味”驰名中外，包括杭白菊、浙贝、白术、白芍、元胡、玄参、麦冬、郁金八味中药材。

其他特产品种多样，如昌化山核桃、楚门文旦、黄岩蜜橘、金华火腿、太湖银鱼、太湖蟹、千岛湖淡水鱼等。

（二）美食

南宋时都城临安的饮食业就相当繁荣，浙菜就是在此基础上逐渐发展起来的。浙菜主要由杭帮菜、宁波菜、绍兴菜、温州菜和金华菜等地方菜组成。

杭帮菜为浙菜的代表菜，口味浓淡适中，略带甜味，形成清鲜、爽脆、淡雅的特点；传统名菜有西湖醋鱼、龙井虾仁、东坡肉、宋嫂鱼羹、干炸响铃、蜜汁火方和西湖莼菜汤等。

宁波菜取料以海鲜为主，注重“鲜咸合一”，口味较重，讲究鲜嫩、软滑；传统名菜有冰糖甲鱼、苔菜拖黄鱼、雪菜大黄鱼、新风鳗鲞等。

绍兴菜取料以鱼虾河鲜与鸡鸭家禽及豆、笋、梅干菜为主，烹饪上常用鲜料配腌制食品同蒸或炖，且多用绍兴黄酒烹制，香味浓烈；传统名菜有梅干菜焖肉、清汤越鸡、清蒸鳜鱼等。

温州菜以海鲜入馔为主，烹饪上讲究“两轻一重”（轻油、轻芡、重刀工）；传统名菜有三丝敲鱼、爆墨鱼花、炸蛏子筒等。

金华菜的最大特色是以火腿为原料的各种菜肴多达四五百种。名菜有火腿荷花爪、蜜汁火腿和金华筒骨煲等。

八、特色产业

浙江是我国农、林、牧、渔各业全面发展的高产综合性农区，茶叶、蚕桑、蜂、食用菌等特色产业在全国占有较大份额。杭嘉湖平原、宁绍平原是著名的粮仓和丝、茶产地，舟山渔场是中国最大的渔场。2019 年，全省农副产品出口额 99.20 亿美元，居全国第四。茶叶、蜂王浆、蚕丝等产品出口居全国第一。

浙江工业门类齐全，综合配套能力强，以通用设备制造业、电气机械及器材制造业、纺织服装鞋帽制造业、塑料制品业、皮革毛皮羽毛及其制品业等为代表。矿产方面，以非金属矿产为主，石煤、明矾石、叶蜡石、水泥用凝灰岩、建筑用凝灰岩等储量居全国首位，萤石居全国第二位，东海大陆架盆地有着良好的石油和天然气开发前景。

第三产业是浙江省经济增长的重要引擎，服务业总量占全国比重位居前列。物联网、大数据、云计算、人工智能等现代信息技术迅猛发展，数据经济、共享经济等形成的新动能蓬勃发展，以阿里巴巴集团为代表的电子商务、网上购物、移动支付等一批新模式引领世界潮流，深刻改变了人们的生产生活方式。义乌小商品市场、海宁皮革市场、绍兴轻纺市场等已享誉国内外。义乌国际商贸城是全球最大的小商品集散地，180 多万种小商品销往全球 200 多个国家和地区，是“无所不有”的世界超市，享有“小商品海洋，购物者天堂”美誉。杭州的金融、旅游、文化创意和软件产业，宁波、舟山的临港物流和海运业，各地区独具特色的服务行业得到了充分的发掘和发展。

第四节　安徽省

一、概况

安徽省简称“皖”，地处长江、淮河中下游，长江三角洲腹地，总面积约14万平方公里，下辖16个地级市，105个县（市、区）。截至2022年年底，全省常住人口约6127万。省会为合肥市。

二、地理、气候

类别	内容
地理	安徽省地跨长江、淮河、新安江三大流域，世称江淮大地。横贯东西的长江、淮河将全省分为淮北平原、江淮丘陵、皖南山区三大自然区域。淮河以北是一望无际的大平原，土地平坦肥沃；长江、淮河之间丘陵起伏，河湖纵横；长江以南的皖南地区山峦起伏，以黄山、九华山为代表的山岳风光秀甲天下，甚至有“黄山归来不看山”的美誉。安徽主要山脉有大别山、黄山、九华山、天柱山，最高山峰为黄山莲花峰，海拔1864米。安徽省境内湖泊众多，较大的有巢湖、龙感湖、南漪湖，其中巢湖面积近800平方公里，为中国五大淡水湖之一。
气候	安徽地跨中国南北气候分界线淮河，呈现暖温带向亚热带过渡的气候特征。其中淮河以北属暖温带半湿润季风气候，淮河以南为亚热带湿润季风气候。全省年平均气温在14℃ ~ 17℃间，平均日照1800 ~ 2500小时，平均无霜期200 ~ 250天，平均降水量800 ~ 1800毫米。四季分明，雨量充沛，气候宜人，适游期较长。

三、交通状况

安徽省在国家交通运输网络中承东启西、连南接北，具有双向多维的区位优势。

类别	内容
公路	安徽省是中华人民共和国省级行政区中修建高速公路时间最早的省份之一，首条高速公路合宁高速公路于1991年4月建成通车，是全国第三条高速公路。安徽省已基本建成“五纵十横”高速公路网，实现了高速公路省际互通和市际互通。与此同时，安徽省还建成了大别山国家风景道（霍山段）、江淮分水岭风景道（滁州江淮岭脊线）、皖南318风景道（宁国市青龙乡至泾县蔡村镇段）等，形成了快速便捷的旅游交通网络。
航空	现有民用机场6个，其中合肥新桥机场、黄山屯溪机场为国际机场。
水运	长江、淮河、新安江三大江安徽段均已开通水运业务，通航总里程5775公里（截至2022年年底），有长江流域的合肥港、芜湖港、安庆港、马鞍山港、铜陵港，淮河流域的蚌埠港、淮南港、阜阳港、宿州港，新安江流域的黄山港、宣城港等众多港口。

（续表）

类别	内容
铁路	全省已建成京沪高铁、合蚌高铁、合福高铁、宁安高铁、徐郑高铁、杭黄高铁等高速铁路网络。

四、历史沿革

安徽省是中国史前文明的重要发祥地之一。在繁昌区人字洞发现距今250万年的人类活动遗址，在和县龙潭洞发掘出距今30万～40万年旧石器时代的“和县猿人”遗址。在蚌埠发现距今7000年的双墩遗址，是目前淮河中游地区已发现的年代最早的新石器时代文化遗存。

禹分中国为九州，安徽分属豫、徐、扬三州管辖。清时安徽开始建省。民国时分为芜湖、安庆、淮泗三道。中华人民共和国成立初，设皖北、皖南两行署。皖北行署驻合肥市，皖南行署驻芜湖市。1952年合并皖南、皖北行署，设安徽省，省会设于合肥市。

安徽历史上发生过很多著名历史事件。公元前209年陈胜、吴广起义，起义地点蕲县大泽乡，就在今安徽宿州市。公元383年（十六国东晋时期）北方前秦政权向南方东晋政权发起统一战争，史称淝水之战，战场在今安徽寿县。元末，濠州钟离（今安徽凤阳）人朱元璋在当地加入郭子兴红巾军，先后攻克安徽滁州、和县等地，最终统一全国，建立明朝。1941年1月6日，皖南新四军军部在叶挺、项英率领下北移到达安徽南部泾县茂林地区时，遭到国民党军队突然袭击。新四军大部壮烈牺牲。军长叶挺被俘，副军长项英遇难，这就是震惊中外的皖南事变。解放战争时期，安徽是淮海战役的主战场，还是渡江战役的重要突破口，为人民解放军解放全中国做出了巨大贡献。改革开放后，安徽省滁州市凤阳县小岗村因首先实行“大包干”而闻名全国，创造了“小岗精神”，拉开了中国改革开放的序幕。

五、民俗风情

安徽省世居少数民族有回族、满族、畲族。其中回族是安徽人口最多、分布最广的少数民族，省内各地都有分布。满族主要分布在肥东县完牌坊一带，以“完颜”为姓，自明朝初期就生活在这里。畲族是清光绪年间从浙江桐庐、兰溪、淳安等县迁来安徽的，落脚于宁国市云梯乡一带，另有少量来自福建省蒲城等地。

安徽省东近吴越，西接荆楚，北邻齐鲁，春秋时称为“吴头楚尾”，因此民俗习惯受周边各省影响而南北迥异。其中楚统治安徽300余年，楚文化留给安徽的印迹较深，如对太阳的崇拜、对火的崇拜、对凤鸟的崇拜等。楚人以六月六日为太阳做生日，安徽民俗至今保留了太阳会和有关太阳的禁忌；楚人有拜火之俗，安徽有“三十的火，十五的灯”的说法，而且皖西潜山一带还有婚嫁之日沿路向人家索取火种的习俗。拜日、崇火，必然尚赤，安徽民间千百年来以“红”为喜庆之色。楚人崇凤，视凤为日中之火鸟，不少地名也冠以“凤”字，如凤台、凤阳等。不过安徽民间既崇凤又尊龙，反映安徽民俗还受越人和周人崇龙的影响。

对安徽民俗文化影响至深者还有南宋之后盛行的程朱理学，特别是皖江和徽州地区，形成“儒风独茂”的社会景观，不仅造就了影响中国文坛数百年之久的“桐城文派”和一大批享誉华夏的文人学士，而且使社会风俗为之大变，理学成为立身处世之道。如徽州商人“贾而好儒”，以“仁义礼智信”为商业伦理；徽州民间也大批出现为传统礼教而殉身的“贞女烈妇”“孝子贤孙”。由此可见程朱理学对安徽皖南民俗文化的影响非常深刻。

六、文旅资源

安徽省自然与人文景观交相辉映，名山胜水遍布全境，其中黄山、九华山、天柱山、琅琊山、齐云山国内知名。全省有世界文化遗产3处——黄山、皖南古村落（西递、宏村）、大运河（安徽段），有国家考古遗址公园5个，5A级旅游景区12家，国家级旅游度假区1家。安徽“宣纸制作技艺”“徽州木结构营造技艺”“珠算”被评为世界级非物质文化遗产。

（一）历史名人

安徽文化底蕴深厚、涌现出老子、庄子、管子等哲学家。朱元璋、李鸿章、丁汝昌、刘铭传、詹天佑、陈独秀、胡适、陶行知、朱光潜、吴作人等历史文化名人，是不可多得的文化旅游资源。安徽马鞍山市的采石矶，诗仙李白一生曾多次登临，后来传说李白“因醉入水中捉月而死”，江边建成李白衣冠冢，这里便成为历代诗仙文化的胜地，现在已经建成国家5A级旅游景区。

（二）戏曲文化

安徽被称为中国戏曲之乡，地方戏种现存30余种，影响较大的有黄梅戏、徽剧、凤阳花鼓等。

（三）商帮文化

安徽的商帮文化一向发达。徽商是中国十大商帮之一，徽商又称新安商人、徽州商人、“徽帮”，兴盛于明清时期，其从贾人数之众、活动区域之广、经营行业之多、经营能力之强，都是其他商帮所无法匹敌的，所以能在中国商界称雄数百年。不少人是官、贾、儒三位一体。

（四）建筑文化

徽商文化对皖南古建筑影响巨大——徽商常以奢华精致的豪宅园林体现身份，或整修祠堂光宗耀祖，或筑立牌坊、建立书院激励后人。这些建筑布局合理，结构严谨，雕镂精湛，装饰精致，称为徽派建筑。民居、祠堂和牌坊被誉为“徽派古建三绝”，粉墙、黛瓦、马头墙是徽派建筑的重要特征。西递、宏村则是徽派古村落的典型代表，每年吸引大量的游客前来观赏。

（五）水域特色

安徽水域风光独特。安徽巢湖是我国五大淡水湖之一，国家级旅游度假区；宿州的黄河故道是安徽优质湿地旅游资源；安徽萧县圣泉被称为“江南第一泉”（指江南自北向南第一眼名泉）；安徽怀远县的白乳泉，古称“天下第七泉”。

七、风物特产

安徽特产名品主要集中在茶和酒两大类饮料上。

（一）名茶

安徽是全国重要产茶省份之一。安徽茶叶不仅产量大、品种繁多，而且以历史悠久和品质优良而著称。安徽名茶有黄山毛峰、祁门红茶、太平猴魁、六安瓜片等。

种类	介绍
黄山毛峰	我国极品名茶，属绿茶类，产于黄山。于清代光绪年间开始生产。黄山毛峰分特级毛峰与普通毛峰两种。特级毛峰产于海拔700米以上的深山。其品质特点是：外形似舌，细扁而微卷曲，白毫显露，色泽嫩绿，泛象牙色，油润光滑；入杯冲泡，香气四溢，雾气结顶，水色清澈明净，品之醇鲜，味甘若饴。
祁门红茶	简称祁红，产于祁门县。其品质特点是：条索细，色泽乌润，芳香馥郁，汤色红艳透明，滋味鲜醇爽口，色、香、味俱佳。
太平猴魁	属于烘青绿茶类的尖茶。产于黄山市太平县猴坑一带的高山茶园。其品质特点是：形状挺直，两端略尖，色泽苍绿，宛如橄榄。入杯冲泡，芽叶成朵，徐徐展开，茶汤青绿，香气高爽，回味香甜，被称"猴魁茶香百里醉"。
六安瓜片	六安瓜片主要产于六安、金寨、霍山等县，尤以金寨县齐云山蝙蝠洞一带所产的齐云瓜片品质最佳，是我国著名的绿茶。其品质特点是：外形平展如瓜子形的单片，大小均匀，色泽鲜绿，清香四溢。制工考究，采、扳、炒和烘等工艺全靠手工操作。

（二）名酒

安徽酒主要有口子窖、古井贡酒、迎驾贡酒、文王贡酒等。

（三）美食

安徽菜简称徽菜，是中国八大菜系之一，主要以皖南菜为代表，包括皖江菜、合肥菜、淮南菜和皖北菜等。徽州菜起源于歙县（古徽州），主要风味特色以咸鲜为主，突出本味，讲究火功，注重食补。在烹调方法上以烧、炖、焖、蒸、熏等技艺为主，代表菜肴有沙地马蹄鳖、雪天牛尾狸、问政山笋、臭鳜鱼、凤炖牡丹等。

（四）农产品

安徽农产品资源丰富，粮、棉、油产量均居全国前列。歙县被称为"枇杷之乡"，有上千年的枇杷种植史。宁国市被称为"山核桃之乡"，砀山被称为"酥梨之乡"，祁门被称为"红茶之乡"。

八、特色产业

安徽是中国制造业大省。其中合肥有大众安徽、蔚来汽车、长鑫存储、联宝电子等一批头部企业，形成了新能源汽车、新型显示等产业集群。安徽芜湖也在新能源和智能网联汽车、工业机器人等产业集群建设方面处于国内领先地位。

安徽省家电产业规模位居全国第二，家电品牌集中度居全国第一，集合了全国几乎所有知名品牌，相继创立美菱、荣事达等知名家电品牌，吸引美的、格力、博西华等一大批国内外知名品牌落户。传统家电制造正在向绿色化、国际化、高端化、智能化加速跃升。

第五节　福建省

一、概况

福建省简称“闽”，位于中国东南沿海，长江三角洲和珠江三角洲之间。其东北与浙江省毗邻，西部、西北与江西省接界，西南与广东省相连，东隔台湾海峡与台湾省相望。全省陆地面积约 12.13 万平方公里，海域面积 13.6 万平方公里。共有设区市 9 个，县市区 84 个（含金门县）。常住人口 4188 万（2022 年年末数据）。省会为福州市。福建旅游最佳期集中在春、秋两季，但存在地域差异，夏季闽西北（武夷山、泰宁等地）以及闽东北（福鼎、屏南等地）适合避暑，冬季闽东南地区气候温和，适合度假。福建多温泉，寒冷地区冬季也可以开发温泉旅游。

二、地理、气候

类别	内容
地形	福建的地理特点是“依山傍海”，地势总体上西北高、东南低，山地、丘陵面积占全省土地总面积的 89%，享有“东南山国”之称，也被称为“八山一水一分田”。福建以侵蚀海岸为主，陆地海岸线长达 3752 公里，位居全国第二，海岸线曲折率居全国第一位。岛屿众多且星罗棋布，共有岛屿 1500 多个，平潭岛为全省第一大岛。
气候	福建靠近北回归线，受季风环流和地形的影响，形成暖热湿润的亚热带海洋性季风气候，热量丰富，雨量充沛，光照充足，平均降水量 1400 ~ 2000 毫米，是中国雨量最丰富的省份之一；由于海洋的调节作用，冬季较温和，夏季较凉爽，年平均气温 17℃ ~ 21℃。

三、交通状况

类别	内容
公路	截至 2022 年年底，高速公路通车里程达 6156 公里，实现全省 81% 的陆域乡镇便捷上高速。综合路网密度居全国第三位。国家高速公路网福建境内段基本建成，形成“三纵八横”主骨架网。
	福建省已建成平潭、厦门、东山等多条环岛旅游路，并打造了多个主题鲜明的公路服务区，如上杭古田服务区以“红色文化、客家风情”为主题，宁德林厝服务区以畲族文化为主题，武夷山服务区主打“武夷山下会客室”主题，还有槐植服务区的八闽好物馆、岵山服务区的非遗文化馆、适中服务区的客家文化体验区、朴里服务区的品牌服饰展等，为游客提供服务区“带你玩、带你吃、带你购”的旅游消费新模式。
航空	在航空方面，2022 年，福建省民用运输机场共计 6 个：福州长乐国际机场、厦门高崎国际机场、南平武夷山机场、泉州晋江机场、龙岩冠豸山机场、三明沙县机场。航线近 400 条，通达世界主要城市。

（续表）

类别	内容
水运	福建位于东海与南海的交通要冲，是历史上海上丝绸之路和郑和下西洋的起点，也是海上商贸集散地。港口岸线资源得天独厚，2023 年 1 月，全省约 300 条集装箱班轮航线每月超 2000 个航次，通达 50 多个国家和地区的 140 多座港口。
	福建水系密布，河流众多，闽江为全省最大河流，全长 577 公里，流域面积 60992 平方公里，约占全省陆地面积的一半，是中国东南沿海地区流域面积最大的河流。河床比降较大，水力资源丰富，水力资源蕴藏量居华东地区首位。内河航运则主要以闽江为主。
铁路	铁路交通跨入“高铁时代”，实现设区市快速铁路环线闭合，福建省成为全国第一个市市通高铁的省份。预计 2023 年年底，国内第一条跨海高铁福厦高铁将具备开通运营条件，福州、厦门将形成一小时生活圈。

四、历史沿革

据《尚书・禹贡》，福建古属扬州。在周朝为七闽地，春秋以后为闽越地。秦南平百越，置闽中郡。唐朝，福建属江南道。北宋时期，置福建路，行政区划为福、建、泉、漳、汀、南剑六州及邵武、兴化二军。元朝时期，置福建等处行中书省。1376 年（明洪武九年），置福建等处承宣布政使司。1662 年（清康熙元年），郑成功驱逐荷兰殖民者后，改台湾为东都，又在澎湖设安抚司。郑经治理台湾时，把东都改名东宁。1684 年（清康熙二十三年），清廷统一台湾后增设台湾府，属福建统辖，下设三县一厅。辛亥革命后，历届中央政权均置福建省。中华人民共和国成立后，福建省人民政府驻福州市，直辖福州、厦门 2 市，分设 8 个专区，共 67 个县。

五、民俗风情

福建民族民俗文化源远流长，有着丰富独特的文化内涵。世居福建的少数民族主要有畲族、回族、满族、蒙古族。福建省畲族人口全国最多，也是我国高山族人口较多的省份之一。全省畲族人口 37.51 万，占全国畲族人口的 52.87%，有民族乡 19 个（其中畲族乡 18 个，回族乡 1 个），民族村 562 个，畲族经济开发区 1 个。

畲族的节日主要有“二月二”的“会亲节”、“三月三”的“乌饭节”、牛歇节等，祭祖是畲族最隆重、最虔诚的信仰习俗活动，盘唱民歌是畲族民间最流行的文娱活动。畲族婚俗最大的特点是“俗不离歌”，畲族以女性尊贵而世代相传，婚礼上有“男拜女不拜”仪式，霞浦畲族婚俗列入国家级非物质文化遗产名录。畲族的女性服饰造型美观、色彩斑斓、风格独特，被称作“凤凰装”，罗源畲族服饰入选国家级非物质文化遗产名录。畲族武术与畲族医药也是畲族人民智慧的结晶。

福建各地均过汉族传统节日，如元宵节、端午节等，但异彩纷呈。莆田元宵节从正月初六开始到二月初二结束，以跨度时间长、活动规模大、民间习俗奇、参与人数多等特色而闻名全国。闽台东石灯俗、马尾—马祖元宵节俗、枫亭元宵游灯习俗、泉州闹元宵习俗、闽西客家元宵节庆等多地的元宵节习俗和活动均被列入国家级非物质文化遗产名录。端午节的习俗富有地方色彩，如福州端午节有贴午时书、制午时茶等独特习俗；连江定海的海上赛龙舟有400多年历史；长乐江田镇三溪村有全国独一份的夜赛龙舟等。其中福建安海端午“嗦啰嗹”习俗和石狮端午闽台对渡习俗入选国家级非物质文化遗产名录。此外，福建特有的民俗节庆还有福州的“拗九节”、厦门“中秋博饼”、莆田的妈祖节、周宁浦源村的护鱼习俗、南平漳湖镇的崇蛇习俗等，这些都体现了福建丰富多彩的民俗文化，都是宝贵的旅游资源。

福建海岸曲折绵长，泉州和莆田的海边有着美丽的三大渔女：惠安女、蟳埔女和湄洲女。她们勤劳、能干，还以各自漂亮的服饰和独特的头饰吸引着世界的目光。其中惠安女服饰和蟳埔女习俗被列入国家级非物质文化遗产名录。

六、文旅资源

福建省的形象宣传口号是“清新福建”。福建九市一区全部获评国家森林城市，森林覆盖率65.12%，连续44年保持全国第一。是全国最绿的省份，空气、水质优良；山海兼备，自然环境清新。福建文化旅游资源灿烂辉煌，悠久的历史孕育了多彩多姿的地域文化与专题文化，都闪烁着中华传统文化的光芒，体现着清新的社会环境。福建人民为追求美好生活，勇于走海丝，下南洋，到宝岛，至今福建籍侨胞1580万，遍及世界各地，中国台湾有2300万民众80%祖籍地是福建。为建设美丽家园，福建人发挥“敢拼”“会赢”的进取精神，践行工作作风清新。

福建旅游鲜明的特色是“山海一体，闽台同根，民俗奇异，宗教多元”。目前，福建拥有世界遗产项目5处，有世界文化与自然遗产——武夷山；世界文化遗产——福建土楼、鼓浪屿（历史国际社区）、泉州（宋元中国的世界海洋商贸中心）；世界自然遗产——中国丹霞（福建泰宁）。世界地质公园2处：泰宁、宁德。福建省共有世界级非遗项目8项。其中南音、中国剪纸、妈祖信俗、中国传统木结构营造技艺、送王船——有关人与海洋可持续联系的仪式及相关实践、中国传统制茶技艺及其相关习俗6项被列入人类非物质文化遗产代表作名录；木拱桥传统营造技艺、水密隔舱福船制造技艺被列入“急需保护”的非遗项目；还有全国首项被列入世界非遗优秀实践名册的木偶戏后继人才培养计划。

福建已拥有10个国家5A级旅游景区，成为全国第二个实现市有5A的省份，实现了高品质景区产品均衡化发展。2021年，闽江河口湿地可持续发展模式作为国家自然保护区最佳实践案例，2022年，福建闽江河口湿地入选世界遗产预备项目，2023年，闽江河口湿地入选了国际重要湿地名单。每年在此迁徙停歇的水鸟总数超过5万只，包括“闽江三宝”——中华凤头燕鸥、勺嘴鹬和黑脸琵鹭。

福建人杰地灵，英才辈出，有宋代四大书法家之一蔡襄、北宋著名词人柳永、北宋天文学家苏颂、南宋理学大师朱熹、南宋法医学鼻祖宋慈、民族英雄郑成功、“睁眼看世界第一人”林则徐、船政之父沈葆桢、“西学第一人”严复、华侨旗帜陈嘉庚、“哥德巴赫猜想第一人”陈景润、著名作家冰心等历代名人光耀史册，造就了福建辉煌的历史。

福建是中国的戏剧大省，历史悠久、剧种繁多、剧目丰富、特色鲜明。主要有闽剧、莆仙戏、梨园戏、高甲戏、芗剧（歌仔戏）五大剧种，形成了不少深受人民群众欢迎的优秀代表剧目。闽剧是福建五大剧种之首，是福州民间艺术的瑰宝。福建目前拥有省级以上传统戏剧类非遗 50 多项，其中列入国家级非物质文化遗产名录的戏剧有 15 项。福建大型特色演艺项目有武夷山的山水实景，以茶文化为主题的《印象大红袍》，福州“洞中一日，闽都千年”大型沉浸式实景演出《寻梦闽都》，厦门老院子的超大型室内实景演艺秀《闽南传奇》；还有福建土楼客家民俗文化村景区振成楼广场沉浸式演艺节目《天涯共此楼》，闽江夜游灯光秀等也成为了福州旅游新亮点。

福建文化旅游资源灿烂多元，悠久的历史孕育了海洋文化、闽都文化、客家文化、闽南文化、闽北文化、莆仙文化、畲族文化和红土地文化等地域文化，还有朱子文化、妈祖文化、海丝文化、茶文化、船政文化、闽台文化等一批内涵深刻、特色鲜明的专题文化：

1. 朱子文化

朱熹（1130 年—1200 年），宋朝著名的理学家、思想家、哲学家、教育家、诗人。朱熹祖籍徽州府婺源县（今江西婺源），出生于福建省尤溪县。他生于闽，长于闽，终老于闽，他的门人也多为闽人，他的学说也称为闽学，他是闽学派的代表人物，世尊称为朱子。朱熹作为宋代理学的集大成者，所创立的闽学体系包含丰富的哲学思想、人文精神、道德理念，被称为朱子文化，对后世影响深远，是中华传统文化的重要组成部分。与朱子文化有关的主要景点有世界双世遗武夷山（朱熹园）、福建尤溪朱子文化园景区、武夷山市五夫镇朱子故里、建阳考亭书院、朱熹墓（建阳黄坑）、建瓯五经博士府，还有各地祭祀朱熹的祠宇、朱熹创建及讲学的数十座书院，遍布各处名山大川的朱子摩崖题刻等。

2. 闽南文化

起源于泉州、漳州，是指生活在福建南部地区的人（主要是闽南人）共同创造并代代传承发展与创新的地区性文化，是源远流长、博大精深的中华文化的一个支系。闽南文化的内涵除了包含农耕文化、海商文化外，还包含建筑文化、民俗文化、宗教文化、民间艺术、宗族文化及方言等。独具特色的闽南建筑中首推民居中的“古厝”建筑，坐落于泉州南安官桥漳里村的蔡氏古民居是其代表。闽南语起源于泉州，闽南话传播最广的省外地区是中国台湾，国家是新加坡，不少马来人也会使用闽南语。据初步统计，海内外说闽南方言的人超过 4000 万。

与闽南文化有关的主要景点有：泉州（宋元中国的世界海洋贸易中心）、漳州古城、厦门老院子景区、惠安崇武古城风景区、晋江市五店市传统文化旅游区、漳州漳浦天福“唐山过台湾”石雕园、埭尾古厝群、蔡氏古民居建筑群、老范志大厝、世界闽南文化展示中心、福建中国闽台缘博物馆、泉州市博物馆、漳州市博物馆、厦门博物馆、泉州非物质文化遗产馆、厦门非物质文化遗产馆、漳州非遗综合展示馆及专题馆等。

3. 妈祖文化

妈祖文化是劳动人民千百年来尊崇、信仰妈祖过程中遗留和传承下来的物质及精神财富的总称，是中华民族的重要文化瑰宝之一。作为中国海洋文化的代表，妈祖文化近千年来一直与我国诸多和平外交活动、海上交通贸易有着密切关联，体现仁爱助人、天人合一的内涵。妈祖文化肇于宋、成于元、兴于明、盛于清、繁荣于近现代。2009年，“妈祖信俗”被联合国教科文组织列入人类非物质文化遗产代表作名录。

与妈祖文化有关的主要景点：福建省莆田市湄洲岛妈祖文化旅游区、妈祖源流博物馆，还有遍布各地的妈祖庙、天后宫、天妃宫等。

4. 船政文化

1866年，闽浙总督左宗棠在福州马尾创办了福建船政，轰轰烈烈地开展了建船厂、造兵舰、制飞机、办学堂、引人才、派学童出洋留学等一系列“富国强兵”活动，培养和造就了一批优秀的中国近代工业技术人才和杰出的海军将士。船政始于左宗棠，成于沈葆桢，开创了近代中国新式教育、军事工业、海军建设、矿山开采、机器制造、电信建设、铁路建设，开启了社会科学领域的科研、教育、翻译事业及对外交往活动，影响近代社会风气的转变。福州马尾是船政文化的发祥地，在中国近代发展史上留下了不可磨灭的印记。

与船政文化有关的主要景点：中国船政文化景区（罗星塔公园、马限山公园、马江海战纪念馆、中国船政文化博物馆、昭忠祠等）、三坊七巷的沈葆桢故居（未开放）、严复故居、王麒故居、蓝建枢故居、陈季良故居（未开放）、刘冠雄故居、朱紫坊海军一条街（萨镇冰、萨师俊、方伯谦、方莹、陈兆锵等海军名人聚居地）、冶山春秋园的仁寿堂（萨镇冰故居）、鳌峰坊李世甲故居、福州火车南站西侧陈绍宽故居等。

5. 客家文化

福建的客家民系组成是多元的，在近千年的五次大迁徙中，客家人继承中原文化后并与当地文化相互渗透，着力于中华文化的传承，突出体现宗法观念，把编修族谱作为维系血脉的重要举措，形成独具特色的客家文化。客家人大多信奉道教和佛教，多神崇拜是其显著特征。三明宁化石壁客家祖地是客家人的朝圣中心，石壁客家祭祖习俗被列入国家级非物质文化遗产代表性项目名录。客家人最具代表性的传统民居是土楼。土楼集中反映客家人同族聚居的特点，福建土楼被称为中国传统民居的瑰宝，被列入世界文化遗产名录，客家土楼营造技艺被列入国家级非物质文化遗产名录。客家人岁时节令丰富多彩，有长汀百壶宴、连城北团镇游大粽活动等客家民俗活动。客家方言很好地保存了古代中原语言，被学术界认定为“古汉语的活化石”。闽西汉剧、闽西客家木偶戏被列入国家级非物质文化遗产代表性项目名录。

与客家文化有关的主要景点：世界文化遗产福建土楼（南靖土楼、永定土楼）、宁化客家祖地、客家首府长汀古城、龙岩市永定区湖坑镇洪坑村福建客家土楼民俗文化村、云水谣、田螺坑等地土楼，以及福建各地的客家博物馆，如客家文化博物馆（龙岩）、客家族谱博物馆（上杭县）、汀州客家博物馆、永定客家家训馆等。

七、风物特产

（一）名茶

福建是乌龙茶、红茶、白茶、茉莉花茶的发源地。乌龙茶的主要代表有安溪铁观音和武夷岩茶。武夷岩茶是中国传统名茶，是具有岩韵（岩骨花香）品质特征的乌龙茶。产于福建闽北“秀甲东南”的武夷山一带，茶树生长在岩缝之中。武夷岩茶具有绿茶之清香、红茶之甘醇，是中国乌龙茶中之极品。大红袍则是武夷岩茶的精品；而红茶的代表有武夷山“正山小种”、福安“坦洋工夫”等；白茶的代表有白毫银针、白牡丹等；花茶的代表有福州茉莉花茶等。“福州茉莉花与茶文化系统”“安溪铁观音茶文化系统”分别入选联合国粮农组织的全球重要农业文化遗产；“中国传统制茶技艺及其相关习俗”列入联合国教科文组织人类非物质文化遗产代表作名录。

（二）农副土产

如福州的橄榄、线面、金鱼、长乐漳港海蚌等，莆田的龙眼、荔枝、南日鲍鱼等，漳州的天宝香蕉、平和蜜柚、片仔癀、水仙花等，泉州的永春老醋，三明建宁的莲子、黄花梨等，宁德的宁德大黄鱼、福鼎桐江鲈鱼、古田银耳、柘荣太子参等，南平的顺昌海鲜菇、浦城桂花、邵武笋干等。还有著名的闽西八大干：明溪肉脯干、长汀豆腐干、连城地瓜干、宁化老鼠干、清流笋干、上杭萝卜干、武平猪胆干、永定菜干。

（三）工艺品

福建工艺品及技艺已入选国家级非物质文化遗产代表性项目名录的有：福州的寿山石雕、脱胎漆器髹饰技艺、软木画；厦门的蔡氏漆线雕技艺；漳州的木偶头雕刻、漳州木版年画；泉州的德化瓷烧制技艺、惠安石雕、泉州花灯、安溪竹藤编；莆田的留青竹刻、莆田木雕；南平的建窑建盏烧制、浦城剪纸；宁德的福安银制品加工制作工艺、宁德畲族银器锻制等。而中国剪纸（含漳州漳浦剪纸、宁德柘荣剪纸）则入选人类非物质文化遗产代表作名录。

（四）美食

福建菜，简称闽菜，是我国八大菜系之一，闽菜以闽东、闽南、闽西、闽北、闽中地方风味菜为主形成的菜系，以闽东和闽南风味为代表。闽东菜代表名菜有：佛跳墙、鸡汤氽海蚌、鸡茸金丝笋、淡糟香螺片、荔枝肉、醉糟鸡等。闽南菜主要名菜有：红烧通心鳗、沙茶焖鸭块、“东壁龙珠”、加力鱼煲白菜、八宝芙蓉蟳等。2016 年曾评出福建十大名菜：佛跳墙、半月沉江（素菜）、白斩河田鸡、竹香南日鲍、客家生鱼片、武夷熏鹅、鸡汤氽海蚌、海蛎煎、大黄鱼吐银丝、涮九门头。

福建小吃以用料讲究、制作精细、品种丰富而闻名。2016 年曾评出福建十大名小吃：莆田卤面、宁德福鼎肉片、平潭时来运转、福州肉燕、龙岩芋子包、南平和平游浆豆腐、厦门沙茶面、漳州面煎粿、三明沙县扁肉、泉州崇武鱼卷。此外，福州的鱼丸、光饼、芋泥、泉州安海土笋冻、厦门南普陀素饼等小吃闻名遐迩。

八、特色产业

近年来，我国通过支持建成一批年产值超过 100 亿元的优势特色产业集群，推动产业形态由“小特产”升级为“大产业”，空间布局由“平面分布”转型为“集群发展”，主体关系由“同质竞争”转变为“合作共赢”。到目前为止，农业农村部已批复福建省建设武夷岩茶、福建食用菌、闽西禽蛋三大优势特色产业集群。

福建是产茶大省，在全国占有重要地位，产制乌龙茶、绿茶、红茶、白茶四大茶类及再加工类的花茶，除绿茶外均是福建首创。2020 年茶叶产业全产业链总产值 1305 亿元。主要有以下的特色。一是产业规模大。2022 年，福建省茶园面积 361 万亩，毛茶产量 52 万吨，茶叶全产业链产值超 1500 亿元。福建茶叶产量、单产、茶树良种推广率、全产业链产值均居全国第一。二是产品质量优。2018 年率先倡导建设不用化学农药的生态茶园，2020 年福建省生态茶园面积 247 万亩，占比 73.5%。三是品牌价值高。“安溪铁观音”“武夷岩茶”是中国茶叶十大区域公用品牌，福建有 34 个茶叶品牌获中国驰名商标。四是经营效益好。茶叶主产县农民涉茶收入占农民人均可支配收入的 40%，安溪、武夷山、福鼎等重点产茶大县收入占比超过 50%。福建武夷岩茶产业集群被列入 2020 年优势特色产业集群建设名单。

食用菌是福建省优势特色产业，长期以来占据全国领先地位。福建全省栽培食用菌 50 余种，其中商业化规模栽培 30 多种，珍稀种类近 20 种，是全国栽培种类最多的省份。近年来，福建食用菌产业快速发展，培育出一批区域公用品牌、地理标志产品和名牌农产品，福建省食用菌产量、产值、出口量、出口额等指标均居全国前列。依托古田、罗源、顺昌、尤溪、漳州高新区、南靖、浦城、屏南八大食用菌主产县的福建银耳、杏鲍菇、海鲜菇、双孢蘑菇、秀珍菇、灵芝等珍稀食用菌，打响“福农优品珍奇福菌”品牌。福建珍稀食用菌产业集群入选农业农村部、财政部《2021 年优势特色产业集群建设名单》。

闽西禽蛋产业集群入选农业农村部、财政部《2022 年优势特色产业集群建设名单》。闽西禽蛋产业集群项目覆盖宁化县、清流县、三明市沙县区、永安市、大田县、连城县、龙岩市新罗区、福清市、永泰县九地。集中资源推进闽西禽蛋产业集群全产业链开发、全价值链提升，着力补齐产业发展短板，打造布局合理、链条完整、带动力强的闽西禽蛋产业集群，为乡村全面振兴提供有力的产业支撑。

制鞋业是福建省传统优势产业，也是民生产业。鞋都晋江是全国最大的鞋业信息基地。安踏跻身世界前列，为奥运会等重大赛事选手提供运动鞋服装备，研发的轻质跑步鞋还随航天员遨游“天宫”。福建省的皮革鞋靴产量全国第一。晋江的制鞋业经历从无到有、从小到大、从零散到集中、从规模扩张到创牌运动、从同质竞争到差异经营的发展进程，逐步发展成为配套完整、产业功能高度聚集的产业，也是晋江最重要的支柱产业。2022 年，晋江纺织、鞋服产业逆势增长，鞋服产业产值首次突破 3000 亿元人民币规模。

第六节 江西省

一、概况

江西省，位于中国东南部，东邻浙江省、福建省，南连广东省，西接湖南省，北毗邻湖北省、安徽省而共接长江，属于华东地区，是“江南鱼米之乡”，古有“吴头楚尾，粤户闽庭”之称。因733年唐玄宗设江南西道而得省名，又因省内最大河流为赣江而简称“赣”，别称“赣鄱大地”。江西省共辖11个地级市。江西省面积约17万平方公里，截至2022年年末，江西全省常住人口约为4527.98万。省会为南昌市。

二、地理、气候

类别	内容
地理	江西省东、西、南三面环山，中部丘陵和河谷平原交错分布，北部则为鄱阳湖平原。赣中南以丘陵为主，多由红色砂页岩及部分千枚岩等较松软岩石构成，经风化侵蚀，呈低缓浑圆状，海拔一般为200米。丘陵间夹有盆地，多沿河呈带状延伸，较大的有吉泰赣州、于都、瑞金、兴国、宁都、南丰、贵溪等盆地。山地大多分布于省境边缘。综上所述，江西境内以丘陵、山地为主，大致归纳为“六山一水两分田，一分道路和庄园”。
气候	江西位于长江以南，纬度较低，属亚热带季风湿润气候，四季分明且天气复杂多变。年平均气温16.3℃～19.5℃，冬季冷空气活动频繁；春季多对流性天气；4至6月降水集中，是江西的雨季，这一时期易发生洪涝灾害；雨季结束后全省主要受副热带高压控制，天气以晴热高温为主，常有干旱发生。7至8月有时受台风影响会出现较明显降水。秋季晴天多、湿度较小、气温适中，是江西省一年中最宜人的季节。

三、交通状况

江西为长江三角洲、珠江三角洲和闽南三角地区的腹地，与上海、广州、厦门、南京、武汉、长沙、合肥等各重镇、港口的直线距离，大多在600～700公里。

类别	内容
公路	截至2022年年底，江西省公路总里程达21.1万公里，居全国第10位，江西高速公路通车里程6731公里，打通了30条出省大通道；全面实现了县县通高速、县城30分钟上高速。建成了一批特色旅游公路，包括鹰潭市余江区大桥至司马源公路，2021年入选交通运输部“十大最美农村路”行列。九江市鄱阳湖有国内首个开发的水上公路，全长1.86公里，可承载车辆通过。江西省庐山西海高速公路大部分路段沿着庐山西海水面上穿行，被誉为“最美水上高速公路”。庐山西海服务区集交通中转、休闲度假为一体，临湖建有游客码头，是“全国百佳示范服务区”。
铁路	铁路运营里程达到5219公里，高铁里程已突破2000公里，出省通道增至21条。
水运	江西水路运输发达，九江港是江西省第一大港口、长江十大港口之一，水运干线形成以赣江和信江为两纵、长江和昌江为两横的格局，通航里程4937公里。
航空	江西民用航空运输形成了一个以南昌为轴心，以九江、樟树、泰和、吉安、景德镇、赣州连接全国和世界各地的航空运输网，南昌昌北国际机场是中国重要的枢纽干线机场、国际客运及货运的航空枢纽，江西还有赣州、九江、景德镇、井冈山民航机场。全省高等级航道里程达到960.6公里，赣江、信江高等级航道基本建成并运行。

四、历史沿革

江西开发的历史，可以上溯到1万年以前。江西作为明确的行政区域建制，始于汉初（约前202年），时设豫章郡（赣江原称豫章江），郡治南昌，与后来的江西省区大致相当。汉武帝时划全国为13个监察区，称13部州，此时的江西属扬州部。291年（西晋永平元年），改设江州，其主体为江西地区原有郡县。宋代在州之上改道为路，其大部分隶属于江南西路，另有一部分隶属于江南东路。元朝开始确立行中书省制度（简称行省或省）。江西行省辖区远远大于今天的江西省区，行中书省为布政使司（习惯上仍然称省），改路为府、改州为县。江西布政使司辖13府78县，地域基本等同今天的江西省区。清代改江西布政使司为江西省，行政区域基本承袭明建制。1934年从安徽划婺源县并入江西，1947年划回安徽，1949年再次划归江西。

江西是中国革命的摇篮和中国工人运动的策源地，孕育了伟大的井冈山精神、苏区精神、长征精神，承载着中国共产党人的初心使命。

1922年，安源路矿工人大罢工震惊中外，这是中国共产党第一次独立领导并取得完全胜利的工人斗争，是中国工人运动史上的一次壮举。1927年8月，随着南昌城头一声枪响，打响了武装反抗国民党反动派的第一枪，南昌起义标志着中国共产党创建军队的开始。1927年9月9日，由毛泽东领导工农革命军（即红军）举行秋收起义，这是继南昌起义之后，中国共产党领导的又一次著名的武装起义。1927年10月，毛泽东率领秋收起义的工农革命军到达井冈山，创建中国第一个农村革命根据地——井冈山革命根据地。1931年11月7日，中华苏维埃共和国在瑞金宣告中国第一个红色中央政权成立。红军在中央革命根据地（瑞金）粉碎了敌人的四次围剿。而1934年10月，由于第五次反围剿的失败，中共中央机关率领红军8万多人从瑞金出发，开始长征，留在南方八省的红军和地方游击队继续斗争，进入艰苦卓绝的三年游击战争。1949年，人民解放军在东起江苏江阴，西至江西湖口的千里战线上，横渡长江，摧毁了国民党苦心经营的长江防线。在革命期间，红色的江西一共诞生了325位开国将军，占全国开国将军总数的1/5，开国将军人数位列全国第一。

五、民俗风情

江西省共有38个民族，其中汉族人口最多。少数民族中人口较多的有回族、畲族、壮族、满族、苗族、瑶族等。

江西为我国**畲族**的主要分布区之一，主要分布于贵溪和铅山等县山区，有自己独特的服装和民族风俗习惯。分布于全南等县的瑶族，居住在深山老林，擅长打猎，使用本族语言而无本族文字。

江西的居民以汉族为主，但在许多山乡农村保留着各自的传统乡土风情习俗。南丰县遍布各乡、村的民间傩舞，为国内所罕见，乡人于春节期间头戴面具、身穿仿树皮或树叶状舞衣，走村串户“跳傩（傩舞）”。

此外，景德镇瓷俗，婺源的茶俗，樟树药俗，鄱阳湖畔的渔村风情，鄱阳湖颇具特色的捕捞方式（沉船捕鱼、栈湖捕鱼和开港捕鱼等），贵溪河上渔翁与鸬鹚捕鱼、竹排载客以及古越族悬棺葬俗，宜春地区偏僻山乡的传统庙会以及物资交流集会，南昌市西山万寿宫庙会，进贤县文港笔市和皮毛市，萍乡市的烟花节等，都具有浓厚的人文气息，极具旅游与文化价值。

六、文旅资源

（一）旅游资源

江西省旅游宣传口号：江西风景独好。江西历史悠久，旅游资源丰富。

现有世界遗产地 5 处：庐山（世界文化景观）、三清山（世界自然遗产）、龙虎山（世界自然遗产）、龟峰（世界自然遗产）、铅山武夷山（世界文化与自然双遗产地）。世界地质公园 3 处：庐山、龙虎山、三清山。截至 2023 年 5 月，江西拥有国家 5A 级旅游景区 14 家。红色是江西最亮的品牌，绿色是江西最大的优势。江西的旅游资源可以概括为：四大摇篮、四大名山、四个“千年”、六个“一”。

☆**四大摇篮**——中国革命的摇篮井冈山、人民军队的摇篮南昌、共和国的摇篮瑞金、工人运动的摇篮安源。

☆**四大名山**——匡庐奇秀甲天下的庐山、养生福地井冈山、峰林奇观三清山、道教祖庭龙虎山。

☆**四个“千年”**——千年瓷都景德镇、千年名楼滕王阁、千年书院白鹿洞、千年古刹东林寺。

☆**六个“一”**——一湖（中国最大的淡水湖鄱阳湖）、一村（中国最美乡村婺源）、一海（庐山西海）、一峰（龟峰）、一道（小平小道）、一城（共青城）。

（二）历史文化

江西历来文风昌盛、名人辈出。江西名人有东汉时期著名高士贤人徐孺子，东晋田园诗人代表陶渊明，北宋婉约词人代表晏殊，北宋文坛领袖欧阳修，北宋散文家曾巩，北宋著名改革家王安石，北宋著名诗人、书法家黄庭坚，心学创始人陆九渊，宋末政治家、文学家、抗元名臣文天祥，明代文学家、戏剧大师汤显祖，明代科学巨匠宋应星等。其中欧阳修、曾巩、王安石同属于“唐宋八大家”之列。还有朱耷、陈三立、詹天佑等一大批学识渊博、才华横溢的历史名人，群星灿烂、光耀史册。

1. 书院文化

江西是古代书院的起源地，江西最早的书院是创办于 814 年的桂岩书院，它不仅是我国历史上最早的书院之一，而且是唐代办学时间最长的书院，长达 55 年。宋代白鹿洞书院名列中国四大书院之一，是书院模式成熟的标志。理学大师朱熹制定的《白鹿洞书院揭示》是我国最早的大学章程，成为后世书院遵行的准绳和法规。华林书院延四方讲席，鹅湖书院首创学术自由争辩之风，白鹭洲书院以人才辈出、延续办学 800 年而著称。江西的书院文化滋养了一代又一代的学子，为中国文化事业作出了不可磨灭的贡献。

江西省现存 170 多所书院，其中九江庐山白鹿洞书院、上饶铅山鹅湖书院、吉安白鹭洲书院、九江同文书院、赣州市兴国县潋江书院被列入全国重点文物保护单位，仰山书院、信江书院、郎山书院等 13 处书院是省级文物保护单位。

2. 红色文化

江西有中国革命的摇篮井冈山、人民军队的摇篮南昌、共和国的摇篮瑞金、工人运动的摇篮安源。第二次国内革命战争期间，中国共产党领导人民群众先后在江西建立了大片革命根据地。其中著名的有赣西井冈山革命根据地，湘赣革命根据地，赣东北革命根据地（后发展为闽浙赣革命根据地）以及包括铜鼓、修水、万载、宜丰等县的湘鄂赣革命根据地。当时的中央革命根据地在赣南和闽西地区的有 21 县，中华苏维埃共和国临时中央政府设在瑞金，故瑞金有“红都”之称。江西红色资源丰富，开国将军最多，烈士占全国的六分之一，红色基因浸透在江西人的血液和江西的山水之中。

目前，江西全省共有 3 个 5A 级、21 个 4A 级红色旅游景区，11 个全国红色旅游系列经典景区。2021 年，5 条红色旅游线路入选“建党百年红色旅游百条精品线路”。红色旅游资源有：井冈山市红色旅游景区、瑞金共和国摇篮旅游区、中央红军长征出发地纪念园、三湾改编景区、萍乡安源路矿工人运动纪念馆、瑞金中央革命根据地历史博物馆、八一南昌起义总指挥旧址、八一南昌起义纪念馆、上饶集中营旧址、秋收起义广场、秋收起义修水纪念馆、秋收起义烈士陵园、闽浙皖赣革命根据地旧址、井冈山革命博物馆、江西革命纪念堂、江西红色博物馆、江西省博物馆等。江西省还开发了中国第一部以红色经典为题材的大型实景演出节目《井冈山》。

3. 景德镇陶瓷文化

景德镇陶瓷始于汉，五代时景德镇以南方最早烧造白瓷之地和其白瓷的较高成就而奠定地位。景德镇是“瓷器之国”的代表和象征，制瓷历史悠久，瓷器精美绝伦，闻名全球，有“瓷都”之称。宋真宗将年号景德赐给景德镇，于是景瓷驰名天下。历元明清三代，景德镇成为“天下窑器所聚”的全国制瓷中心。清康、雍、乾三朝，瓷器发展到历史巅峰。景德镇陶瓷以白瓷著称，素有“白如玉，明如镜，薄如纸，声如磬”之誉。游客可在古窑民俗博览区、锦绣昌南中国瓷园、御窑厂考古遗址公园、皇窑景区、景德镇陶瓷博物馆、中国陶瓷博物馆等场馆了解景德镇陶瓷文化。

4. 赣南客家文化

赣南生活着 700 多万客家人。客家是汉民族共同体的一个分支，祖籍中原，自东晋以来，由于战乱、灾荒等原因，客家先民举族而迁，定居在赣、闽、粤三省毗邻的山区，并发展成为既保留古代中原文化传统，同时又适应南方山区生产生活的客家人。赣南擂茶是独具特色的客家茶俗。客家围屋又被称为“东方城堡”，是一种融祠、家、堡为一体，具有鲜明防卫特征的封闭式客家民居。赣南客家文化最突出的特点就是客家方言，还创造出客家山歌、赣南采茶戏等文化艺术。客家山歌中兴国客家山歌最为著名，采茶戏、兴国山歌都被列入第一批国家级非物质文化遗产名录。

江西有“戏曲之邦”“戏曲重要发源地”之誉。青阳腔、广昌孟戏（婺源）、徽剧、宜黄戏、赣南采茶戏等 6 个剧种于 2006 年入选第一批国家非物质文化遗产名录。时至今日，江西共有13个剧种先后入选国家级非物质文化遗产名录、42个剧种入选省级非物质文化遗产名录。

七、风物特产

类别	内容
瓷器	景德镇的瓷器源远流长。
名酒	樟树的四特酒，被周恩来总理赞誉为“清、香、醇、纯”，四特酒由此而得名。
名茶	九江庐山所产的“庐山云雾茶”被列为中国十大名茶之一；遂川狗牯脑茶，曾获巴拿马国际食品博览会金奖；婺源的“婺绿”同修水宁红茶，被誉为“绝品”。
美食	江西菜包括南昌、九江、景德镇以及井冈山山区等地的特色风味。江西菜因料施艺、物尽其用，善烹山珍野味和水产，保持原汁原味。赣菜传统菜肴闻名遐迩，有入选“奥运菜单”的“藜蒿炒腊肉”，以文天祥名字命名的“文山肉丁”，毛主席命名的“四星望月”等。
	江西是中国烘焙业大省。江西资溪县被称为“中国面包之乡”，杨坊村是“中国面包第一村”，形成鲍师傅、泸溪河、詹记等多个知名品牌；鹰潭市有“中国烘焙之乡”“中式糕点之乡”“中国桃酥之乡”的美誉。江西糕点特产有丰城冻米糖、弋阳年糕、贵溪灯芯糕、九江桂花酥糖、九江茶饼、鹰潭桃酥等，有资溪面包、泸溪河、鲍师傅等大批网红店铺。
农产品	江西是首个全国绿色有机农产品示范基地试点省，拥有赣南脐橙、南丰蜜橘、庐山云雾茶、赣南茶油、婺源绿茶、修水宁红茶、狗牯脑茶、高安腐竹、崇仁麻鸡、浮梁茶、泰和乌鸡、宁都黄鸡等农产品品牌。其中赣南脐橙年产量达百万吨，原产地赣州市脐橙种植面积世界第一、年产量世界第三，也是全国最大的脐橙主产区。

八、特色产业

江西省中药材资源丰富，**医药产业**发达。江中集团建成中医药研发创新的重要基地，成为中医药产业龙头企业。江西省共有樟树医药产业集群、进贤医疗器械产业集群、袁州医药产业集群、小蓝医药产业集群、章贡生物医药产业集群、峡江医药产业集群、永丰医药产业集群7个产业集群，2020年1月至11月，各产业集群实现营业收入709.95亿元，占全省医药行业总量的58.19%。其中樟树中药材种植面积超50万亩，拥有医药企业406家，中药饮片生产企业数量30家，年产量达全省70%以上，医药产业集群入选中国县域产业集群竞争力100强。

江西制瓷业是全国知名的特色产业。以景德镇为中心，着力打造千亿级陶瓷产业集群。当前已大力实施陶瓷龙头企业培育工程，建成了国内最大的陶瓷交易综合体“陶博城”，实现了陶瓷交易“买全球、卖全球”。

江西省稀土产业发达。稀土是国家战略资源，也是江西省特色资源。江西赣南有“世界钨都”之称，赣州有“稀土王国”之称。江西稀土产业形成了集矿山开采、冶炼、分离、深加工和产品检测、科技研发为一体的产业体系，建立了全国规模最大、结构最完整的稀土产业体系，央企中国稀土集团也落户赣州。2022年，赣州稀土产业87户规模以上企业实现营收693亿元，有力促进了经济发展。

第七节　山东省

一、概况

山东省位于华东地区东部，简称“鲁”，陆域面积约 16 万平方公里，辖 16 个地级市，137 个县（市、区）。全省常住人口 10162 万。省会济南市。

二、地理、气候

类别	内容
地理	地处中华民族的摇篮——黄河的下游，东临海洋，西靠大陆。水平地形分为半岛和大陆两部分。东部的山东半岛突出于黄海、渤海之间，隔渤海海峡与辽东半岛遥遥相对。庙岛群岛屹立在渤海海峡，是渤海与黄海的分界处，扼海峡咽喉，成为拱卫首都北京的重要海防门户。西部大陆部分自北向南依次与河北、河南、安徽、江苏 4 省接壤。
气候	气候温和，雨量集中，四季分明，属于暖温带季风气候。夏季盛行偏南风，炎热多雨，冬季刮偏北风，寒冷干燥；春季天气多变，干旱少雨多风沙；秋季天气晴爽，冷暖适中。全省气候地区差异东西大于南北。

三、交通状况

类别	说明
航空	有 16 座通用机场，济南、青岛、烟台、威海 4 座机场为国际空港，已有法兰克福、洛杉矶、大阪、曼谷、中国香港、新加坡、釜山、东京等众多国际航线。京杭运河济宁以南至鲁苏界段 178 公里主航道达到二级航道标准。
海港	沿海主要海港有青岛港、日照港、烟台港、威海港、东营港、龙口港、潍坊港、滨州港。
铁路	高速铁路通车里程跃居全国前列，全省高铁运营里程达到 2446 公里。

四、历史沿革

1. 古文化遗址

目前发现的最早的山东人——“沂源人”，可以把山东的历史上推到四五十万年以前。新石器时代早、中期的藤县北辛文化，距今也有 7000 年左右。举世闻名的原始社会末期的大汶口文化、龙山文化都是在山东首先发现的。

2. 大汶口文化

大汶口文化是分布于黄河下游一带的新石器时代文化，因山东省泰安市大汶口遗址而得名，距今 4500 ~ 6500 年，延续时间约 2000 年。大汶口文化盛行枕骨人工变形以及拔牙。早期以红陶为主，晚期发展为轮制陶器，出现了硬质白陶。彩陶较少但富有特色，石器磨制精美。中期以后出现了制作精良的玉器。

商朝建立以前，山东是商族活动的中心，商前期的五次迁都，有三次在山东境内。商朝建立后，山东仍是其统治的中心地区。西周实行“封邦建国”之策，封吕尚于齐，封周公旦于鲁，另外尚有曹、滕、卫诸国。齐国“通商工之业，便鱼盐之利，而人民多归”；鲁国融合周文化与东方文化，为“礼仪之邦”。春秋鲁国人孔子是中国儒家文化的集大成者，被后世奉为“圣人”。秦统一后，始皇帝东巡至山东泰山，首次举行泰山封禅大典。此后汉武帝、光武帝、唐高宗、唐玄宗和宋真宗都曾封禅泰山，既炫耀其文治武功，更代表皇位“受命于天”。这些封禅行为客观上奠定了泰山“五岳之首”的崇高地位。1168 年（金大定八年）置山东东、西路统军司，山东遂成为正式行政区划名称。明代山东布政司（又称行省）管辖 6 府 104 县，大致奠定了今山东省行政区域范围。清代基本沿袭明代山东的版图，称山东省。1949 年 3 月，山东省政府改称山东省人民政府。

五、民俗风情

山东省主体民族为汉族，截至 2021 年 5 月 21 日，少数民族人口约 90.50 万，占山东省总人口的 0.89%。山东素称“齐鲁之邦，礼仪之乡”，鲁中平原以农耕文化为特色，潍坊风筝、杨家埠年画散发着浓郁的泥土气息；胶东沿海渔家风情浓郁，粗犷奔放；鲁西地区传统深重，是孔孟之乡。在特有的地域文化熏陶下，山东的民俗风情风格多样、生生不息。在这片土地上，山东民俗艺术叫响全国。

1. 年画

高密扑灰年画全国独此一家，年画艺人用柳木炭条起线稿，再用画纸在线稿上扑抹印，一稿可扑数张，因有这一招，便有“扑灰”之名。扑灰起稿之后，再加手绘一整套工序，才能画出一张漂亮的画来。扑灰年画起源于明初，最初的作品大多是神像和墨屏花卉。到乾隆末年地方上作扑灰年画的人渐多。到清末，发展成两个主要的流派：“老抹画”和“红货”。

2. 面塑

山东济南被称为“面塑之都”，在济南工艺美术中，面塑成为最具地域特色的一个种类。济南的面塑色彩鲜明、手法细腻，应用手指的捻、揉、搓，再配以刀、篦、针的搓、切、点成的人物形象，衣饰容貌逼真传神，特别是对中国古装戏剧人物的塑造尤为专业。

3. 风筝

山东潍坊是中国著名的风筝产地，明代就已在民间出现扎风筝的艺人。后来，随着放风筝习俗的流行，风筝艺术也达到鼎盛阶段。潍坊风筝主要有 3 种基本造型：串、硬翅和简形。其中以龙头蜈蚣最突出。现代风筝在继承传统精华的基础上，不断花样翻新，赢得了“风筝艺术，潍坊第一”的美誉。现在潍坊已成为国际风筝节的固定举办地。

六、文旅资源

（一）历史文化

齐鲁文化是“齐文化”和“鲁文化”的合称。东临滨海的齐国产生了以姜太公为代表的道家思想学说，又吸收了当地土著文化（东夷文化）并加以发展。两种古老文化存在差异，相对来说，齐文化尚功利，鲁文化重伦理；齐文化讲求革新，鲁文化尊重传统。两种文化在发展中逐渐有机地融合在一起，形成了具有丰富历史内涵的齐鲁文化。

作为齐鲁文化核心的儒学产生于春秋时期的鲁国，由孔子开创，孟子、荀子等传承。孔子在这里诞生，泰山从这里崛起，黄河由这里入海。这里有中国最早的文字和最早的讲坛，有中国最早的城邦和最古老的长城，这里还是陶瓷和丝绸的发源地。山东独具特色的齐鲁文化，在中国传统文化中占有重要地位。山东不仅诞生了中华民族的人文始祖轩辕黄帝，还出现过一大批至今仍然对中华文化产生重要影响的历史名人。至圣孔子、亚圣孟子、科圣墨子、书圣王羲之、医圣扁鹊、工圣鲁班、农圣贾思勰、智圣诸葛亮、世界短篇小说之王蒲松龄等也都出生在山东。古代著名山东籍军事家孙武的《孙子兵法》，至今仍然是中外军界和商界推崇的经典。

山东是三国时期蜀汉丞相诸葛亮、东晋著名书法家王羲之和清代短篇小说家蒲松龄的故乡，诸葛亮的《出师表》以挚诚感动天下，成为后世公文写作的典范；王羲之的《兰亭序》被誉为“天下第一行书”；蒲松龄因作《聊斋志异》获誉“世界短篇小说之王”。

山东是中国较早有戏剧活动的地区之一。隋代齐倡名动全国，到了唐代参军戏在山东流行。宋杂剧形成后亦波及山东，金末元初产生用北曲演唱的戏曲形式，即元杂剧，山东是主要流行地区之一，元人钟嗣成的《录鬼簿》和明初贾仲明的《录鬼簿续篇》中记载的山东籍戏曲作家共 28 人，能歌擅唱者 4 人。戏曲到明清时进入蓬勃发展时期。李开先的《宝剑记》和孔尚任的《桃花扇》成就突出。山东有现代戏曲剧种 30 多种，可分为梆子腔系、弦索腔系、肘鼓子腔系和民间歌舞及说唱形成的戏曲剧种等。山东秧歌各处流行，其中影响最大的“鼓子秧歌”“胶州秧歌”和“海阳秧歌”并称为“山东三大秧歌”。秧歌多在大年正月期间表演。

（二）旅游景点

山东是中国旅游资源大省，全省旅游景点千余处，世界遗产 4 处，其中孔子故里曲阜“孔庙、孔林、孔府”被联合国教科文组织列为世界文化遗产。孔庙以“建筑时间最久远、保存最完整”被誉为“天下第一庙”。孔府作为中国封建社会中延续时间最长、最具东方建筑风格的官衙与内宅二合一贵族庄园，号称“天下第一家”。孔林是世界上规模最大、延时最久、墓葬最多、保存最完整的家族古墓群。“五岳独尊”泰山以其雄伟壮丽的风光和蕴含丰富的文化，被誉为“中华之魂”，被列为世界自然和文化双遗产。2014 年 6 月，大运河被列为世界文化遗产，大运河流经山东省枣庄、济宁、泰安、聊城、德州 5 市 16 个县（市、区），全长 643 公里。齐长城，始建于春秋时期，完成于战国时期，西起黄河河畔，东至黄海海滨。作为中国长城的一部分，被列为世界文化遗产。山东还拥有国家级风景名胜区5处——泰山风景名胜区、青岛崂山风景名胜区、胶东半岛海滨风景名胜区、博山风景名胜区、青州风景名胜区，国家5A级旅游景区14家，国家级旅游度假区6处，国家级非物质文化遗产173项。

山东省省会济南素有“泉城”之称，“家家泉水，户户垂杨”“四面荷花三面柳，一城山色半城湖”的美景名扬四海。著名的青岛啤酒产地青岛，是2008年北京奥运会伙伴城市，与“人间仙境”烟台，甲午海战之地、“最适合人类居住的范例城市”威海，海滨城市日照连成一片，构成中国东部唯一的黄金海滨城市群。齐国故都淄博是齐文化的发源地，东周殉马馆、齐国历史博物馆等文物古迹丰富，并开发了原山国家森林公园、陶瓷博物馆等景点。国际风筝都潍坊，每年举办大型国际风筝会，杨家埠木版年画、风筝乡土气息浓厚，民俗风情特色浓郁；历史文化名城青州龙兴寺出土的1000多年前的窖藏佛教造像，被称为20世纪中国考古十大发现之一。中华民族的“摇篮”黄河，流经山东570公里，汇入渤海。黄河入海口自然风光原始独特。此外，山东还有水泊梁山遗址、枣庄万亩石榴园、菏泽5万亩牡丹花、微山湖10万亩荷花，令人叹为观止。

山东省旅游形象口号是“好客山东”。口号高度概括了山东人的品德和齐鲁文化的内涵，是山东文化灵魂的准确表达，体现了孔子“仁者爱人”和“有朋自远方来，不亦乐乎”的理念，也能让人感受到齐鲁文化的大气和孔孟之乡的豪气，感受到齐鲁山水的豪情和山东人的热情。这一口号是对山东优质旅游服务理念最生动、最直接的信息传递。

七、风物特产

（一）农副土产

山东特产极为丰富，主要表现为“山东十大特产”：东阿阿胶、德州扒鸡、苍山大蒜、烟台苹果、乐陵金丝小枣、章丘大葱、平阴玫瑰、鱼台大米、荣成大花生和马家沟芹菜。

（二）美食

山东是中国四大菜系之一鲁菜的发源地，济南菜、孔府菜、胶东菜三大系列各具特色、各有所长，充分体现了孔子“食不厌精，脍不厌细”的思想。还有许多地方风味小吃，如**德州扒鸡、泰山“三美”（白菜、豆腐和水）、淄博酥锅、潍坊朝天锅**等。渗透齐鲁文化的美味佳肴，加之名扬海内外的青岛啤酒、烟台张裕葡萄酒，让人流连忘返、意犹未尽。

八、特色产业

山东是我国石油化工工业的重要基地之一，区域内不仅有中石化齐鲁石化、黄岛石化两家千万吨级的大型石油化工企业，还聚集着大量的民营炼油公司。

山东寿光是国务院命名的“中国蔬菜之乡”，是全国冬暖式蔬菜大棚的发源地，也是中国最大的蔬菜生产基地和批发市场。寿光蔬菜品种繁多，绿色无公害，营养丰富，品牌响亮，能引领新品种、新产品、新技术的潮流。目前寿光蔬菜已销往全国30多个省（区市）的200多个大中城市，并远销日本、韩国、俄罗斯、美国、委内瑞拉等国家。

易错考题小试牛刀

1.（单选题）下列城市中，（　）是国务院命名的“中国蔬菜之乡”。

A. 日照市　　B. 淄博市　　C. 青岛市　　D. 寿光市

2.（单选题）下列特色中，（　）是本帮菜的著名荤菜。

A. 锅烧河鳗　　B. 松鼠鳜鱼　　C. 大煮干丝　　D. 糖醋鲤鱼

3.（单选题）江苏（　）、水面所占比例占江苏省的 90% 以上，比例仍居中国各省首位。

A. 平原　　B. 丘陵　　C. 山地　　D. 高山

4.（单选题）赣南脐橙年产量达百万吨，原产地赣州市脐橙种植面积世界（　）、年产量世界第三，也是全国最大的脐橙主产区。

A. 第一　　B. 第二　　C. 第三　　D. 第四

5.（多选题）下列省级单位中，（　）联合申报了世界文化非物质遗产中国传统桑蚕丝技艺。

A. 浙江省　　B. 江苏省　　C. 四川省　　D. 湖南省　　E. 云南省

6.（多选题）福建文化旅游资源灿烂，包括（　）。

A. 客家文化　　B. 朱子文化　　C. 船政文化　　D. 海丝文化　　E. 妈祖文化

【答案】1.D　2.A　3.A　4.A　5.ABC　6.ABCDE

第四章　华中地区

第一节　河南省

一、概况

河南位于我国中东部、黄河中下游，因大部分地区位于黄河以南，故称河南。远古时期，黄河中下游地区河流纵横、森林茂密、野象众多，河南又被形象地描述为人牵象之地，这就是象形字“豫”的来源，也是河南简称“豫”的由来。《尚书·禹贡》将天下分为“九州”，豫州位居九州之中，现今河南大部分地区属九州中的豫州，故有“中原”“中州”之称。河南省辖郑州、开封、洛阳、平顶山、安阳、鹤壁、新乡、焦作、濮阳、许昌、漯河、三门峡、南阳、商丘、信阳、周口、驻马店 17 个地级市，济源 1 个省直辖县级行政单位。全省面积约 17 万平方公里。常住人口约 9936 万。省会郑州市。

二、地理、气候

类别	内容
位置	河南东接安徽、山东，北界河北、山西，西连陕西，南临湖北，呈望北向南、承东启西之势。河南地理位置优越，古时即为驿道、漕运必经之地，商贾云集之所。今天，河南地处沿海开放地区与中西部地区的接合部，是中国经济由东向西梯次推进发展的中间地带，具有独特的区位优势。
地形	地势西高东低，北、西、南三面太行山、伏牛山、桐柏山、大别山沿省界呈半环形分布，形成了如洛阳白云山、老君山等著名旅游胜地。中东部为黄淮海冲积平原，是我国粮、棉、大豆、花生、烤烟的生产基地，孕育了最古老的中国文明。西南部为南阳盆地，而伏牛山尾脉恰恰在南阳盆地中央南北纵横，蜿蜒起伏，高高隆起，形状酷似巨龙出山，卧饮白河之水，南阳“卧龙岗”就得名于这独特的地形地貌。历代的帝王将相、封疆大吏、文臣武官、迁客骚人游览卧龙岗时常以别称“隆中”来称呼卧龙岗，并留下大量脍炙人口的诗文，镌刻在数百通碑碣上，成为南阳卧龙岗诸葛武侯祠重要的人文景观。灵宝市境内的老鸦岔为全省最高峰，海拔 2413.8 米；海拔最低处在固始县淮河出省处，仅 23.2 米。河南地跨长江、淮河、黄河、海河四大流域。 为治理开发黄河，河南建设小浪底水利枢纽工程，属国家“八五”重点项目。小浪底大坝截流后，小浪底水库同时成为由山水自然风光和水利工程组成的大型旅游区。

（续表）

类别	内容
气候	河南地处中原，具备自南向北由亚热带向暖温带气候过渡、自西向东由山地丘陵向平原气候过渡的两个特征，同时又地跨长江、淮河、黄河、海河四大流域，孕育出丰富多样的局地气候，适合各个季节的旅游观光，尤其不乏适宜避暑消夏的凉爽之地。三门峡市卢氏县双龙湾镇、洛阳市栾川县天河大峡谷景区、济源市王屋山景区、洛阳市嵩县白云山景区、平顶山市鲁山县尧山景区这5家景区，因夏季凉爽，被评为首届中国（河南）气候旅游胜地、避暑旅游目的地。

三、交通状况

河南交通区位优势明显。

类别	说明
水上旅游	河南省有50余处库区开办水上旅游客运业务，开封市、许昌市开通了夜航观光游线路。
铁路	铁路网建设完善，以郑州为中心的2小时高铁圈覆盖4亿人大市场，“坐高铁、游古都、赏牡丹”已成为众多游客的心仪之选。
公路	河南非常重视通景公路建设，全省市区外的5A级景区中，69.2%的景区可以实现15分钟上高速，23.1%的景区可以实现30分钟上高速。高速公路中的郑栾高速尧山至栾川段，连通中原大佛、木札岭、白云山、老君山等40余处景区，被誉为“云中高速”“最美高速”；郑栾高速栾川至西峡双龙段，途经老界岭、养子沟、龙峪湾等多个4A级及以上景区，是“最美高速”的“接力”。农村公路方面，南阳市淅川县的丹江口环库公路，被誉为中国“最美环湖公路”；信阳市罗山县依托红二十五军长征出发地何家冲建设了红色旅游公路——罗山县1号旅游公路，极大地带动了沿线特色产业和旅游业的兴旺发展。

四、历史沿革

河南是中华民族和华夏文明的重要发祥地。中华民族的人文始祖黄帝诞生在今河南新郑，中华文明的起源、文字的发明、城市的形成和统一国家的建立，都与河南有着密不可分的关系。50万年前就有人类在这里生息和繁衍。距今七八千年的裴李岗文化时期，距今5000～7000年的仰韶文化时期，这里就产生了农业、畜牧业和制陶等手工业，其中仰韶文化就是以首先发现于河南渑池县仰韶村而得名的，是中国典型的母系氏族文化。到了4000多年前的龙山文化中晚期，中原进入了石器和铜器并用时代，以后，商代的首都西亳和殷均在河南境内。在安阳殷墟发现的甲骨文，是世界上最早的文字，也是世界上最早的历史文献。

在5000年中华文明史中，河南作为国家的政治、经济、文化中心长达3000多年，秦王朝建立后，在今河南境内设置三川、南阳、颍川、河内、东郡、陈郡。以后的两汉时期，河南地区的经济和文化仍处于全国前列。东汉王朝建都洛阳，河南更成了全国政治、经济、文化中心。东汉之后形成三国鼎立局面，河南是四战之地，战乱连年，农业、手工业生产遭到严重破坏。隋朝末年，在洛阳建立了东都，又以洛阳为中心开凿了沟通南北的大运河，一直通航到北宋时期。北宋建都开封，当时开封人口达 100 多万，为全国第一大城市。南宋以后是河南社会历史发展的中衰时期。代宋而兴的元朝实行的行省制度，被明、清两朝沿袭下来，元朝河南的行政区域大体上与今天的河南省相近。总体来说，先后有 20 多个朝代在此建都、200 多个皇帝在此执政。中国八大古都河南就有 4 个，即九朝古都洛阳、七朝古都开封、殷商古都安阳、商都郑州。

河南是中华姓氏的重要发源地，当今的 300 个大姓中根在河南的有 171 个，依人口数量多少而排列的 100 个大姓中有 78 个姓氏的源头或部分源头在河南，有“陈林半天下，黄郑排满街”之称的海外四大姓氏均起源于河南，体现了“万姓同根，万宗同源”。由此可见，河南确实是中国人的“老家”，因此河南旅游宣传口号是“豫见中国，老家河南”。

五、民俗风情

河南省少数民族人口约 115 万。其中，占比较高的少数民族有回族、蒙古族、满族、维吾尔族。全省有 3 个城市民族区、21 个民族乡（镇），少数民族 10 万人以上的省辖市 4 个。

河南主要民俗如下：

1. 腊八节

腊八枣树“吃”米饭。在汉族传统的腊八节，我国大多数地区要吃腊八粥，在豫北，腊八早上熬好粥之后，第一件事情是将粥“喂”给枣树。在枣树身上砍一些小口子，再虔诚地把粥抹在树痕上，这是来源于用粥敬枣树后枣树丰收的传说。其实这个风俗里包含了科学道理，枣树上的小口子可以让枣树将营养集中供应地上部分，保证果实的营养需求。当地有民谣：腊八枣树吃米饭，枣儿结得干连蛋。

2. 祭灶

农历腊月二十三，是“祭灶节”。每到腊月二十三这天，中原城乡噼里啪啦燃放起新年的第一轮鞭炮。城镇居民忙于购买麻糖、火烧等祭灶食品；而在广大农村，祭灶仪式多在晚上进行。祭灶人跪在灶爷像前，怀抱公鸡。也有让孩子抱鸡跪于大人之后。焚烧香裱后，男主人斟酒叩头，祭灶人高喊一声“领”，然后执酒浇鸡头。相传，若鸡头扑棱有声，说明灶爷已经领情。若鸡头纹丝不动，还需再浇。祭灶仪式结束后，人们开始食用灶糖和火烧等祭灶食品，在河南，人们把祭灶节看作仅次于中秋的团圆节。

3. 二月二炒黄豆

这天是龙抬头节，也叫青龙节，河南的乡村居民会炒黄豆。相传只有金豆开花，玉帝才能饶恕玉龙。百姓发现玉米和黄豆就是金黄金黄的，炒炒不就是金豆开花吗？所以各家各户都炒金豆供起来，玉龙回到天上后哗哗下起雨，此时正是春雨贵如油的季节。

4. 庙会

河南有许多赶庙会的风俗，如农历三月三的盘古山庙会，一般持续 5 天，善男信女抬着整猪、整羊等供品，一路焚香燃表，吹吹打打到盘古寺祭拜，之后会安排戏班唱戏等活动。还有中岳庙会，春季农历三月初十和秋季十月初拉开序幕，会期长达 10 天，活动丰富，热闹非凡。还有浚县一年一度的“正月庙会”，闻名遐迩，是中原民俗文化的活化石。2007 年，“浚县古庙会”和“浚县民间社火”被列入河南省非物质文化遗产名录，同时被评为河南民俗经典。

六、文旅资源

中原地区在古代是中国政治、经济中心，是中华文明的摇篮，是主流文化和主导文化的发源地。中原文化是中华文化的重要源头和核心组成部分，中原地区以特殊的地理环境、历史地位和人文精神使中原文化在漫长的中国历史中长期居于正统主流地位，中原文化在一定程度上代表着中国传统文化。

（一）历史文化

河南省是中原文化的集中代表。河南省地处黄河中下游流域的中原腹地，是中华民族历史文化的重要发源地。裴李岗文化遗址，仰韶文化遗址，龙山文化、炎黄文化遗址，可以证明中原地区很早就已经进入了人类社会的早期文明。

河南省洛阳市被称为九朝古都，先后有 13 个王朝在此建都，累计时间达 1500 多年，是当时政治、经济、文化的中心。著名的旅游景点有龙门石窟、白马寺等。

开封市古时称为汴梁，是一座有 2300 多年历史的七朝古都，因其历史的更迭及黄河水患形成了“开封城城摞城，地下埋着几座城”的特殊景观。著名景点有清明上河园、龙亭、开封府、大相国寺等。

安阳是河南省的北大门，素有豫北咽喉、四省要道之称，举世闻名的殷商文化以及最早的文字甲骨文诞生于此。著名景点有殷墟、岳飞庙等。

（二）文物古迹

河南文物储备量极高，地下文物居全国第一，地上文物居全国第二，馆藏文物 130 余万件，出土于河南安阳的后母戊鼎（原称司母戊大方鼎）举世闻名，现存于中国国家博物馆。展现北宋时期汴京繁荣景象的名仕佳作《清明上河图》现存于中国故宫博物院。存放于河南省博物院的**镇院之宝**莲鹤方壶、武则天除罪金简、贾湖骨笛、中华第一剑玉柄铁剑等也是极具代表性的馆藏文物。（**速记：鼎在国家图在宫，镇院四宝在省里**）

（三）历史人物

中原大地孕育的风流人物灿若群星，涌现出一大批哲学家、思想家、文学家、艺术家等文化巨人，还孕育了政治家、军事家姜子牙、商鞅、苏秦、李斯、张良、刘秀、司马懿、岳飞，科学家张衡、僧一行，医学家张仲景，佛学家玄奘等，还有现当代史上的抗日英雄吉鸿昌、杨靖宇，革命先辈邓颖超、彭雪枫、吴焕先、许世友，“县委书记的榜样”焦裕禄等。

（四）文学艺术

1. 文学

安阳出土的甲骨文负载着我国最早的散文，其中已有诗歌的萌芽。最早的散文总集《尚书》和诗歌总集《诗经》，都是经过东周洛阳的朝廷史官整理编辑成书的。河南是中国古代歌谣特别是《诗经》中作品产生最多的地区。我国最早的哲学著作《周易》是文王拘囚在今河南汤阴时整理推演而成。上古的神话宝库《山海经》，是洛阳人根据当时流传最多的河洛地区神话资料编写而成。

春秋战国时期，老子的哲学诗、庄子的散文、韩非子的寓言等，既是中国文化的元典，也是中国文学的奠基之作。

到了汉代，辞赋是最具代表性的文学形式，西汉洛阳贾谊的《吊屈原赋》开汉代骚体抒情赋的先河，确立了汉代骚体赋的基本形式：东汉南阳张衡的《二京赋》是汉大赋中的极品，其《归田赋》则开抒情小赋之先声。汉魏时期的“建安七子”中的阮瑀、应玚，以及蔡琰，都是河南人。

隋唐时期中国文学空前繁荣。在唐代留名的2000多名作家中，河南作家多至400余人。世人常说“唐诗半河南”，是因为留名的唐朝诗人中少不了河南人的影子。杜甫是巩县（今河南巩义市）人。崔颢是开封人，白居易生于河南新郑，刘禹锡和元稹是洛阳人，李贺是河南府福昌县（今河南省宜阳县）人，李商隐是怀州河内（今河南沁阳）人。诗歌之外的散文领域最引人注目的是“古文运动”。古文运动的领袖人物之一则是“文起八代之衰”的河阳（今河南孟州）人韩愈。

宋代是中国文学的新变时期。孟元老的《东京梦华录》、岳珂（岳飞之孙）的《桯史》、金盈之的《醉翁谈录》，堪称宋人笔记、小说中的上品。

2. 戏曲

河南被称为“戏曲之乡”，主要有豫剧、曲剧、越调、大平调、宛梆、杯梆、杯调、落腔、道情戏、四平调、柳琴戏、坠剧、豫南花鼓戏、蒲剧、大弦戏、京剧、二夹弦等。《花木兰》《穆桂英挂帅》《七品芝麻官》《朝阳沟》等剧目家喻户晓。豫剧代表作有《小二黑结婚》《刘胡兰》《冬去春来》等。有名的豫剧表演艺术家有常香玉、阎立品、马金凤等。

3. 剪纸

河南剪纸历史悠久，早在宋代，剪纸就已在民间广泛流行，还出现了以此为生的剪纸艺人，而且技艺已经达到了较高的水平。

4. 牡丹文化

早在《隋志·素问篇》中就有“清明次五日，牡丹华”，以记载隋朝洛阳人的赏花场面。中国洛阳牡丹文化节前身为洛阳牡丹花会，已入选国家非物质文化遗产名录，是一个融赏花观灯、旅游观光、经贸合作与交流于一体的大型综合性经济文化活动。洛阳牡丹文化节已经成为全市人民政治、经济、文化生活中的一件大事，已经成为洛阳人民不可或缺的盛大节日，是洛阳发展经济的平台和展示城市形象的窗口。

5. 少林武功

河南少林武功是中国传统武术的一个重要组成部分，名扬四海，在我国武术史上占有重要的一页，是正宗的中国功夫。“中国功夫惊天下，天下功夫出少林。”少林武功起源于河南嵩山少林寺，是中国体系最庞大的武术门派，集北派武术之大成，汇外家武术之精华，武功套路高达700种以上，已成为中华武术的象征，与古代的茶叶、丝绸、瓷器一样，成为中国的文化符号。

6. 文化节目

近年来，河南打造了许多文化节目，如河南卫视春节节目《唐宫夜宴》、端午节目《洛神水赋》；建造了全景式全沉浸戏剧主题公园“只有河南·戏剧幻城”；开封清明上河园出品的大型实景水上演出——《大宋·东京梦华》，郑州登封打造全球最大的山地实景演出《禅宗少林》等，都极具河南文化特色并广受游客好评。

（五）旅游景点

河南现拥有国家文物局公布和立项的国家考古遗址公园13处，中国历史文化名城8个，世界文化遗产5项：洛阳龙门石窟、安阳殷墟、登封“天地之中”历史建筑群、大运河（河南段）、丝绸之路（河南段）。还有“人祖”伏羲太昊陵、黄帝故里和轩辕丘；有最古老的天文台周公测景台；有历史上最早的关隘函谷关、最早的佛教寺院白马寺；有“天下第一名刹”嵩山少林寺和闻名中外的大相国寺等。河南也是自然景观荟萃之地，是一幅风光旖旎的天然画卷，山川风光融南秀北雄于一体。拥有云台山、嵩山、王屋山—黛眉山、伏牛山等世界地质公园4个，国家地质公园15个，国家级自然保护区13个。全省共有国家5A级旅游景区15家。代表性旅游景点如下：

景点	说明
龙门石窟	是中国石刻艺术宝库之一，位于洛阳市南郊伊河两岸的龙门山与香山上。龙门石窟与敦煌莫高窟、云冈石窟并称中国三大石窟，开凿于北魏孝文帝年间，之后历经东魏、西魏、北齐、隋、唐、五代、宋等朝代，连续大规模营造400余年之久，南北长达1公里，今存有窟龛2300余个造像10余万尊，碑刻题记2800余品。其中“龙门二十品”是书法魏碑精华，褚遂良所书的“伊阙佛龛之碑”则是初唐楷书艺术的典范。重点洞窟中，以规模宏伟、气势磅礴的大卢舍那像龛群雕最为著名。 龙门石窟延续时间长，跨越朝代多，以大量的实物形象和文字资料从不同侧面反映了中国古代政治、经济、宗教、文化等许多领域的发展变化，对中国石窟艺术的创新与发展做出了重大贡献。
安阳殷墟	在安阳市西北郊，横跨洹河南北两岸。古称“北蒙”，甲骨文卜辞中又称为“大邑商”“邑商”，是中国商代晚期的都城，也是中国历史上第一个有文献可考、并为甲骨文和考古发掘所证实的古代都城遗址，距今已有3300年的历史。殷墟由殷墟王陵遗址与殷墟宫殿宗庙遗址、洹北商城遗址等共同组成，大致分为宫殿区、王陵区、一般墓葬区、手工业作坊区、平民居住区和奴隶居住区。目前在殷墟宫殿宗庙区已发现大型夯土建筑基址80余座。这些建筑基址形制阔大、气势恢宏、布局严整，按照中国古代宫殿建筑“前朝后寝、左祖右社”的格局，依次排列，分布在以宫殿区为中心的范围内。殷墟的发掘，是中国近代考古学兴起的标志，是确立中国考古学国际地位的标志。而甲骨文的发现，是照亮中华文明的一盏明灯，把有记载的中华文明史向前推进了近5个世纪。殷墟出土的石器、玉器可谓琳琅满目，体现出中国青铜时代高超的工艺水平和艺术想象力。
登封历史建筑群	位于河南省郑州市登封市嵩山地区，包括周公测景台和登封观星台、嵩岳寺塔、太室阙和中岳庙、少室阙、启母阙、嵩阳书院、会善寺、少林寺建筑群（包括常住院、塔林和初祖庵）8处11项优秀历史建筑，历经汉、魏、唐、宋、元、明、清，绵延不绝，构成了一部中国中原地区上下2000年形象直观的建筑史，是中国时代跨度最长、建筑种类最多、文化内涵最丰富的古代建筑群之一。作为东方古代建筑艺术殿堂，以天地之中为概念，阐述古老与博大、凝练与舒展、沧桑与辉煌，向世人展示中国古代建筑的瑰丽精华和中华悠久历史的璀璨之光，体现了中国先民独特的宇宙观和审美观，也体现了嵩山作为虔诚的宗教中心的力量。

（续表）

景点	说明
红旗渠	位于林州市区北部豫、晋、冀三省交会处，构筑在风景如画的太行山悬崖峭壁之上，地处安阳以西50多公里的林州林滤山中，地势险峻，工程宏伟，达到了“雄者愈雄，险者愈险”的审美高度，给人以巨大的震撼。林州是个土薄石厚、水源奇缺的贫困山区，“水缺贵如油，十年九不收”。红旗渠不仅是造福人民的水利工程，也为林滤山自然风光增添了一大胜景，被中外游人誉为“人工天河”“当代万里长城”“世界第八大奇迹”。红旗渠不仅是一笔巨大的物质财富，而且是一笔巨大的精神财富。在此工程中，林州人民体现出的“自力更生，艰苦创业，团结协作，无私奉献”的优良传统美德和感人精神，得到了党和国家领导人的充分肯定和赞扬，也受到了世人的称赞而广为传颂。
郭亮村挂壁公路	是河南省新乡市辉县沙窑乡郭亮村的一条挂壁公路，又称郭亮洞，这是太行山绝壁之上的公路，建在悬崖峭壁边，有着“绝壁长廊”之美誉。因这条挂壁公路惊险刺激，也被称为“世界最险要的10条路之一”“全球最奇特的18条公路之一”，穿行在临崖公路上，一睹山壁间的绝境之美。此路始建于1972年，1977年完工，全部由郭亮村村民独立手工完成，其中主要负责开凿的13位村民被称为“郭亮洞十三壮士”。

七、风物特产

（一）农副土产、工艺品

新郑大枣、少林寺素饼、方中山胡辣汤、河南烩面、马蹄馓子、洛阳老八件、洛阳水席、杜康酒、唐三彩、武陟油茶、四大怀药（铁棍山药、怀菊花、怀地黄、怀牛膝）、信阳毛尖、原阳大米、民权葡萄酒等。

（二）美食

1. 豫菜

坚持五味调和、质味适中的基本传统，突出和谐、适中。就烹饪技术来说，豫菜的特色是选料严谨、刀工精细、讲究制汤、口味适中。烹调方法也有50余种。扒、烧、炸、熘、爆、炒、炝别有特色。其中，扒菜更为独到，素有“扒菜不勾芡，汤汁自来黏”的美称。

2. 洛阳水席

洛阳水席是洛阳一带特有的传统名吃。有两个含义：一是全部热菜皆有汤——汤汤水水；二是热菜吃完一道，撤后再上一道，像流水一样不断地更新。洛阳水席的特点是有荤有素、选料广泛、可简可繁、味道多样，酸、辣、甜、咸俱全，舒适可口。顺序有严格的规定，搭配合理，选料认真、火候恰当。

3. 灌汤包子

灌汤包子是开封的传统食品，早在北宋市场上已有售卖，称灌浆馒头或灌汤包子。东京72家正店之一的“王楼”，制售的“山洞梅花包子”，号称“东京第一”。北宋之后，灌汤包子在开封流传下来。中华人民共和国成立后，灌汤小笼包得以发扬光大。其皮薄馅大，灌汤流油，软嫩鲜香，洁白光润，提起像灯笼，放下似菊花。

八、特色产业

（一）矿产资源

河南是全国重要的矿产资源大省和矿业大省。矿业产值连续多年位居全国前五。优势矿产可归纳为钼、金、铝、银“四大金属矿产”以及天然碱、盐矿、耐火黏土、萤石、珍珠岩、水泥灰岩、石墨“七大非金属矿产”。在已探明储量的矿产资源中，保有资源储量居全国首位的有9种，居前3位的有35种，居前5位的有46种，居前10位的有72种。灵宝、栾川、桐柏、叶县分别被命名为“中国金城”“中国钼都”“中国天然碱之都”和“中国岩盐之都”。

（二）制造业

在中国制造业转型升级的背景下，河南作为制造业大省，全国41个工业行业大类中，河南拥有40个，工业总量稳居全国第5位。河南有“全球最大的苹果手机生产基地”“中国最大的畜牧养殖设备生产基地”“世界钢制家具之都”“现代化农机装备产业基地”“重要智能家居市场”“全国最大食品生产加工基地”“亚洲最大的客车生产基地”“千亿级新能源产业集群”“全球最领先的家电智能制造示范基地”“新基建”“不锈钢生产基地”“轨道交通设备制造基地”“高端航空航天产品配套产业集群”“中原电气谷”等称谓。

（三）农业机械

河南是新中国农业机械的发源地之一。规划到2025年，河南农机总动力稳定在1.05亿千瓦，主要农作物耕种收综合机械化率达到90%以上。以洛阳为核心，郑州、许昌、开封为支撑，建成具有国际竞争力的现代农机装备产业基地。

（四）食品生产

河南是目前全国最大肉类食品、速冻食品、方便面、饼干、调味品、苹果、休闲食品加工基地。双汇、思念、好想你等食品企业在市场上已经具有较高的知名度和美誉度。

第二节　湖北省

一、概况

湖北省简称“鄂”，位于中国的中部。全省有13个地级行政区，即武汉市、黄石市、襄阳市、荆州市、宜昌市、十堰市、孝感市、荆门市、鄂州市、黄冈市、咸宁市、随州市和恩施土家族苗族自治州。下辖103个县级行政区，即39个市辖区、25个县级市、36个县、2个自治县、1个林区，其中，仙桃市、潜江市、天门市和神农架林区由省直管。全省总面积约19万平方公里。全省常住人口约5775万。省会武汉市。

二、地理、气候

类别	内容
位置	湖北东邻安徽，南接江西、湖南，西连重庆，西北与陕西接壤，北与河南毗邻。
地形	湖北省地势大致为东、西、北三面环山，中间低平，略呈向南敞开的不完整盆地。西部神农架号称“华中屋脊”，最高峰神农顶，海拔 3106.2 米。中南部为江汉平原，与湖南洞庭湖平原连成一片。湖北省有长江、汉江等河流超过 4000 条，地表水资源丰富。著名的南水北调中线工程就以汉江中上游的丹江口水库为水源地，给河南、河北、北京、天津四省市提供了大量生活和生产用水。湖北有“千湖之省”之称，湖泊众多，被列入全省湖泊保护名录的就超过 755 个，其中洪湖、长湖、梁子湖、斧头湖等面积均超过 100 平方公里。武汉东湖水域面积约 33 平方公里，是杭州西湖的 6 倍，是中国最大的城中湖之一。湖泊除了涵养水源、保护生态，也有一定的科考、休闲和旅游开发价值。
气候	湖北地处亚热带，位于典型的季风区内。全省除高山地区外，大部分为亚热带季风性湿润气候，光能充足，热量丰富，无霜期长，降水充沛，雨热同季。全省年平均气温 15℃ ~ 17℃，大部分地区冬冷夏热，春季气温多变，秋季气温下降迅速。全省各地平均降水量为 800 ~ 1600 毫米。6 月中旬至 7 月中旬是湖北的梅雨期。

三、交通状况

湖北是中国中部最大的综合交通枢纽之一。省会武汉素有“九省通衢”之称，是全国重要的交通、通信枢纽。

类别	内容
铁路	京九线、京广线、武广高铁、焦枝线、枝柳铁路纵贯南北；武大、汉宜、汉丹、襄渝等铁路横穿东西。
公路	京珠、沪蓉和宜黄、黄黄、武十等高速公路纵横交错，连接武汉、宜昌、襄阳等大中城市。
航空	武汉天河国际机场已开通美、法、日、韩等国际航班，宜昌、襄阳、恩施、荆州、神农架等地也开通了连接全国各地的空中通道。
水运	湖北有内河港口 163 个。武汉、黄石、沙市、宜昌等港口先后对外开业，海轮可直航我国港澳地区和日本、韩国、新加坡等国家。

四、历史沿革

湖北历史悠久。1956 年在湖北省长阳土家族自治县一个名为“龙洞”的石灰岩洞穴中发现的“长阳人”，是中国长江以南最早发现的远古人类之一。

1955 年—1957 年发现于湖北省京山市的屈家岭文化遗址，是我国长江中游地区发现的最早最具代表性的新石器时代大型聚落遗址，距今 4500 ~ 5300 年。因与其他文化相比具备特有的文化特征，属于一个新的文化系统，因此这种文化被定名为“屈家岭文化”。屈家岭文化的蛋壳彩陶、彩陶纺轮和陶塑的红陶小动物为全国原始文化中所仅有。屈家岭文化是楚文化发展的基础，是荆楚文明高度发展之源。

夏王朝时期，夏文化的影响已经到达江汉地区。商朝建立后，湖北即被纳入商朝版图。

西周时期，湖北境内已出现诸多小国。春秋战国时期，南方诸国逐渐统一于楚。

楚国又称荆、荆楚，是先秦时期位于长江流域的诸侯国。鬻（yù）熊是楚国的最早缔造者，楚人后来感念其功，把他与祝融一样作为祖先祭祀。楚先民以凤鸟为图腾。春秋时期楚庄王称霸中原，成为春秋五霸之一；前506年（楚昭王十年），吴王阖闾派伍子胥、孙武率军攻打楚国，吴军攻占了楚国的都城郢，楚几乎覆亡。楚惠王在位57年，使楚国重又复强，以大国强国的地位步入战国的行列，成为战国七雄之一；楚悼王时期，吴起变法影响深远；楚怀王时期，因用人不当以及秦相张仪欺诈导致国势渐衰。前223年，秦军攻破楚都寿春，楚国正式灭亡。

春秋战国时期，产生了老子、庄子、屈原等一批名垂青史的大家。战国时期的伟大诗人屈原创造了一种诗体楚辞（又称“楚词”）。屈原创作出了《离骚》《九歌》《九章》《天问》等不朽作品。汉代时，刘向把屈原的作品及宋玉等人“承袭屈赋”的作品编辑成集，名为《楚辞》。

楚国漆器的生产源远流长，不仅使楚文化大放异彩，而且对秦汉漆器艺术的发展产生了深刻的影响。这些漆器主要发现于宜昌、当阳等地。

1965年出土于湖北省荆州市江陵县望山楚墓群中的越王勾践剑显示春秋晚期青铜器制作已达到极高的水平。1978年发掘的曾侯乙墓中，青铜器宛如刚放入地下，漆木器鲜妍如新，竹简墨迹清晰，尤其是配套完整的编钟、编磬等乐器更是举世罕见。

前221年，秦始皇统一中国，湖北大部属南郡。西汉时期，湖北大部分属荆州刺史部。三国纷争，荆州北部襄阳一带由魏统治，江南大部分归于东吴。

589年（隋开皇九年），荆州江夏郡改称鄂州，治江夏，后来鄂州又成为治所，今湖北的简称“鄂”即源于此。

唐初，全国分为十道，后增至十五道。湖北西部为山南东道，东部为淮南道，东南部为江南西道，西南部为黔中道。

宋代，在湖北中部设荆湖北路（湖北之名始此），北部设京西南路，东部约以长江为界，北部属淮南西路，南部属江西南路，西部的施州属夔州路；鄂西南为羁縻州。

元代，长江以南属湖广行省（治江夏，今武汉市武昌），长江以北属河南行省，西北部一隅属陕西行省，西部夔州路、羁縻州属四川行省。

明代初年，湖北属湖广行省，今湖北全境基本属于湖广布政使司。清代初仍沿用明制，至1664年（清康熙三年）湖广分治，大体以洞庭湖为界，南为湖南布政使司；北为湖北布政使司，定为湖北省，省会武昌。此为湖北省建省之始，省名从此确立并沿用至今。

民国时期，湖北省总体区划变化不大。自1927年始，中国共产党领导的人民革命武装在湖北建立过许多革命政权。土地革命战争时期成立过黄安农民政权，扩建为鄂豫皖特区苏维埃政府、鄂豫皖省苏维埃政府；湘鄂西苏维埃五县联县政府，后改为湘鄂西苏维埃政府、湘鄂西省苏维埃政府。1949年5月，湖北省人民政府成立。

五、民俗风情

湖北是一个多民族省份，其中人数过万的少数民族有土家族、苗族、回族、侗族、满族、蒙古族、维吾尔族和彝族，主要分布在鄂西南民族自治地方、武汉市、荆州市等。湖北是全国8个既有自治州又有自治县的省份之一，现有1个自治州（恩施土家族苗族自治州）、2个自治县（长阳土家族自治县、五峰土家族自治县）。湖北少数民族呈大分散、小聚居的分布格局，除土家族、苗族、侗族主要聚居在民族自治地方外，其余少数民族散居在全省各地，其中回族主要散（杂）居在武汉、襄阳等大中城市以及鄂西北和江汉平原的一些乡镇。

湖北的民族风情主要包括土家族风情和汉族习俗：

项目	内容
土家族风情	湖北土家族风情除了独具特色的服饰和美食外，特别值得一提的是“跳丧”的习俗。土家族“跳丧”又叫“跳撒叶儿嗬”，是土家族人在逝去的亲人、好友葬礼上，纵情歌唱舞蹈的习俗。这种把丧事当作喜事办的独特丧葬习俗，彰显了乐观、豁达的土家族精神，表达了土家人对生命价值的肯定，是土家族文化传承的重要载体。
汉族习俗	**崇阳人的老风习**。鄂南崇阳县由于远离大城市，乡民们保持了许多民间传统老风习。当青年男女嫁娶成婚时，打造的家具样式仍按古老的形式。例如，睡觉的木质床为古式雕木的花床，床四周有雕花杆，床前面雕花板上方有三层雕“滴水沿”，床下前方有三层踏板。床入口处仅留可供两人并坐的“口子”，床两头和后面用整块木板钉死。这种讲究的崇阳花床，已是一种罕见的习俗了。此外，热情待客的崇阳人给客人泡的茶是花椒盐巴家焙茶，吃的菜是大块肉、大块鱼、红苕粉丝、煎豆腐四大菜。一寸来宽、两三寸长的大块烟熏肉，城里人吃一两块就吃饱了。
	吃粽子和赛龙舟。吃粽子和赛龙舟是中国许多地方的风俗。然而这一习俗是因纪念屈原而来，因此在屈原的家乡湖北，此俗更甚。每逢农历五月初五端午节，湖北各地均有赛龙舟、吃粽子的习俗。只要有湖、河、江的地方，人们早早就把龙舟修整或清理好，一至初五，龙舟便纷纷下水了，一条条“黄龙”“白龙”“红龙”“青龙”劈波斩浪，箭一般行驶，锣声、鼓声、吆喝声、喝彩声响成一片，江河两岸观看赛龙舟的人黑压压一大片，场面极其壮观。
	朝武当习俗。湖北武当山有很多习俗，最著名的是朝武当习俗，意思就是上山去拜祭山神，跟清明时候所做的扫墓踏青差不多，人们可以在祭拜山神的时候踏青游玩，有一种别样的乐趣。

六、文旅资源

湖北山水风光独特，自然景观异彩纷呈，文化沉淀丰富，文物古迹众多，共有1500多处旅游景观。

湖北有武当山古建筑群、钟祥明显陵、咸丰唐崖土司遗址、神农架等世界遗产；秭归端午习俗、黄石西塞神舟会、鄂州雕花剪纸、沔阳雕花剪纸等项目被列入人类非物质文化遗产代表作名录；有武汉东湖风景名胜区、武当山风景名胜区、大洪山风景名胜区、隆中风景名胜区、九宫山风景名胜区、陆水风景名胜区、神农架风景名胜区等国家级风景名胜区；

有恩施州神龙溪纤夫文化旅游区、十堰市武当山风景区等 14 家国家 5A 级旅游景区；有荆州、武汉、襄阳、随州、钟祥等中国历史文化名城；湖北省武当太极湖旅游度假区为国家级旅游度假区。雄伟的长江三峡驰名世界；道教名山武当山被誉为“道教第一山”；号称“华中屋脊”和“绿色宝库”的神农架是重要自然保护区，不仅珍稀动物种类多，“野人之谜”更令人关注。神农架、武当山、明显陵和咸丰唐崖土司遗址被联合国教科文组织列入“人与自然保护圈计划”。长江三峡、黄鹤楼、葛洲坝被评为“中国旅游胜地四十佳”。发掘于枣阳市的雕龙碑遗址距今约 6000 年。中国古代四大发明家之一毕昇的故里，以其独特的文化内涵著称于世。

湖北人文旅游景观具有时代跨度大、历史价值高的特点，这里既有古人类长阳人遗址、屈家岭文化遗址，又有众多的古三国胜迹和楚都遗址“纪南城”，既有辛亥革命遗址起义门、阅马场，又有中央农民运动讲习所旧址及“八七会议”会址。文物古迹与革命圣迹遍布湖北全省，从随州炎帝庙、秭归屈原故里、纪南故城、昭君故里、武汉古琴台、黄鹤楼、三国赤壁，到武汉起义军政府旧址、京汉铁路工人运动“二七”纪念馆，乃至武汉抗疫保卫战中兴建的雷神山、火神山方舱医院等遗迹和景点中可以了解中国许多重大历史事件。

七、风物特产

（一）农副土产

武昌鱼、精武鸭、竹溪腊肉、枝江蜂蜜、湖北贝母、孝感麻糖、沙湖盐蛋等。

（二）美食

湖北菜，简称鄂菜，按有文字记载的时间算，至今已有 2000 多年的历史。主要名菜有清蒸武昌鱼、天门三蒸、红烧义河蚶、红烧木琴鱼、天门滑鱼、八卦汤、茄汁鳜鱼、黄陂三合、沔阳三蒸、橘瓣鱼圆等。

湖北特色小吃有虾球、豆皮、欢喜坨、咸糍粑、热干面、藕圆子、糯米包油条等。

八、特色产业

产业	概况
冶金工业	冶金工业是湖北的支柱产业之一，已形成了包括矿山采选、冶炼、加工开发、设计等比较完整的工业体系。2021 年 1 月，科技部发文公布 2021 年度第一批国家火炬特色产业基地名单，湖北省黄石大冶有色金属材料特色产业基地和黄石西塞山特钢特色产业基地成功获批国家级火炬特色产业基地。
汽车工业	汽车工业是湖北重要的优势特色产业。湖北最有名的汽车企业是东风汽车集团，总部在湖北武汉。东风本田、东风雪铁龙等汽车品牌国内知名。
建材产业	湖北是全国建材大省，是平板玻璃、石膏、机制砖瓦等建材产品的发祥地或最早产地之一。

第三节　湖南省

一、概况

湖南省位于我国中部、长江中游，因大部分区域处于洞庭湖以南而得名“湖南”，因省内最大河流湘江流贯全境而简称“湘”。湖南自古盛植木芙蓉，五代时就有“秋风万里芙蓉国”之说，因此又有“芙蓉国”之称。湖南省现有 13 个地级市、1 个自治州（湘西土家族苗族自治州）。长沙市是湖南省的省会。湖南省总面积约 21 万平方公里。常住人口约 6644 万。

二、地理、气候

类别	内容
位置	湖南东以幕阜、武功诸山系与江西交界，西以云贵高原东缘连贵州，西北以武陵山脉毗邻重庆，南枕南岭与广东、广西相邻，北以滨湖平原与湖北接壤。
水系	“三湘四水”是湖南的又一称谓。“三湘”因湘江流经永州时与“潇水”、流经衡阳时与“蒸水”、入洞庭湖时与“沅水”相汇而得名，分别称“潇湘”“蒸湘”“沅湘”；“四水”则指湘江、资江、沅江和澧水。
气候	属亚热带季风气候，四季分明、光热充足、降水丰沛、雨热同期，气候条件比较优越。年平均气温 16℃ ~ 18℃，冬季寒冷，春季温暖，夏季炎热，秋季凉爽，四季变化较为明显。适宜人居和农作物、绿色植物生长。

三、交通状况

类别	内容
公路	全省 14 个市州已全部通高速。
铁路	京广、湘桂、洛湛等 9 条铁路干线贯穿全省，京广高铁、沪昆高铁与建设中的渝长厦高铁在长沙交会。
航空	省内机场有长沙黄花机场、张家界荷花机场等。
水运	岳阳城陵矶港是全国 10 个吞吐量过亿吨的内陆港之一。

四、历史沿革

远在旧石器时代湖南一带就已有古人类活动。1.2 万多年前人类即在此种植稻谷，5000 年前湖南先民开始在此定居、生活。

湖南在夏、商和西周时为荆州南境；春秋战国时代属于楚国苍梧，洞庭二郡。秦始皇设黔中、长沙两郡；西汉初期属于长沙国，汉武帝之后属荆州刺史辖区，辖武陵郡、桂阳郡、零陵郡和长沙郡。三国时属吴国荆州，置昭陵郡，为荆南五郡；589 年（隋高祖开皇九年）平南陈，在湖南设长沙、武陵、沅陵、澧阳、巴陵、衡山、桂阳、零陵八郡。733 年（唐玄宗开元二十一年）时分属山南东道、江南西道和黔中道、黔中道黔州都督府，764 年（唐代宗广德二年）在衡州置湖南观察使，从此在中国行政区划史上始有“湖南”之名。五代十国时期，马殷据湖南，建立楚国，国都为长沙。宋朝分全国为路，路下设州、府、军、监，各辖若干县。湖南分属荆湖南路和荆湖北路。元代湖南属湖广行省，分 14 路 3 州。元朝政府还在今湘西少数民族聚居地实行土司制度，置有十多个长官司或蛮夷长官司，分别隶属思州军民安抚司、新添葛蛮安抚司和四川行省永顺等处军民安抚司管辖。明朝行省设布政使司，后改为承宣布政使司，湖南属湖广布政使司。清康熙三年，湖广行省南北分治，湖南独立建省。

国内革命战争时期，在中国共产党领导下，湖南省境的平江、浏阳、醴陵、岳阳等 25 县建立了革命根据地或者成为游击区，并成立县苏维埃政府，建立区苏维埃政府 170 多个。先后成立的省一级苏区政府有湖南省苏维埃政府、湘鄂西省苏维埃政府、湘鄂赣省苏维埃政府（后改为湘鄂赣省工农兵苏维埃政府）、湘赣省苏维埃政府、湘鄂川黔省革命委员会等，成为中华人民共和国成立后人民政权的先声。

中华人民共和国成立以后，初期设置长沙（1949 年）、株洲（1956 年）两个地级市，长沙、衡阳、郴县、常德、益阳、邵阳、永州 7 个直属专区，湘西行政区及其所辖永顺、沅陵、会同 3 个专区。

湖南在近现代发生过许多重要的历史事件。1852 年，曾国藩受命在湘组建湘军，镇压太平天国；1898 年，湖南是唯一支持戊戌变法的省份；1903 年，黄兴创立华兴会，成为同盟会和国民党的主要创始人之一；1926 年—1927 年北伐战争期间，湖南农民运动声势最为浩大，农会成员发展到 600 万人。抗日战争期间，中国军队在湖南省境进行过几次极其惨烈的抗击日军的战役，包括长沙会战、衡阳会战和常德会战等。

五、民俗风情

湖南少数民族人口 700 多万，少数民族人口占全省总人口的 10.23%。湖南是全国土家族、苗族、侗族、瑶族、白族的主要分布区域，5 个民族人口均超过 10 万。省内少数民族分布广泛，遍及全省 14 个市州及所辖各县市区。

湖南苗族和土家族的民俗最有特点。

（一）苗族民俗

1. 赶秋节

湖南花垣县麻栗场至吉首市矮寨一带的苗民，每年立秋日到来前，要过赶秋节，以此纪念神农的恩德。农历立秋日到来之前，来自各地的苗民都去赶秋集会参与对歌，跳鼓、打秋千及其他娱乐活动，纪念神农先祖与秋公秋婆。后来，赶秋节插入英雄美女的爱情传说，使赶秋节成为具有祷念神农取谷种伟业和歌颂自由爱情意义的群众性娱乐节俗活动。

2. 跳香节

湖南苗族在秋收完成后，还要举办大祭神农的节庆，苗民称为跳香。跳香节，一般在秋后农历十月举行，节期一般为一天一夜。除祭祀五谷神与神农外，苗族祭司还要主持男青年跳苗舞。

（二）土家族民俗

土家族人自称“毕慈卡”，意为本地人。土家族的先民与古代巴人有直接的渊源关系。史籍中将湘鄂西一带土家族称为“土人”“土民”等，清末地方志中开始用“土家”名称。土家族主要居住在湖南、湖北、四川、贵州、重庆一带的山区中。现有人口约 835.4 万。土家族文化遗存中被列入国家级非物质文化遗产名录的主要有摆手舞、织锦技艺等。

类别	内容
农业	土家族主要从事农业，崇山峻岭的自然环境构成了其山林经济的特征。
语言	土家族有本民族的语言，属汉藏语系。大多数人通用汉语，少数聚居地区还完整地保留着土家语。无本民族文字，通用汉字。
信仰	土家人尊奉祖先，崇拜鬼神，相信兆头。最为敬奉的是土王神，“祭土王”是土家族村寨每年最隆重的集体祭祀。
工艺	织绣艺术是土家族妇女的传统工艺。土家族的传统工艺还有雕刻、绘画、剪纸、蜡染等。土家织锦又称“西兰卡普”。
歌舞	土家族爱唱山歌，山歌有情歌、哭嫁歌、摆手歌、劳动歌、盘歌等。传统舞蹈有“摆手舞”“八宝铜铃舞”及歌舞“茅古斯”。其中，“摆手舞”是最著名的土家舞蹈，包括狩猎、军事、农事、宴会等方面的 70 多个动作，节奏鲜明，动作优美、朴素，有浓郁的生活气息。“摆手舞”是与祭祀祖先、祈求丰收相联系的，不论什么盛大的聚会都要跳。土家族的傩戏，被称为“中国戏剧的活化石”。
婚俗	土家族恋爱“以山歌为媒”自由择偶，婚礼有“哭嫁”习俗。女子出嫁前 7 ~ 20 天开始哭，哭嫁歌有“女哭娘”“姐哭妹”“骂媒人”等。开始是轻轻歌唱，越近嫁期越悲伤。土家族传统文化把是否善于哭嫁作为衡量女子才德的标准。
建筑	土家族的房屋依山而建，俗称吊脚楼。土家吊脚楼的基本特点是正屋建在实地上，厢房除一边靠在实地和正房相连，其余三边皆悬空，靠柱子支撑。正屋和厢房（即吊脚部分）的上面住人，厢房的下部有柱无壁，用来喂养牲畜、堆放杂物。
服饰	多以自纺自织的土布为布料。男装为对襟短衫，下着长裤，爱用青布包头。女装为短衣大袖，左衽开襟，滚镶花边，下着镶边筒裤，头缠墨青丝帕或布帕。
饮食	多食苞谷、稻米、红苕，习惯做成苞谷饭、豆饭、粑粑和团馓。土家族最爱吃腊肉、油茶等食品。菜肴以酸辣为主要特点，有“辣椒当盐”的嗜好。爱喝用糯米、高粱酿制的甜酒和咂酒。
节日	有“赶年”“六月六”等。过“赶年”，就是比汉族提前 1 ~ 2 天过年。相传明嘉靖年间，土家子弟奉命赴东南沿海抗击倭寇，土家族人提前过年团圆，以送子弟出征。如今，有些地区的土家人吃罢年夜饭，仍有戴上面具，拿起梭镖、长矛等到山上走一圈的习俗。
禁忌	禁食狗肉；忌随意移动火坑中的三脚架，忌用脚踩灶或坐在灶上以及将衣裤、鞋袜或其他脏东西放在灶上；客人不能与少妇坐在一起，但可以与姑娘坐在一条长凳子上；忌在家里吹口哨和随意敲锣打鼓。

六、文旅资源

（一）古文化遗址

坐落于株洲市的炎帝陵成为凝聚中华民族的精神象征；明永州九嶷山为舜帝陵寝之地；凤凰古南方长城、岳麓书院、岳阳楼，是湖南悠久历史的浓缩与见证。其中，出土于宁乡黄材镇的四羊方尊，是目前世界上发现的最精美的商代青铜器，也是中国现存最大的商代青铜方尊；长沙马王堆汉墓的发掘震惊世界，出土的素纱禅衣薄如蝉翼，仅重 49 克；长眠其中已 2100 多年的辛追夫人出土后仍保存完好。

（二）傩文化

傩文化是一种远古的原始文化，在传统的华夏文明中，“傩”是历史久远并广泛流行于汉民族中的具有强烈宗教和艺术色彩的社会文化现象，它起源于汉族先民的自然崇拜、图腾崇拜和巫术意识。远古先民在征服自然中获得生息，繁衍后代，生存的欲望需要宗教（自然宗教）观念的帮助来超越自我，龙的传人以伟大的浪漫主义心性创造了巫傩文化。“傩”就是人避其难，意为“惊驱疫疬之鬼”。傩舞又称鬼戏，是汉族最古老的一种祭神跳鬼、驱瘟避疫、表示安庆的娱神舞蹈。巫傩活动在生命意识上满足了广大信仰者的心理要求，长期以来，巫傩之风的传承与流布融入习俗之中，即使在现代，仍以传统文化的形态存留于民间。

（三）文学艺术

战国屈原在开创一个与《诗经》风格迥异的南方楚辞文学流派的同时，也奠定了湖南文学的基石。到魏晋时期，湖南出现了刘巴、蒋琬等本土作家。唐代是我国古代诗歌的鼎盛时期，湖南文学也渐有起色，较著名的作家有诗人欧阳询、李群玉、胡曾以及散文家刘蜕等。当时著名诗人李白、孟浩然、王昌龄、杜甫、韩愈、柳宗元、李商隐等都曾流寓湖南，并留下了很多不朽之作。宋元明时期湖南著名的文学人物有周敦颐、欧阳玄、李东阳等。在近代，湖南出现了以魏源、何绍基、曾国藩等为代表的宋诗派。

新文化运动时期，正在长沙求学、后来成为中国现代文学著名作家的田汉、丁玲、谢冰莹、白薇等人，都曾接受过新文化的洗礼，并形成了他们的人生观和独特的创作倾向。而田汉等人远涉重洋，旅美、旅欧或旅日，在接受西方或异域文化熏陶的同时，还以其独特的生命历程和青春才华开拓了湖南文学创作的新领域。发出“心灵上负着时代苦闷的创伤的青年女性的叛逆的绝叫者”（茅盾《女作家丁玲》）的声音而走上文坛的丁玲，代表作有《梦珂》《莎菲女士的日记》《太阳照在桑干河上》等。

抗日战争时期，大批文化、文学名流如郭沫若、茅盾、闻一多、朱自清等聚集长沙，著名湘籍作家如田汉、沈从文、张天翼、周立波等也返回家乡，致力抗战文学的建设。在抗战文学的建设中，湖南籍作家张天翼、谢冰莹的创作成就尤为引人注目。张天翼的《华威先生》、谢冰莹的《从军日记》和《新从军日记》，以及她的散文长卷《女兵自传》，都曾蜚声中外。沈从文是“京派”作家中一名最重要的代表，他的作品为读者创造出了一个中国现代文学史上独一无二的充满野性与灵气的“湘西世界”。周立波是湖南现代文学“茶子花”派的创始人，也是湖南文学界的一面旗帜，代表作有长篇小说《暴风骤雨》《铁水奔流》《山乡巨变》等。杨沫是我国当代文学史上一位杰出的女作家，代表作有《青春之歌》等。1958 年问世的历史话剧《关汉卿》、1960 年发表的历史京剧《谢瑶环》则代表了田汉戏剧创作的最高水平。被郭沫若称为诗词中的“泰山北斗”的《毛泽东诗词》，以中国文学最传统、最精粹的体裁形式，真实记录了中国人民在风云变幻的国际环境中的前进步伐，激越地抒发了一代伟人光辉的生命活动和壮阔的革命情怀。在首届茅盾文学奖评选中，莫应丰的《将军吟》和古华的《芙蓉镇》双双折桂。文学作品的大面积获奖，成就了“文学湘军”的美誉。

非遗文化方面，湘绣、滩头木版年画、皮影戏等 99 项民俗艺术被列入国家级非物质文化遗产代表性项目名录；花鼓戏、昆剧、湘剧、祁剧和常德丝弦等民间歌舞享誉中外；湘西苗族的巫傩文化、德夯苗寨风情、以“茅古斯”和“摆手舞”为特色的土家情调等民俗别具一格。

（四）旅游景点

湖南历史悠久，物产丰富，风光秀丽，名胜古迹众多。湖南有武陵源、崀山丹霞地貌、湖南土司遗址等世界遗产；湖南昆剧、汨罗江畔端午习俗、湖南皮影戏项目被列入人类非物质文化遗产代表作名录；有邵阳市崀山景区、长沙市花明楼景区、长沙市岳麓山—橘子洲旅游区、湘潭市韶山旅游区、张家界武陵源—天门山旅游区等国家 5A 级旅游景区；有衡山风景名胜区、武陵源（张家界）风景名胜区、岳阳楼—洞庭湖风景名胜区、韶山风景名胜区、岳麓山风景名胜区等 19 个国家级风景名胜区；有中国历史文化名城 4 座，分别是长沙、岳阳、凤凰、永州；湖南省灰汤温泉旅游度假区、常德柳叶湖旅游度假区、岳阳洞庭湖旅游度假区为国家级旅游度假区。

湖南的旅游资源以名山、名水、名城、名人为特色。湖南有古建筑及历史纪念建筑物 51 处，古遗址、古墓葬、古碑刻 70 余处。湖南名胜古有“潇湘八景”美誉（潇湘夜雨、平沙落雁、烟寺晚钟、山市晴岚、江天暮雪、远浦归帆、洞庭秋月、渔村夕照）。西部的张家界，集大自然奇、险、秀、幽于一身，1992 年被联合国教科文组织列入世界遗产名录；中部南岳衡山，有“五岳独秀”之称，是中国南方著名佛教禅林和避暑胜地；北部洞庭湖，昔日号称“八百里洞庭”，水天一色，景色壮观。南岳衡山是中华五岳之一，岳阳楼是江南三大名楼之一。此外，伟人故里韶山、佛教圣地大乘山、千年学府岳麓书院、凤凰古城、常德桃花源等景区景点光彩夺目，受到了越来越多海内外游客的青睐。湖南还是名人辈出之地，曾哺育出魏源、曾国藩、毛泽东等对中国历史有重大影响的人物，许多地方留有他们当年活动的遗迹。

七、风物特产

湖南省因地处长江南岸洞庭湖之南而得名，先秦两汉时期为楚国境地，历史悠久，物产富饶，是著名的“鱼米之乡”。湖南特产有：浏阳烟花、菊花石雕、浏阳豆豉、浏阳黑山羊、铜官陶器、湘绣、臭豆腐、株洲唐人神、株洲太子奶、醴陵陶瓷、醴陵烟花、攸县香干、茶陵黄牛、炎陵白鹅等。

湘菜，又叫湖南菜，是中国历史悠久的八大菜系之一，早在汉朝就已经形成菜系。以湘江流域、洞庭湖区和湘西山区三种地方风味为主。湘菜制作精细，用料上比较广泛，口味多变，品种繁多；色泽上油重色浓，讲求实惠；口味上注重香辣、香鲜、软嫩；制法上以煨、炖、腊、蒸、炒诸法见长。湘菜的主题是下饭，其实很多湖南人也是怕辣的，由辣而产生多吃米饭的结果，像外婆菜就是非常下饭的菜。湘菜代表菜品以组庵湘菜为代表，如组庵豆腐、组庵鱼翅等；民间湘菜代表菜品有剁椒鱼头、辣椒炒肉、湘西外婆菜、吉首酸肉等。

八、特色产业

产业	概况
文化产业	湖南文化产业走出了一条有特色的发展道路，创造了一种“湖南文化现象”，“广电湘军”“出版湘军”“动漫湘军”全国知名。湖南卫视收视率一直位居全国省级卫视第一。湖南软件产业居中部地区首位，原创动漫产量居全国第一。
汽车产业	形成了以“长株潭”为核心，衡阳、邵阳、常德、永州相呼应的汽车产业格局。永州长丰集团旗下的长丰猎豹、三菱帕杰罗等汽车品牌国内知名。
工程机械产业	湖南是国内知名的工程机械产业大省，拥有三一重工、山河智能、中联重科、铁建重工等全球知名的工程机械制造企业，技术领先，年产值超过 2000 亿元，产品覆盖世界 180 多个国家和地区。

易错考题小试牛刀

1.（单选题）西兰卡普是（　）具有代表性的民间织品。

A. 壮族　　B. 苗族　　C. 侗族　　D. 土家族

2.（单选题）湖北武当山有“朝武当”习俗，意思就是上山去祭拜（　）。

A. 三清　　B. 山神　　C. 太上老君　　D. 张三丰

3.（多选题）下列文物中，属于河南省博物院镇院之宝的是（　）。

A. 后母戊鼎　　B. 武则天除罪金简　　C. 贾湖骨笛

D. 中华第一剑玉柄铁剑　　E. 莲鹤方壶

4.（多选题）湖北（　）分别被联合国教科文组织列入“人与自然保护圈计划”和世界遗产名录。

A. 神农架　　B. 葛洲坝　　C. 武当山　　D. 明显陵　　E. 长江三峡

5.（多选题）河南特产有（　）。

A. 武陟油茶　　B. 杜康酒　　C. 唐三彩　　D. 四大怀药　　E. 信阳毛尖

【答案】1.D　2.B　3.BCDE　4.ACD　5.ABCDE

第五章　华南地区

第一节　广东省

一、概况

广东省简称“粤”，地处中国大陆最南部。广东省下辖21个地级市，划分为珠三角、粤东、粤西和粤北4个区域。广州和深圳为副省级城市。深圳为计划单列市，深圳、珠海和汕头为经济特区。全省共122个县级行政区。广州市是广东省的省会。广东省面积约18万平方公里，常住人口约12601万，是中国第一人口大省。

二、地理、气候

类别	内容
位置	地处中国大陆最南部，东邻福建，北接江西、湖南，西连广西，南临南海，珠江口东西两侧分别与香港特别行政区和澳门特别行政区接壤，西南部雷州半岛隔琼州海峡与海南省相望。
地形	受地壳运动、岩性、褶皱和断裂构造以及外力作用的综合影响，广东省地貌类型复杂多样。地势总体北高南低，最高峰为石坑崆。
气候	属于东亚季风区，从北向南分别为中亚热带、南亚热带和热带气候，是全国光、热和水资源最丰富的地区之一，且雨热同季，降水主要集中在4月至9月。年降水量分布不均，呈多中心分布。全省年平均气温21.8℃。

三、交通状况

广东交通四通八达。

类别	内容
水运	广州港、深圳港、汕头港和湛江港已成为中国国内对外交通和贸易的重要通道。
航空	广东省正完善以广州白云国际机场为国际复合型门户枢纽机场，深圳宝安国际机场及湛江国际机场为区域性枢纽机场，其他支线机场为补充的全省民用机场布局。截至2021年年末，全省已建成机场19座。

（续表）

类别	内容
铁路	以广州为中心，主干线“三纵二横”，有京广铁路、京九铁路、广深铁路、黎湛铁路、赣韶铁路、柳韶铁路、粤海铁路和梅坎铁路等。高铁线路有武广高铁、广深港高铁、厦深高铁、贵广高铁、南广高铁、广东西部沿海高铁（部分开通）等。

四、历史沿革

广东史前时代遗迹较为完整，著名的韶关马坝遗址、封开黄岩洞遗址及曲江石峡遗址分别代表了广东地区旧石器时代、新石器时代乃至商周青铜时代的古人类遗存。

秦为统一岭南，开凿了著名的水利工程——灵渠，沟通了湘江、漓江，使长江和珠江两大水系连为一体。秦统一六国后，今广东省的大部分地区属南海郡，这是广东历史上第一次划分行政区。秦末，赵佗建立南越国。当时，广东除今连州及乐昌北境属长沙郡管辖外，都属南越国地盘。汉武帝平定南越后，汉朝将南越地划分为南海、苍梧、郁林、合浦、交趾、九真、日南、儋耳、珠崖 9 个郡。东汉，交趾部改为交州。264 年（吴景帝永安七年），东吴把南海、苍梧、郁林、高梁 4 个郡（今两广大部）从交州划出，另设广州，州治番禺，广州由此得名。南朝时，陈霸先是中国历史上首位由广东起家成就帝业的皇帝。也是南朝最后一个王朝“陈”的开国皇帝。

唐玄宗时在广州设立了市舶使，专门负责对外海上贸易。武则天当政时期，六祖慧能创立的禅宗南派成为我国佛教中影响最大的宗派。唐朝时期以张九龄为代表的岭南名士和以韩愈为代表的被罢黜到岭南的文人皆为岭南文化的发展做出了突出的贡献。宋代，今广东省境包括广南东路 14 州和广南西路境内的 7 州，共 61 县。997 年（宋太宗至道三年），广南路分为广南东路和广南西路，东路治所在广州，西路治所在桂州，广东大部分属广南东路，“广东”即广南东路的简称。宋朝时期，罢谪到岭南地区的官员苏轼、苏辙、寇准、包拯等，在广东地区劝课农桑，开垦荒田，兴办教育，对当地经济和文化的发展起到了极大的推动作用。南宋末年，南宋小朝廷逃亡到广东，后在崖山战败，大臣陆秀夫背负 8 岁的幼主赵昺投海自尽，标志着南宋的灭亡。

元朝时期，今广东省境分为广东道和海北海南道。1369 年（明洪武二年），改广东道为广东等处行中书省，广东成为明朝的十三行省之一。明朝时期，葡萄牙人非法闯入广东，嘉靖年间进入澳门，获得居住权。明朝时期，广东文化获得空前发展，先后出现了伦文叙、林大钦等科考状元。陈献章开创明儒心学之先河。

清初将明朝时的布政使司正式改称为省，广东省的名称正式使用。清设总督管辖广东、广西两省，称“两广总督”，初驻肇庆。1839 年，林则徐虎门销烟成了第一次鸦片战争的导火线。1856 年，英国借口亚罗号事件，悍然袭击广州城，第二次鸦片战争爆发。清朝末年，以广东香山人孙中山为代表的革命党人一直在探求救国救民的真理。孙中山提出了三民主义思想，并在广东组织了一次又一次的武装起义。1911 年 4 月 27 日举行的黄花岗起义就是其中的典型代表。1924 年 1 月，中国国民党第一次代表大会在广州召开。大会重新诠释了三民主义，即提出新三民主义。在国共两党的共同努力下，同年在广州黄埔长洲岛创办了“陆军军官学校”，即著名的“黄埔军校”。

土地革命时期，由澎湃领导的海陆丰农民运动蓬勃发展，在他的提议下，中国共产党于1924年开始在广州创办了农民运动讲习所。1927年10月，建立了中国第一个农村苏维埃政权海丰、陆丰县苏维埃政府。中华人民共和国成立后，成立广东省人民政府，省会为广州市。1988年，中央政府将海南行政区从广东省划出，另设海南省。

党的十一届三中全会拉开了中国改革开放的序幕。深圳、珠海、汕头三个经济特区的创建给广东改革开放注入了强大活力。1992年春，邓小平视察南方，在广东发表了著名的南方谈话，根据广东的改革开放实践提出了“发展才是硬道理”的科学论断。2000年初，江泽民视察广东，提出了“三个代表”重要思想，要求广东增创新优势，更上一层楼。2003年4月，胡锦涛亲临广东考察，提出了“科学发展观”战略思想，要求广东加快发展、率先发展、协调发展，在全面建成小康社会、加快推进社会主义现代化进程中更好发挥排头兵作用。在这些重要思想的指引下，广东各项事业都取得了举世瞩目的伟大成就。

2019年2月18日，中共中央、国务院印发《粤港澳大湾区发展规划纲要》。按照规划纲要，粤港澳大湾区不仅要建成充满活力的世界级城市群、国际科技创新中心、“一带一路”建设的重要支撑、内地与港澳深度合作示范区，还要打造成宜居宜业宜游的优质生活圈，成为高质量发展的典范。以香港、澳门、广州、深圳四大中心城市作为区域发展的核心引擎。

五、民俗风情

广东省世居少数民族有壮族、瑶族、畲族、回族、满族等。广东省设有连南瑶族自治县、连山壮族瑶族自治县、乳源瑶族自治县3个自治县和连州市瑶安瑶族乡、三水瑶族乡、龙门县蓝田瑶族乡、怀集县下帅壮族瑶族乡、始兴县深渡水瑶族乡、阳山县秤架瑶族乡、东源县漳溪畲族乡7个民族乡。

南粤民众在岭南大地上繁衍生息，形成了许多具有地域特点的民风民俗，如龙舟竞渡、舞狮舞龙艺术、飘色、水色、秋色、木偶戏、皮影戏、元旦花车巡游、迎春花市、元宵灯会、冼太诞、乞巧节、盂兰节、龙舟节、中秋灯会、荔枝节、波罗诞等。岭南工艺美术有着强烈的地方文化特色，广绣、广彩、端砚、石湾陶塑、潮州金漆木雕等，无不包含独特的艺术个性，体现了丰富的岭南文化内涵。

1. 人龙舞

人龙舞是湛江市雷州半岛一带流行的民间舞蹈，被誉为“东海一绝”。其节奏鲜明，鼓点强劲，气势雄伟，催人奋进。人龙舞的龙体全部由人组成，龙首、龙身、龙尾都用人体接架组合。人龙舞一般长10多米，由50 ~ 60人组成；也有长数十米，由百余人甚至数百人组成的。表演时动作粗犷而又威武逼真，时而左盘右旋，时而腾舞戏珠，时而摇头摆尾，轻便灵活，操作自如。

2. 狮舞

根据表演风格的不同，狮舞可以分为北狮和南狮两种。北狮在长江以北较为流行；而南狮则流行于华南、南洋及海外。南狮又称醒狮，寓意沉睡东方的中华猛狮已经苏醒。广东醒狮出现于明代，起源于南海区。清末民国初南海黄飞鸿以武术、醒狮闻名于世，其飞砣采青、竹梯青、蟹青等技艺，开了广东醒狮技艺的先河，流传很广。南狮有出洞、上山、巡山会狮、采青、入洞等表演方式。南狮狮头有脸谱化的特点：黄脸为刘备狮，代表泽被苍生、仁义及皇家贵气；红脸为关公狮，代表忠义、胜利；黑脸为张飞狮，代表勇猛、霸气等。它们是参照了戏曲中的人物脸谱创作出来的，这在其他地方的狮头艺术中是少见的（黄刘红关黑张飞）。

3. 民间娱乐“色相”

广东民间娱乐“色相”异彩缤纷，有春色、秋色、火色、水色等。这里的“色”内涵相当广泛。例如，“佛山秋色”，是指佛山秋色赛会的各种工艺品、灯饰、车心、旱船、十番等。当地人称之为“出色”，也就是指这些色相的展览和表演。佛山一带的出色活动，多在秋季进行，故称“秋色”；紫坭一带出色多在春天，故称“春色”；吴川、沙湾的“色板”，凌空飘逸，技艺超群，称为“飘色”；市桥、小榄一带的“色”，有在水上表演的，称“水色”；有在夜间进行，又称为“夜色”。这些千姿百态的色相，熔音乐、舞蹈、工艺、美术、体育竞技于一炉，门类齐全，风格各异，使岭南民俗艺术显得更为多姿多彩。

4. 传统龙舟活动

赛龙舟，俗称扒龙船，在珠江三角洲水乡地带盛行已久。清初著名学者屈大均在《广东新语》一书中，对珠三角每年赛龙舟夺锦以及赛后的喜庆场面都有描述。其中记述龙舟活动的时间是“岁五六月间”。在举办龙舟活动前，组织者都会根据当地习惯准备相应的奖品，以便在活动结束后给获胜者赠“状元标，张伎乐，簪花挂红”。当然还有其他奖品，如具有传统特色的罗伞、高标、烧猪、米酒“四大件”。珠江三角洲的龙舟活动，一般包括制作歌标、起龙仪式、采青、应景活动、斗龙过程、洗龙舟水、食龙船饭等步骤。

六、文旅资源

（一）岭南文化

岭南文化是悠久灿烂的中华文化重要的有机组成部分，是中华文化百花园中的一朵奇葩。它由三大部分构成：一是固有的本土文化；二是南迁的中原文化；三是舶来的域外文化。岭南文化主要有广府文化、客家文化、潮州文化、雷州文化等分支。（速记：岭南文化——广客潮雷）

客家文化是指客家人共同创造的物质文化与精神文化的总和，包括客家方言、客家民俗、客家民居、客家山歌、客家童谣、客家民歌、客家饮食等。客家文化的基本特质是儒家文化。客家人的祖先崇拜、重教观念、寻根意识、开拓精神，以及奇特而丰富多彩的民俗风情等，在很大程度上是这三种文化特质的外化。客家人遍布中国的广东、福建、江西、广西、四川、台湾等省份，甚至远及印度尼西亚、马来西亚、老挝、柬埔寨、加拿大、美国、日本、澳大利亚、新加坡、泰国等地，分布广泛，影响深远。

（二）广东戏曲

广东戏曲剧种有粤剧、潮剧、广东汉剧、粤北采茶戏、粤西白戏等，以粤剧、潮剧、广东汉剧三种流行最广、影响最大、观众最多。粤剧是岭南最重要的地方剧种，流行于粤语方言地区。粤剧唱腔优美、多样，具有丰富的表现力和感染力，影响遍及粤语华人地区，有“南国红豆”的盛誉。粤剧 2009 年被列入人类非物质文化遗产代表作名录。广东音乐又称粤乐，即广府音乐，是中国民间音乐的一颗璀璨明珠，是我国传统丝竹乐的一种。代表性剧目有《步步高》《雨打芭蕉》《平湖秋月》等。

（三）岭南建筑

广州骑楼形式多样、保存完整，是粤派骑楼的代表；客家围屋（也称为围龙屋、围屋、转龙屋、客家围龙屋）是中华客家文化中著名的特色民居建筑；开平碉楼具有突出的历史、艺术和科学价值。岭南园林呈现浓厚的地方民间色彩，包括自然景观所形成的自然园林和适合岭南人生活习惯的私家园林，不同于北方园林的壮丽、江南园林的纤秀，岭南园林具有轻盈、自在与敞开的岭南特色。

（四）旅游景点

广东有韶关丹霞山和开平碉楼与村落 2 处世界遗产；有粤剧、古琴艺术（岭南派）、广东剪纸、陆丰皮影戏 4 个列入人类非物质文化遗产代表作名录的项目；有广州长隆旅游度假区、深圳华侨城旅游度假区、广州白云山景区、韶关丹霞山景区、肇庆市星湖旅游景区和江门市开平碉楼文化旅游区等 15 家国家 5A 级旅游景区；有国家级旅游度假区 2 处：华侨城旅游度假区、河源巴伐利亚庄园。

旅游景观种类多样，主要有：罗浮山、西樵山、丹霞山等山峦风光；飞沙滩、大梅沙、小梅沙等滨海沙滩；惠州西湖、肇庆星湖、湛江湖光岩等湖泊水库；九泷十八滩、三榕峡、大鼎峡等川峡险滩；七星岩、宝晶宫、古佛岩等岩溶奇景；从化温泉、银盏温泉、金山温泉等温泉；光孝寺、开元寺、佛山祖庙等宗教寺庙；佗城、珠玑巷、西汉南越王墓博物馆等文物古迹；黄花岗七十二烈士墓、中山纪念堂、孙中山故居等近现代史迹；六榕塔等古塔；可园、余荫山房、清晖园等古园林及仿古园林；锦绣中华微缩景区、中国民俗文化村、世界之窗等游乐园和主题公园；端砚、石湾陶瓷、刺绣等工艺品；深圳观澜湖等高尔夫球场。

七、风物特产

广东物产丰富，特产众多。广东特产主要有：荔枝、槟榔、阳桃、波罗蜜、荔枝蜜、香蕉、椰子、椰雕、香包、广式点心、广式腊味、清平鸡、东江盐焗鸡、潮汕膏蟹、沙井鲜蚝、万宁燕窝、透明马蹄糕、沙河粉、拉肠粉、及第粥、春饼、盲公饼、油头烙饼、黑皮冬瓜、帝一神酒等。

粤菜即广东菜，是中国传统的八大菜系之一。狭义上的粤菜指广州府菜，也就是广州菜；广义上的粤菜又称“潮粤菜”，由广州菜（顺德菜）、客家菜、潮州菜（汕尾菜）发展而成，三大菜系类型各异，其中广州菜和客家菜（东江菜）近似。粤菜因选料严格、做工精细、中西结合、质鲜味美、养生保健等特点而名扬天下，2010 年入选“岭南文化十大名片”。

经典粤菜有：大良双皮奶、客家白切鸡、深井烧鹅、烤乳猪、客家梅菜扣肉、蜜汁叉烧、东江客家盐焗鸡、白灼虾、广州文昌鸡、煲仔饭、广式烧填鸭、豉汁蒸排骨、菠萝咕噜肉、清蒸石斑鱼等。著名的粤菜餐饮品牌有：莲香楼、陶陶居、广州酒家、杏花楼、利苑酒家等。

广东坊间自古流传“食在广州，厨出凤城（顺德）”的说法，顺德不仅是中国厨师之乡，2014 年 12 月 1 日，联合国教科文组织还授予广东顺德“世界美食之都”的称号（六大美食之都：成都、顺德、扬州、澳门、淮安、潮州）。

八、特色产业

广东是中国工业强省，在电子信息业、电器制造业、食品药品业、汽车制造业、造纸和建材业等领域，占据全国前列。

产业	概况
电子信息业	深圳电子信息制造业规模已占全国规模的 1/6，领跑全国。深圳华为的 5G 技术领先世界。
电器机械业	广东机械产品出口居全国第一位，也是全球的家电产品出口基地。顺德“美的”、珠海“格力”名扬中外。
食品饮料业	健力宝、乐百氏、珠江啤酒、致美斋、海天等品牌家喻户晓。
建材业	佛山卫浴、陶瓷全国市场占有率第一。
森工造纸业	广东是中国造纸及纸制品的生产大省。目前，中国造纸行业唯一的制浆造纸工程国家重点实验室和国家研究中心设在广东。
汽车制造业	在汽车整车制造领域，广东省汇集了东风日产、广汽本田、广汽丰田、比亚迪、一汽大众、长安标致等知名整车厂商，形成了广州、深圳、佛山三个整车制造产业集群。
医药产业	广东医药产业实力居全国前列。在抗击“新冠”病毒肺炎疫情战斗中，广药集团旗下白云山和黄中药、王老吉药业、陈李济药厂等企业生产的板蓝根颗粒、抗病毒口服液、小柴胡颗粒等产品发挥了重要作用。

第二节 广西壮族自治区

一、概况

广西壮族自治区简称“桂”，地处中国南疆，北回归线横贯中部。广西壮族自治区下辖 14 个地级市，分别是南宁市、柳州市、桂林市、梧州市、北海市、防城港市、钦州市、贵港市、玉林市、百色市、贺州市、河池市、来宾市、崇左市。南宁市是广西壮族自治区首府所在地。广西陆地面积约 24 万平方公里，管辖北部湾海域面积约 4 万平方公里。根据第七次人口普查公报，全区常住人口约 5012.68 万。

二、地理、气候

类别	内容
位置	东连广东省，南临北部湾并与海南省隔海相望，西与云南省毗邻，东北接湖南省，西北靠贵州省，西南与越南社会主义共和国接壤。
地形	地形西北高、东南低，呈西北向东南倾斜状。山岭连绵、山体庞大、岭谷相间，四周多被山地、高原环绕，中部和南部多丘陵平地，呈盆地状，有“广西盆地”之称。境内喀斯特地貌广布，集中连片分布于桂西南、桂西北、桂中和桂东北，发育类型之多世界少见。受太平洋板块和印度洋板块挤压，广西境内山脉多呈弧形。山脉盘绕在盆地边缘或交错在盆地内，形成盆地边缘山脉和内部山脉。盆地边缘山脉中的猫儿山主峰海拔 2141 米，是华南第一高峰。
水系	区内河流大多随地势从西北流向东南，形成以红水河—西江为主干流的横贯中部以及两侧支流的树枝状水系。河流分属珠江、长江、桂南独流入海、百都河四大水系。
气候	属亚热带季风气候区。气候温暖，雨水丰沛，光照充足。夏季日照时间长、气温高、降水多，冬季日照时间短、天气干暖。干旱、暴雨、热带气旋、大风、雷暴、冰雹、低温冷（冻）害气象灾害较为常见。年平均气温 17℃ ~ 23℃。是全国降水量比较多的地区之一，大部分地区年平均降水量为 1200 ~ 2000 毫米，时空分布差异大。

三、交通状况

广西壮族自治区境内海航、铁路、公路、航空等交通基础设施较为完善，为自治区的发展提供了坚实的交通保障。区内有南宁吴圩国际机场、桂林两江国际机场等民航机场 11 座；港口有北部湾港等；有南凭等高铁线路以及湘桂、南昆、焦柳、黔桂等普铁线路纵横区内；高速公路、等级公路网四通八达。

四、历史沿革

据考古发现，今广西地域早在 80 万年前就有原始人类繁衍；在四五万年前旧石器时代晚期，就有“柳江人”和“麒麟山人”在此劳作生息。

秦始皇统一岭南后，今广西地域纳入中央王朝版图，分属桂林郡和象郡。秦末汉初，今广西区域属代行南海尉赵佗割据岭南而建立的南越国。前 111 年（汉元鼎六年），武帝平定南越，在今广西区域设置苍梧、郁林、合浦 3 郡。862 年（唐咸通三年），岭南道分东、西两道，并以邕管经略使为岭南西道节度使，成为一级独立政区。宋初，今广西大部地域属广南路。997 年（宋至道三年），分广南路为广南东路和广南西路，今广西大部属广南西路，广西之名源于此。

清初，广西兵祸连年。先是南明永历政权反清与瞿式耜、李定国抗清，继后有孙延龄起兵追从以吴三桂为首的“三藩之乱”。清中期以后，天地会在广西发展迅速。鸦片战争爆发后，广西反帝反封建斗争形成高潮。1851 年，太平天国起义在广西爆发。同时，天地会的反清起义也勃然兴起；民众和西方教会冲突日益加深，1856年法国借口“西林教案”悍然发动第二次鸦片战争。广西军民在抗法侵略的陆路战场取得震惊中外的“镇南关大捷”。

1919年五四运动爆发后，广西的革命运动进入新的历史时期。中国共产党广西地方组织首先在梧州建立。此时，李宗仁等旧桂系中下级军官乘机借助广东革命阵营的力量形成新桂系集团。“四一二政变”后，新桂系追随蒋介石清党反共，广西的革命和工农运动转入低潮。1929年—1930年，邓小平等在百色、龙州发动武装起义，创建红七军、红八军和左江、右江革命根据地。1949年11月7日，人民解放军发起解放广西战役，在中共广西地方组织的配合下，于1949年12月11日解放广西。中华人民共和国成立初期设广西省，1958年3月5日成立广西壮族自治区。

五、民俗风情

（一）概况

广西是多民族聚居的自治区。区内世居民族有壮族、汉族、瑶族、苗族等12个。在常住人口中，少数民族人口总数在全国居第1位。壮族是中国人口最多的少数民族。仡佬族是广西少数民族中人口最少的民族。广西的少数民族都保持着他们淳朴的民族习俗，在饮食、服饰、居住、节日、礼俗方面都有鲜明的民族特色，其中壮族的歌、瑶族的舞、苗族的节、侗族的楼和桥是广西民族风情旅游不可不看的“四绝”：

1. 瑶族的舞

金秀瑶族自治县居住着一些保留了瑶族古老文化及习俗的瑶族同胞。他们的歌舞民族色彩极为浓厚，其旋律、歌词、服装、舞姿、形象与道具均独立构成。18种舞蹈尤以《长鼓舞》《捉龟舞》《黄泥鼓舞》《盘古兵舞》《八仙舞》《蝴蝶舞》等最为盛行。每年在中国农历六月初六、七月初七、十月十六等瑶族节日都可以看到各种瑶舞的表演。

2. 苗族的节

苗族以节日多、场面大而闻名。广西融水苗族自治县每年有苗年节、芦笙节、拉鼓节、芒歌节、新禾节、斗马节等众多节日，纪念丰收、祭祀等。节日中可以欣赏到动听的《芦笙曲》和优美的《芦笙舞》表演，到苗寨旅游或做客，可以享受到拦路歌、拦路酒、拦路鼓、挂彩带、挂彩蛋、打酒印等众多苗族好客习俗的款待。

3. 侗族的楼和桥

三江侗族自治县的风雨桥是我国闻名的木建筑，是侗族的象征。桥身建筑不用一枚铁钉，全是榫卯结合，高超的建筑技艺令人惊叹不已。侗族的楼，包括吊脚楼、鼓楼、凉亭、寨门、水井亭等几种木结构建筑，都是独具特色的侗族建筑。近年来，侗族的建筑艺术展，更是轰动了全中国，人们一致称赞侗族的建筑艺术是“凝固的诗，立体的画”。

（二）壮族

壮族是中国岭南的土著民族。早在旧石器时代晚期，壮族先民就广泛分布在广西一带。他们与布依、傣、侗、水、毛南等族同源于古代越人中的瓯越、骆越，后被称为乌浒、俚、僚、土，旧称“僮”，1965年改名为“壮族”。壮族是我国少数民族中人口最多的民族，主要分布在广西、云南、广东、贵州、湖南。现有人口约1700万。

项目	内容
经济	以农业为主，种植水稻、玉米、薯类等。壮族地区气候温和，雨水充沛，森林面积广，盛产樟木、银杉等名贵木材。果品也很丰富，甘蔗产量居全国首位。南珠、三七、蛤蚧是壮族地区最负盛名的特产。
语系	属汉藏语系，分南北两大方言。1955年创制了以拉丁字母为基础的壮文。
民族特色	☆民间文学丰富，有传统的歌舞和壮戏。“歌圩”是壮族人民对歌、赛歌的盛大集会，相传与歌仙刘三姐有关。歌圩上所唱的歌，主要以男女青年追求美好爱情理想为主题，未婚青年常借此寻找意中人。歌圩上还举办各种庙会活动，形成商品集散盛会。 ☆壮族铸造和使用铜鼓已有2000多年历史，铜鼓既是祭器、乐器，也是权力和财富的象征。 ☆壮锦以织工精巧、图案别致、色彩绚丽、结实耐用而著称，与南京的云锦、成都的蜀锦、苏州的宋锦并称“中国四大名锦”。 ☆壮族的刺绣、竹编亦闻名遐迩。壮族的文化遗产中被列入国家级非物质文化遗产名录的主要有刘三姐歌谣、壮族织锦技艺、壮族歌圩、铜鼓习俗等。 ☆摩教曾是壮族的主要宗教信仰，以自然崇拜和祖先崇拜为主。唐宋以后，佛教、道教先后传入，建立了寺庙，对壮族农村影响较大。
传统民居	传统建筑多为干栏式房屋，竹木结构，分上下两层。上层一般为三开间或五开间，住人。下层为木楼柱脚，多用竹片、木板镶拼为墙，可作畜厩，或堆放农具、柴火、杂物。有的还有阁楼及附属建筑。
传统服饰	传统服饰男子多穿对襟上衣，纽扣以布结之，下裤短而宽大，缠绑腿，扎绣有花纹的头巾。妇女穿藏青色或深蓝色矮领、右衽上衣，下着黑色宽肥的裤子或黑色百褶裙，戴绣有花纹图案的黑色头巾，节日或赶场穿绣花鞋、披戴绣花垫肩。
饮食	主食是大米、玉米。蔬菜品种比较丰富，常以水煮的方法烹制。壮族自家还酿制米酒、红薯酒和木薯酒，度数都不太高，其中米酒是过节和待客的主要饮料。年节时，用大米制成各种粉糕、五色花饭及外形奇特的各种粽子。喜吃腌制的酸食。妇女有嚼槟榔的习俗。
传统节日	最隆重的节日莫过于春节，其次是农历七月十五中元鬼节、三月三歌圩节、清明节、八月十五中秋节，此外还有端午、重阳、尝新、冬至、牛魂、送灶等节日，几乎每个月都要过节。三月三按过去的习俗为上坟扫墓的日子，届时家家户户都要携带五色糯米饭、彩蛋等到祖先坟头去祭祀、清扫墓地，并由长者宣讲祖传家史、族规，共进野餐，有的还对唱山歌，热闹非凡。
主要禁忌	忌食牛肉、蛙肉；忌讳用脚踩踏锅灶、禁止在灶上煮狗肉；吃饭时忌用嘴把饭吹凉，更忌把筷子插到碗里；忌从晾晒的妇女裤子下走过；夜间行走禁止吹口哨；无论家人、客人，忌坐门槛中间；家有产妇时，门上悬挂草帽一顶，暗示外人不得入内。
民俗	早年有婚后“不落夫家”的习俗，一般两三年才住夫家。过去有断发文身的习俗，认为这样可以得到神的保护。凿齿也曾是盛行的习俗。

六、文旅资源

（一）文化艺术

在几千年的历史长河中，广西各族人民创造了丰富灿烂的民族文化。春秋时期，铜鼓作为一种打击乐器，已出现在骆越人（壮族先民）的生活当中。

左江沿岸大量的崖壁画，说明早在旧石器时代晚期广西古代的民族已有相当高的文化水平。1972 年发现于广西北流市六靖镇的汉代云雷纹大铜鼓，被誉为“铜鼓之王”。该鼓现陈列于南宁市广西博物馆内，是世界上最大的铜鼓。

左江花山岩画文化。地处广西崇左市左江及其支流明江流域，与其依存的山体、河流、台地共同构成壮丽的左江花山岩画文化景观，包含约 105 公里左江、明江河段，面积 6621 公顷。岩画绘制年代可追溯到战国至东汉时期，已有 2000 多年历史，其地点分布之广、作画难度之大、画面之雄伟壮观，为国内外罕见，具有很强的艺术内涵和重要的考古科研价值。花山岩画因其景观、岩画与中国南方壮族先民骆越人生动而丰富的社会生活融合在一起所显示的独特性，2016 年 7 月 15 日，左江花山岩画文化景观项目被列入世界遗产名录。

陈钦，西汉末年出生于苍梧，是广西最早的学者，著有《陈氏春秋》（今已失传）一书，为左氏学博士。

20 世纪 50 年代，代表广西文化艺术最高水平的民间歌舞剧《刘三姐》享誉国内外。抗战时期，以“文化城”桂林为中心，抗日救亡文化运动在广西蓬勃开展，影响全国。在当时的民国广西省政府顾问马君武博士和著名戏剧家欧阳予倩的主持下，以改良桂剧为先锋，有力地推动了广西文化艺术向前发展。三月三歌节，又称三月歌圩，是壮族盛大的传统歌节。桂剧是广西主要的地方剧种。少数民族戏剧和地方戏种有壮剧、彩调剧、邕剧、苗剧、毛南剧等。广西少数民族舞蹈比较出名的有《扁担舞》《铜鼓舞》《绣球舞》《芦笙舞》等。

（二）旅游景点

广西山川秀丽，历史悠久，旅游资源得天独厚：

类别	说明
世界遗产地	左江花山岩画文化景观、桂林、环江（中国南方喀斯特 2014 年增补项目）等。
人类非物质文化遗产代表作	“壮族霜降节”（中国“二十四节气”的扩展项目）。
国家5A级旅游景区	桂林漓江风景区、兴安县乐满地度假世界、桂林独秀峰・靖江王城景区、南宁市青秀山旅游区、桂林市两江四湖・象山景区、崇左市大新县德天跨国瀑布景区、百色市百色起义纪念园景区、北海市涠洲岛南湾鳄鱼山景区、贺州市黄姚古镇景区，共 9 家。
全国重点文物保护单位	共 84 处。
国家级风景名胜区	漓江风景名胜区、桂平西山风景名胜区、宁明花山风景名胜区等。
国家级历史文化名城	桂林、柳州、北海等。
国家级旅游度假区	大新明仕旅游度假区、桂林阳朔遇龙河旅游度假区、北海银滩国家旅游度假区。
国家级森林公园	北海冠头岭国家森林公园、桂林国家森林公园等 12 个。

广西桂林山水绝佳，桂林、阳朔一带的石灰岩峰林，曾被明代旅行家徐霞客誉为“碧莲玉笋世界”。广西壮族自治区洞穴众多且景观优美，素有“无山不洞，无洞不奇”之称。

比较著名的有旱洞型的桂林芦笛岩、七星岩等。位于中越交界归春河上游的德天瀑布闻名遐迩，其瀑面宽100多米、高约80米，呈三叠状飞泻而下，水声轰鸣，势若奔马，非常壮观。

广西壮族自治区历史悠久，古人类、古建筑、古文化遗址、古水利工程、石刻、墓葬等古文物及革命斗争纪念遗址众多。比较著名的有年代久远的柳州白莲洞等古人类遗址；著名的古建筑有桂林王城、容县真武阁、柳州柳侯祠等。近现代的一些革命活动纪念地，如太平天国的发祥地——桂平金田村、百色红七军军部、龙州红八军军部旧址、抗战时期的八路军驻桂林办事处等都具有考察、参观和瞻仰的价值。

（三）民俗文化

广西民族文化旅游资源极为丰富。如壮族的铜鼓、壮锦、绣球、干栏式建筑、花山崖壁画，侗族风雨桥、鼓楼等民族建筑，瑶族、苗族等民族的医药，以及丰富多彩的民族民间文学、音乐、舞蹈等文化艺术品。此外，民族的节庆、风土人情也是吸引游客的亮点。如壮族的三月三歌节、瑶族的达努节和盘王节等。广西的文化创意产业（《印象・刘三姐》、大明山骆越文化主题园、伊岭岩壮乡之旅等），使广西旅游业的发展如虎添翼。

七、风物特产

（一）农副土产

广西地处亚热带，气候温暖湿润，阳光充足，利于作物生长。广西特产有：罗汉果、容县沙田柚、荔枝、香蕉、广西柑橙、砂糖橘、阳朔金橘、融安金橘、波罗蜜、菠萝、桂圆、田东杧果、七香、山楂、桂花糕、山葡萄、猕猴桃、白果、八角、茴油、香菇、黑木耳、广西名茶（如苍梧六堡茶等）、甜茶、甘蔗和梅花牌白糖、荔浦芋头、桄榔粉、桂林马蹄、富川脐橙等。博白县是广西桂圆肉的主要产区，素有“桂圆肉之乡”的称誉。

桂林三宝是指：三花酒、桂林腐乳、桂林辣椒酱。“三宝”之一的三花酒是中国米香型白酒的代表，被誉为“米酒之王”，是桂林人的骄傲。

（二）美食

广西菜由南宁、桂林、柳州、梧州等城市菜和壮族、瑶族、京族、侗族等少数民族菜组成。少数民族的小吃、点心非常有特色。菜肴取料奇特，制作也极有个性。城市菜以野味烹调最为著名，而且刀工精细、制作考究，讲究原料鲜活。烹调方法受粤菜影响很深，口味清淡、爽嫩而又喜好辣味。广西著名的风味菜点有：天火烹饪鸡、虫草炖海狗鱼、葵花马蹄肉饼、桂乳荔芋扣、梧州纸包鸡、花雕醉鸡等。桂林米粉、柳州螺蛳粉、梧州龟苓膏、玉林猪脚粉等小吃家喻户晓。

（三）工艺品

钦江坭兴陶烧制技艺为国家级非物质文化遗产。合浦珍珠驰名中外，历代皆誉之为“国宝”，作为进贡给皇上的贡品。壮锦是中国四大名锦之一，图案生动，结构严谨，色彩斑斓，充满热烈、开朗的民族格调。

八、特色产业

产业	概况
食品饮料业	广西容县南方黑芝麻、柳州螺蛳粉、桂林辣椒酱、桂林三花酒、横县茉莉花茶、梧州龟苓膏等特色食品、饮料均已形成规模化生产、加工产业，享誉全国。
石化产业、有色金属产业、钢铁冶金产业、汽车产业以及机械产业	玉林的玉柴机器，柳州的柳州重工、柳州五菱等品牌全国知名。
医药行业	柳州金嗓子喉宝、两面针牙膏，花红片，桂林西瓜霜、西瓜霜润喉片、三金片等产品国内著名。

第三节　海南省

一、概况

海南省简称“琼”，位于中国最南端。海南省现有 4 个地级市，分别是海口市、三亚市、三沙市、儋州市。海南省陆地（主要包括海南岛和西沙、中沙、南沙群岛）总面积约 3.4 万平方公里，海域面积约 200 万平方公里，是我国海域面积最大的省。截至 2021 年 5 月，全省常住人口约 1008.12 万。省会为海口市。

二、地理、气候

类别	内容
位置	北以琼州海峡与广东省划界，西隔北部湾与越南相对，东面和南面在南海中与菲律宾、文莱、印度尼西亚和马来西亚为邻。 行政区域包括海南岛、西沙群岛、中沙群岛、南沙群岛的岛礁及其海域，海南岛形似一个呈东北至西南向的椭圆形大雪梨，与广东省的雷州半岛相隔的琼州海峡宽约 18 海里，南沙群岛的曾母暗沙是我国最南端的领土。
地形	四周低平，中间高耸，呈穹隆山地形，以五指山、鹦哥岭为隆起核心，向外围逐级下降，由山地、丘陵、台地、平原构成环形层状地貌，梯级结构明显。
气候	我国最具热带海洋气候特色的地方，全年暖热，雨量充沛，干湿季节明显，台风活动频繁，气候资源多样。年日照时数为 1750 ~ 2550 小时，年平均气温 23℃ ~ 26℃，全年无冬。全岛降雨充沛，年平均降水量在 1600 毫米以上，东多西少，中部和东部相对湿润，西南部沿海相对干燥。降雨季节分配不均匀，冬春雨少，夏秋雨多。时空分布差异大。

三、交通状况

长期以来，海南交通运输事业的发展一直十分缓慢。1988 年，海南建省办经济特区，海南交通运输事业终于进入了快速发展的新时期。如今基本建成了“公路四通八达、火车跨海通行、邮轮畅游世界、飞机纵横晴空”的现代化立体运输体系。如今，在3.54万平方公里的海南岛上，由机场、铁路、港口、公路、管道5种运输方式组成的立体交通网粗具规模，把海南岛与大陆及世界各地紧紧连在了一起。

类别	内容
公路	一直是海南的主要交通方式，环岛高速公路和“三纵四横”等路网建设格局基本形成。
水运	全省港口已形成北有海口港、南有三亚港、西有洋浦港和八所港、东有龙湾港的“四方五港”格局。船队的国内航线可到达沿海及长江中下游各港口，国际航线可到达俄罗斯、日本、朝鲜、东南亚、非洲和欧洲等国家和地区。
航空	有海口美兰和三亚凤凰两个国际机场。
铁路	有我国第一条跨海铁路粤海铁路。

四、历史沿革

海南在历史上有三种古称：珠崖、儋耳、琼台。根据考古已发现的新石器时代的200处遗址并结合历史文献来推断，至少在6000年以前，海南岛就有人类活动。据《琼州府志》记载，秦代海南属其遥领的范围，没有任何建制。前110年（西汉武帝元封元年）始设儋耳、珠崖两个郡。南北朝梁武帝时，设置为州，称“崖州”。隋朝时设临振、珠崖两郡，明代海南设琼州府，领儋、万、崖三州10个县。清代海南建制仍沿袭明代。民国初期，海南废道设公署，后经改行政督察区、特别行政区。

1950年5月，海南岛宣告解放，成立海南军政委员会，实行军政管制。1951年成立广东省人民政府海南行政公署。1952年成立了海南黎族苗族自治区。1955年3月改为广东省海南行政公署。1968年4月成立广东省海南地区革命委员会，1976年10月改称广东省海南行政区革命委员会，1980年1月改称广东省海南行政区公署。1984年10月撤销海南行政区公署，成立海南行政区人民政府。1988年4月13日第七届全国人民代表大会第一次会议通过，决定撤销广东省海南行政区，设立海南省，划定海南岛为海南经济特区。

五、民俗风情

汉族、黎族、苗族、回族是海南省世居民族，黎族是海南岛上最早的居民。世居的黎、苗、回族，大多数聚居在中部、南部的琼中、保亭、白沙、陵水、昌江等县和三亚市、五指山市；汉族人口主要聚集在东北部、北部和沿海地区。海南居民语言种类多，主要使用的方言有海南话、黎话、临高话、儋州话、军话等10种。此外，还有三亚市、陵水黎族自治县等沿海渔民使用船上话，港口、铁路、矿山、国有农场职工使用白话（粤语）、客家话、潮州话、浙江话、云南话、福建话等。

古朴独特的民族风情使海南岛社会风貌显得更加丰富多彩。其中最具有特色的便是黎族与苗族的生活习俗。

（一）海南的民俗节庆

名称	说明
换花节	农历正月十五。
军坡节	为纪念南北朝时期海南部族首领冼夫人而举行的民间奉祀活动。
三月三	农历三月初三，是黎族青年男女追求爱情和幸福的传统佳节。
海南国际椰子节	每年 3 月下旬或 4 月上旬（农历“三月三”期间），是融旅游、文化、民俗、体育、经贸为一体的大型旅游文化节庆活动。
歌节	每年中秋的儋州民间节日，主要活动内容包括儋州山歌、调声对歌比赛和赏月等项目。
海南欢乐节	每年 11 月下旬举办。

（二）黎族

黎族为我国岭南民族之一，是古代“百越”人的后裔。“黎”作为族称始于唐末，到宋代固定下来，沿用至今。黎族主要分布在海南省，现有人口约 146.3 万。

项目	内容
经济	以从事农业为主，种植稻、薯、玉米等作物。手工业、渔猎、饲养家畜家禽、采集野生植物是重要的家庭副业。黎族居住的地方处于亚热带，水稻可以一年三熟，也是我国热带经济作物的主要产地，热带经济作物如橡胶、油料、甘蔗、胡椒、咖啡、腰果、水果等的种植已成为黎族经济的重要来源。
语系	属汉藏语系。先前，黎族没有自己的文字，1957 年创建了以拉丁字母为基础的黎文。由于长期与汉族接触，不少黎族人兼通汉语，使用汉字。黎族没有形成统一的宗教信仰，各地均奉行祖先崇拜与自然崇拜，还保留着氏族图腾崇拜的痕迹。靠近汉族的地区受道教的影响，部分地区还曾传入基督教。
民族特色	能歌善舞，音乐和舞蹈具有鲜明的民族特色。《竹竿舞》场面欢快热烈，鼻箫是黎族独特的乐器。口头文学形式活泼，内容丰富，包括神话、传说、故事等。黎族擅长制作独木器，所使用的任何器具，原料都必须是一块整木。黎族手工纺织技术历史悠久，早在唐宋时期就领先于中原，并以黎锦、黎单闻名于世。元初，我国著名的纺织能手黄道婆，就是到海南学习了黎族的纺织技艺才名垂青史的。黎族文化遗产中被列为国家非物质文化遗产的主要有打柴舞、纺染织绣技艺以及“三月三”节日等。
传统民居	多为竹木结构的楼房或草房。金字塔形屋顶，上盖茅草，用竹条或树枝扎成墙架，再以泥糊。屋内间隔成厅房。有的住宅为“船形屋”，用竹木扎构成轮廓，状如船篷，盖以茅草，呈半圆筒形。黎族儿女成年后就住在屋外的“寮房”里，以便自由恋爱，俗称“放寮”。
传统服饰	男子穿无领对襟上衣，下穿前后两幅布的吊檐，结鬃缠头。女子穿对襟无扣上衣，下穿无褶筒裙，多绣织花纹，筒裙有长短之分。束发于脑后，插有牛骨、金属、箭猪毛制成的发簪，披绣花头巾，盛装时戴项圈、手镯、脚环、耳环等。有些地方妇女耳环多且重，耳根下垂至肩，俗称“儋耳”。妇女曾有文面文身的习俗，称为“雕题”。黎族服饰图案的取材，多采用青蛙、蟒蛇、坡鹿、榕树等图腾崇拜物，配色和谐，绚丽华美。
饮食	比较简朴，以稻米、玉米、番薯为主食，多以狩猎、采集所得为副食，只种少量蔬菜。日进三餐，喜稀不喜干，并习惯腌制生鱼、生肉。竹筒烧饭是黎族日常生活中独特的野炊方法。黎族妇女爱嚼槟榔。

（续表）

项目	内容
传统节日	大多数节日与汉族相同。“三月三”是最盛大的民间传统节日，也是青年男女自由交往的日子。每年的农历三月初三这一天，具有敬老美德的黎族同胞带上自家腌制的山菜、酿成的米酒、做好的糕点去看望寨内有威望的老人，青年男子则结伙外出狩猎、打鱼，姑娘们烤鱼、煮饭。夜幕降临，小伙子们跳起了传统的舞蹈，男女青年对唱山歌、互诉衷情。
主要禁忌	敬神之物，忌乱翻动；睡觉忌头朝门外；禁食狗、马等动物肉；忌讳影子被别人踩踏；妇女文身忌男人参与或偷看。

六、文旅资源

（一）历史文化

海南是中国历史悠久、文化灿烂的地区之一，漫长的海南历史展示出具有海南特色的古代贬官文化、海南革命文化。海南并非一些人所说的蛮荒之地和“文化沙漠”。在悠久的华夏文明中，海南历史文化源远流长、独树一帜，从远古到现代，它都是中华文明中重要的分支，是中国历史文化精华的一部分。海南有《鹿回头》《大力神》《黎母神话》等十大经典神话传说，在历史的长河中为“南海明珠”添上了神秘而迷人的色彩。人们从这古老的文学形式中感受先人的智慧与胸怀，沿着神话传说的印迹，追寻海南岛历史文化的无穷魅力。

（二）文化遗产

海南十大最值得关注的文化遗产——黎族树皮布制作技艺、黎族《打柴舞》、黎族钻木取火、黎族传统纺染织绣技艺、昌江黎族泥条盘筑法制陶技艺、黎族骨簪、临高人偶戏、黎族茅草屋、南洋骑楼、秀英炮台。海南代表性的传统节日有军坡节（公期）、换花节、“三月三”、龙水节、儋州民歌节。2009 年，“黎族传统纺染织绣技艺”被列入急需保护的非物质文化遗产名录。

（三）文物古迹

有为纪念唐、宋两代被贬谪来海南岛的李德裕等 5 位历史名臣而修建的五公祠，北宋大文豪苏东坡居琼遗址——东坡书院，为纪念苏轼而修建的苏公祠，为分巡雷琼兵备道焦映汉所修建的琼台书院、丘濬（明代名臣）之墓、海瑞（明朝大清官）之墓，受汉武帝派遣率兵入海南的伏波将军为拯救兵马而下令开凿的汉马伏波井，以及崖州古城、韦氏祠堂、文昌阁等。革命纪念地有琼崖纵队司令部旧址、嘉积镇红色娘子军纪念塑像、金牛岭烈士陵园、白沙起义纪念馆等，还有宋庆龄故居及陈列馆。

（四）自然风光

海南境内有三亚南山文化旅游区、三亚南山大小洞天旅游区、保亭县呀诺达雨林文化旅游区、分界洲岛旅游区、海南槟榔谷黎苗文化旅游区、三亚市蜈支洲岛旅游区等国家 5A 级旅游景区；有全国重点文物保护单位 42 处；三亚市亚龙湾旅游度假区、琼海博鳌东屿岛旅游度假区为国家级旅游度假区；三亚热带海滨风景名胜区为国家级风景名胜区；有中国历史文化名城2个——琼山、海口。

海南省的海岸带景观分布在海南岛长达1500多公里的海岸线上，一年中多数时候可进行海浴、日光浴、沙浴和风浴。自海口至三亚东岸线就有60多处可辟为海滨浴场。环岛沿海有不同类型滨海风光特色景点，在东海岸线上，还有一种特殊的热带海涂森林景观——红树林，和一种热带特有的海岸地貌景观——珊瑚礁，均具有较高的观赏价值。琼山区东寨港和文昌市清澜港等地建立了4个红树林保护区。

海南岛有海拔1000米以上的山峰81座。颇负盛名的有五指山、东山岭、太平山等，均是登山旅游和避暑胜地。海南有乐东黎族自治县、昌江黎族自治县霸王岭、陵水黎族自治县吊罗山和琼中县五指山4个热带原始森林区，其中以尖峰岭最为典型。

海南已建立若干个野生动物自然保护区和驯养场，有昌江黎族自治县霸王岭黑冠长臂猿保护区、东方市大田坡鹿保护区、万宁市大洲岛金丝燕保护区、陵水黎族自治县南湾半岛猕猴保护区、屯昌县养鹿场等。

海南省大河、瀑布、水库风光各具特色，滩潭相间，蜿蜒有致，河水清澈，是旅游观景的好地方，尤以闻名全国的“万泉河风光”最佳。大山深处的小河或山间小溪，洄于深山密林之中，山间大石叠置，瀑布众多。

海南的火山、溶洞、温泉资源也很有特色。历史上的火山喷发，在海南岛留下了许多死火山口。最为典型的是位于琼山区的石山。海南有不少千姿百态的喀斯特溶洞，其中著名的有三亚的落笔洞、保亭的千龙洞、昌江的皇帝洞等。岛上温泉分布广泛，兴隆温泉、南平温泉、蓝洋温泉等，适于发展融观光、疗养、科研等为一体的旅游。

七、风物特产

类别	内容
椰子食品	椰子糖果、椰子糕、椰子酱等。
民族工艺品	牛角雕、藤器、海南红豆、木画、木雕、根雕、椰雕系列产品等。
金饰品和珠宝	琼珠、海水珍珠、天然水晶等。
热带果脯及鲜果	芭蕉、菠萝、波罗蜜、橙子、番荔枝、番石榴、海南柚子等。
美食	**海南的“吃”的四大特点**——新鲜、天然、奇特、丰富。在海南吃山珍海味，讲究清淡鲜活、原汁原味。来海南旅游，特别要吃海鲜，鱼类肉嫩味鲜，为宴席首选；各种虾如基围虾、对虾、龙虾及各种贝类如鲍鱼、扇贝、鸡腿螺、剪刀贝等也是必食之珍品。
	海南四大名菜——文昌鸡、加积鸭、东山羊、和乐蟹。临高乳猪、石山壅羊、曲口海鲜和三亚三绝（梅花参、鲍鱼和鱼翅）全岛有名。曲口海鲜以青蟹、血蚶、蚝、对虾为最佳。梅花参是海南省特有的海珍品，主要产在南海诸岛海域。海参为“海产八珍”之首，尤以梅花参为最珍贵。梅花参最长可达1.2米，重12～13千克，故称“海参之王”。
	海南的风味美食有临高乳猪、石山壅羊、温泉鹅、万泉鲤等。海南的风味小吃有海南粉、海南鸡饭、海南粽、海南火锅等。

八、特色产业

产业	概况
旅游与会展产业	旅游全域规划、全域打造、全民参与、全民共享，被称为中华民族的“四季花园”和中外游客的“度假天堂”。海南发展会展业既有生态环境优势，也有博鳌亚洲论坛品牌优势。大型展馆、大型会议、品牌展览、特色节庆、国际文体赛事等工程建设成效显著，海南会展国际化水平享誉世界。
热带特色高效农业	素有“天然温室”美誉，具有发展热带高效农业的独特条件。热带水果、冬季瓜菜、天然橡胶、海洋渔业等一批国家级农渔基地被打造成富足农民、服务全国的王牌产业。海南天然橡胶产业集群被列入2020年优势特色产业集群建设名单。
现代物流业	大力发展保税物流、跨境电商物流、中转物流，积极发展第三方物流、第四方物流和供应链管理模式，努力将海南打造成为面向东南亚和大洋洲、连接南北经济带的区域航运枢纽和物流中心。
医药产业	南药、黎药和海洋生物资源丰富。已培育了“养生堂”“快克”“康芝”等中国驰名商标。

易错考题小试牛刀

1.（判断题）黎族妇女多穿对襟无袖上衣，下穿无褶筒裙，多绣织花纹，筒裙有长短之分。（　）

2.（单选题）广西军民在（　）的陆路战场取得震惊中外的“镇南关大捷”。

A. 抗英侵略　B. 抗日侵略　C. 抗法侵略　D. 抗俄侵略

3.（单选题）中国造纸行业唯一的制浆造纸工程国家重点实验室和国家研究中心设在（　）。

A. 浙江省　B. 江苏省　C. 广东省　D. 湖南省

4.（多选题）（　）是壮族地区最负盛名的特产。

A. 三七　B. 水果　C. 蛤蚧　D. 南珠　E. 烟草

5.（多选题）下列属于岭南工艺美术品的是（　）。

A. 广绣　B. 潮州金漆木雕　C. 端砚　D. 石湾陶塑　E. 云锦

【答案】1. 错　2.C　3.C　4.ACD　5.ABCD

第六章　西南地区

第一节　重庆市

一、概况

重庆简称“渝”，位于中国内陆西南部，长江和嘉陵江汇合处。重庆是中国西部地区唯一的直辖市，总面积约 8.24 万平方公里，现下辖 38 个行政区县（自治县），包括 26 个市辖区，8 个县，4 个自治县。截至 2022 年底，重庆市常住人口约 3213 万。

二、地理、气候

类别	内容
位置	位于四川盆地的东南边缘，盆地向四周山地过渡地带的川东平行岭谷。
地形	川东平行岭谷是我国东北—西南走向山脉组合最整齐的地区，山脉与丘陵谷地相间有序排列，也是世界上特征最显著的褶皱山地带，与美洲的阿巴拉契亚山、安第斯—落基山并称世界 3 大褶皱山系。作为建在平行岭谷的特大城市，城市主要功能区域布局谷底其间，山中有城，城中有山，故有“山城”之称。
水系	流经的主要河流有长江、嘉陵江、乌江等，长江干流自西向东横贯全境。
气候	可以概括为：冬暖春早，夏热秋凉，四季分明，无霜期长；空气湿润，降水丰沛；太阳辐射弱，日照时间短；多云雾，少霜雪；光温水同季，立体气候显著。重庆属亚热带季风性湿润气候，春夏之交夜雨尤甚，素有“巴山夜雨”之说。重庆在地形和气候双重作用下，多雾，故也有“雾都”之称。璧山区的云雾山全年雾日多达 204 天，堪称世界之最。

三、交通状况

类别	内容
铁路	重庆是全国性综合铁路枢纽，从 1952 年成渝铁路通车开始，截至 2022 年，重庆铁路营运里程 2781 公里，建成“一枢纽十干线”铁路网络格局。轨道交通营运里程 463 公里。“米”字形高铁网建设迅速，在建和通车里程达到 11768 公里。
公路	重庆是国家公路运输枢纽，2022 年，重庆高速公路通车总里程 3841 公里，主城都市区进入“三环”时代。

（续表）

类别	内容
航空	区域性航空枢纽基本形成。江北机场成为国家区域枢纽机场，旅客吞吐量突破4000万人次；万州五桥机场、黔江武陵山机场为重庆已运营支线机场。
水运	重庆坐拥三峡航道，自古就是水路出川咽喉。历史上三峡水运一直是长江水运最危险的路段，发展艰难。抗日战争期间，在重庆成立的民生轮船公司在支援抗日战争、维护战时交通上，起到很大作用。经过多年发展，重庆是长江上游乃至中国西部最大的内陆港口城市，也是长江上游航运中心。全市航道总里程达到4472公里，“一干两支”、通江达海的航道体系基本建成。全国最大的内河港果园港建成投用，全市港口货运量达到2亿吨，重庆港连续5年跻身长江沿线亿吨大港之列。重庆段的水运已经成为长江最繁忙的水运线，进入国内最发达的水运航线行列，区域内长江三峡也是我国最成熟、知名度最高的世界级内河旅游航线，长江上最奇秀壮丽的风景画廊。

四、历史沿革

重庆有文字记载的历史达3000多年，是巴渝文化的发祥地。因嘉陵江古称“渝水”，此为重庆简称“渝”的出处。

1102年（北宋崇宁元年），改渝州为恭州。1189年（南宋淳熙十六年）正月，孝宗之子赵惇先封恭王，二月即帝位为光宗皇帝，称为“双重喜庆”，遂升恭州为重庆府，重庆由此而得名。1891年，重庆成为中国最早对外开埠的内陆通商口岸。1929年，重庆正式建市。抗日战争时期，国民政府定重庆为陪都，重庆同华盛顿、伦敦、莫斯科一道被列为世界反法西斯四大指挥中心，为世界反法西斯战争作出了巨大贡献。抗日战争时期和解放战争初期，以周恩来同志为代表的中共中央南方局在重庆开展统一战线工作，历练中形成的“红岩精神”是我们国家和民族的宝贵精神财富。中华人民共和国成立初期，重庆为中央直辖市，是中共中央西南局、西南军政委员会驻地和西南地区政治、经济、文化中心。1954年，西南大区撤销后改为四川省辖市。1983年，党中央、国务院批准重庆为全国第一个经济体制综合改革试点城市，实行计划单列。1997年3月14日，第八届全国人大五次会议批准设立重庆直辖市，6月18日正式挂牌。

五、民俗风情

据第七次全国人口普查数据，重庆市共有少数民族人口约217.08万。重庆市辖4个自治县、1个享受民族自治地方优惠政策的区、14个民族乡。渝东南民族地区一区四县（石柱土家族自治县、秀山土家族苗族自治县、酉阳土家族苗族自治县、彭水苗族土家族自治县和黔江区）是全市少数民族人口聚居区，土家族和苗族是主要的世居少数民族。

世居的土家族、苗族和其他民族交错杂居，长期交往，风俗相染，共同创造了这里独特的民族风情。走进土家苗寨，古朴的吊脚楼、爽口的油茶汤，“哭嫁”“跳丧”“赶年”“四月八”“赶秋”等节日气氛热烈，颇具古风。土家族的“摆手舞”“铜铃舞”，苗族的芦笙、“木鼓舞”“对歌”“盘歌”“山歌”“薅草锣鼓”闻名遐迩，久负盛名。土家刺绣，苗家蜡染，堪称一绝。

六、文旅资源

（一）民俗文化

1. 巴渝文化

是长江上游最有鲜明个性的地方文化之一，指的是巴族和巴国在历史的发展中所形成的地域性文化。巴人一直生活在大山大川之间，大自然的重峦叠嶂，孕育出他们豪爽、坚韧和彪悍的性格，古时巴人以勇猛、善战著称，相传巴人的军队参加周武王讨伐商（殷）纣王战争时，就有“武王伐纣，前歌后舞”的说法。独特的巴渝文化，铸就了重庆这块土地上深厚的文化底蕴，文化英才不断涌现，文化艺术多姿多彩。以饮食文化、袍哥文化、码头文化、移民文化、抗战陪都文化、红岩精神、三线建设文化等为代表的巴渝文化、地域特色独树一帜。

2. 川江号子

重庆至宜昌这段千里川江上，航道弯曲狭窄，明礁暗石林立，急流险滩无数。以前江上船只多靠人力推动或拉纤航行，少则数十人多则上百人的江上集体劳动，只能用号子来统一指挥。因此，产生了许多歌咏船工生活的水上歌谣——川江号子。川江号子是川江船工为统一动作和节奏，由号工领唱，众船工帮腔、合唱的一种民间歌唱形式，具有传承历史悠久、品类曲目丰富、曲调高亢激越、一领众和等特征。现“川江号子”已被列入第一批国家级非物质文化遗产名录。

3. 民间艺术

川剧、綦江农民版画、梁平三绝（年画、竹帘、灯戏）、铜梁龙灯、秀山花灯戏、九龙楹联等。

4. 城市旅游品牌

时尚金街解放碑、天空之城洪崖洞、千年古镇磁器口、轻轨穿楼李子坝、8D魔幻立交桥、长江过江索道以及城市康养好去处的南温泉、北温泉等。

（二）历史名人

重庆名人有：南宋高僧道隆，明代爱国女英雄秦良玉，清代教育家李惺，清末书画家竹禅和杨裕勋，清末医学家程琪芝，近代实业家卢作孚、张森楷，辛亥革命先烈张培爵、邹容，近代教育家向楚等。

（三）旅游景点

类别	名单
世界自然遗产	武隆（“中国南方喀斯特”第一期）、金佛山（“中国南方喀斯特”第二期）和五里坡（神农架世界自然遗产边界调整项目）。
国家5A级旅游景区	巫山区小三峡—小小三峡、酉阳土家族苗族自治县桃花源、綦江区万盛黑山谷—龙鳞石海、江津区四面山等11家。
红色旅游资源	红岩革命历史博物馆、歌乐山革命烈士纪念馆（渣滓洞、白公馆）、曾家岩。

1. 长江三峡

长江三峡以瞿塘雄、巫峡秀、西陵峡险而驰名。其支流大宁河的“长江小三峡”和“小小三峡”风光别有一番玲珑剔透、群峰竞秀的魅力。小三峡是大宁河下游流经巫山境内的龙门峡、巴雾峡、滴翠峡的总称，全长 50 公里。小小三峡是大宁河小三峡的姊妹峡，因比大宁河小三峡更小，故名“小小三峡”。是大宁河支流——马渡河下游的三撑峡、秦王峡、长滩峡三段峡谷的总称，全长 15 公里。

2. 武隆景区

地处武陵山与大娄山脉交会的褶皱地带，喀斯特地貌十分显著，主要由“天生三桥”“仙女山”“芙蓉洞”三部分组成，其中芙蓉洞有目前国内外发现的最大竖井群。金佛山以独特的“喀斯特桌山”地貌被列入世界遗产名录，也是名副其实的“生物基因库”“中华药库”。四面山景区的“奇山”“异水”“红石”“厚文”四大景观资源特色明显，拥有完整的“丹霞赤壁—瓮形围谷—高山瀑布”组合而成的罕见地质遗迹。

3. 大足石刻

是大足区境内石窟寺及石窟造像的总称，集儒、释、道三教造像于一体的大型石窟造像群。大足石刻是世界八大石窟之一，被列入世界文化遗产，汇集了唐末两宋以来的 5 万多尊摩崖石刻雕像，代表了 9 世纪—13 世纪世界石窟艺术的最高水平，是重庆最具国际影响力的文化旅游品牌。

4. 合川钓鱼城

位于嘉陵江南岸，古战场遗址至今保存完好，是古代山城防御体系的典型代表。1259 年发生在此长达 36 年的“钓鱼城保卫战”，是南宋王朝与蒙古之间的生死决战，更是中国历史和世界历史上的一场具有重大意义的战役，创下了中外战争史上罕见的以弱胜强的战例，钓鱼城因此被誉为“上帝折鞭处”。

七、风物特产

（一）工艺品

荣昌折扇、荣昌工艺陶、大足龙水菜刀等。

（二）农副土产

奉节脐橙、火锅底料、涪陵榨菜、忠县豆腐乳、永川秀芽、石柱黄连、天麻、巫山党参、南川杜仲等。

其中，涪陵榨菜是选用川渝地区广泛种植的青菜头，经独特的加工工艺制成的鲜嫩香脆的一种风味产品。它与法国酸黄瓜、德国甜酸甘蓝并称世界三大名腌菜，也是中国对外出口的三大名菜（榨菜、薇菜、竹笋）之一，其传统制作技艺被列入第二批国家级非物质文化遗产名录。

（三）美食

1. 小吃

重庆小面、灯影牛肉、泡椒凤爪、合川桃片、磁器口麻花、怪味胡豆、江津米花糖等。

2. 江湖菜

重庆作为川菜中三大流派之一的下河帮流派发源地，川菜美食也是名扬海内外。下河帮川菜特点是亲民，以家常菜为主，比较重麻辣，多创新；以花样翻新迅速、用料大胆、不拘泥于材料著称，俗称江湖菜。代表菜有麻辣火锅（或称毛肚火锅）、酸菜鱼、毛血旺、口水鸡、水煮肉片、水煮鱼等。

3. 重庆火锅

又称为毛肚火锅或麻辣火锅，起源于明末清初的重庆嘉陵江畔、朝天门等码头船工纤夫的粗放餐饮方式，原料主要是牛毛肚、猪黄喉、鸭肠、毛血旺等。

八、特色产业

重庆市的经济支柱产业主要有汽车、电子信息业、装备制造业、材料工业。重庆在中国的汽车工业占有举足轻重的地位，成为全国重要的汽车制造基地，有"东方底特律"的美誉。重庆汽车产品种类齐全，基本实现了所有细分市场的全面覆盖，重庆还拥有完整的汽车零部件供应体系。

第二节　四川省

一、概况

四川省简称"川"或"蜀"，位于中国西南腹地，长江上游，总面积 48.6 万平方公里，辖 21 个市州 183 个县（市、区）。常住人口约 8367 万，总人口全国排名第五，其中少数民族人口约 600 万，省会成都市。

二、地理、气候

类别	内容
地形	地势西高东低。西部为青藏高原东缘，属中国地势第一阶梯，多高山峡谷、冰川湖泊、雪山温泉和森林草原，拥有九寨沟、黄龙、海螺沟、措普沟、稻城亚丁等世界级旅游景观。四川最高峰贡嘎山，海拔 7556 米，有"蜀山之王"美誉。 四川省中东部为中国四大盆地之一的四川盆地，属中国地势第二阶梯，海拔 250 ~ 750 米，由川东丘陵和成都平原组成。这里城市密集，人文荟萃。由于有都江堰水利工程的灌溉，自古以来"水旱从人，不知饥馑"，号称"天府之国"，经济相对比较发达。四川省南部是攀枝花和凉山州，简称攀西地区，属于云贵高原的一部分，钒钛等矿产资源丰富。
水系	境内共有大小河流 1419 条，被誉为"千水之省"，蕴藏着丰富的水力资源。
气候	三大气候区：东部四川盆地属亚热带湿润季风气候区，冬暖夏热，气候湿润，雾多日照少，旱地降雨量居全国前列，"巴山夜雨"自古有名；西部高山高原地区为高寒气候区，冬长夏短，昼夜温差大，降水少、日照强；南部攀西地区为南亚热带区，但由于海拔较高又呈现北温带气候特征，四季不分明，旱、雨季分明，气温高、日照强，昼夜温差大，气候干燥，适合冬季度假旅游。

三、交通状况

四川省由于四周高山阻隔，交通曾经极度不便，唐代诗人李白有“蜀道之难，难于上青天”的感叹。历史上通往四川的要道是陕西汉中到成都的“金牛道”和经重庆沿长江三峡到湖北的水路，路途非常艰辛。中华人民共和国成立后，四川交通建设加速。

类别	内容
铁路	1952 年 7 月，新中国自行设计施工、完全采用国产材料修建的第一条铁路——成渝铁路建成通车；1956 年 7 月，宝鸡穿越秦岭到成都的宝成铁路通车；1970 年 7 月，成都到昆明的成昆铁路竣工运营，基本改写了蜀道难的历史。
	成昆铁路是四川省南向出川的重要通道，也是国防三线建设的代表性工程之一。北起成都，南至昆明，全长 1096 公里。成昆铁路始建于 1958 年，其后多次停工，至 1970 年 7 月才全线竣工。在当时的技术条件下，建设成昆铁路是一项难度极大的工程，沿线贯穿地势险峻、地形多样、地质复杂的山川河谷，所经区域有“露天地质博物馆”之称，被外国专家称作“铁路禁区”。中国人民解放军铁道兵是成昆铁路建设的主力，全线共修建桥梁 991 座，隧道 427 座，有三分之一的车站修建在桥隧中。据统计，修建成昆铁路时，仅铁道兵就牺牲超过 2100 人。沿线留下 1000 多座丰碑，20 余处烈士陵园。1984 年 12 月 8 日，中国成昆铁路工程、美国阿波罗宇宙飞船登月活动和苏联第一颗人造卫星，共同被联合国评为“象征 20 世纪人类征服自然的三大奇迹”。
航空	四川省迄今有民航机场 17 个，其中成都市是继北京之后全国第二个拥有双 4F 机场的城市，稻城亚丁机场海拔 4411 米，是我国海拔最高的民用机场。民航加上近年来高速公路、高速铁路的建设，让四川的交通变得十分便捷。
公路	川藏公路 1950 年开建，1954 年年底北线建成通车。公路全长 2400 多公里，翻越了 14 座海拔超过 4000 米的高山，对于巩固国防、支援西藏建设意义非常重大。川藏公路是沿线军民用简陋工具和大无畏的牺牲精神建成的天路，仅二郎山路段，每公里就有 7 位军人献出生命。现在的川藏公路风光绮丽，号称“最美 318 线”，其中康定新都段更被誉为“摄影家的天堂”。
	雅西高速 G5 京昆高速雅安至西昌段，全长 240 公里。公路修建在地质状况特别复杂的横断山脉，跨越了青衣江、大渡河、安宁河等水系和 12 条地震断裂带，是自然环境最恶劣、工程难度最大的山区高速公路之一，桥隧比超过 55%，其中腊八斤大桥桥墩高达 182 米，拖乌山段为了克服地形陡升陡降的弊端。首次采用两层隧道的“双螺旋隧道”方案以确保行车安全。由于线路穿行在莽莽群山和层层白云之间，因此雅西高速又被称为“云端上的高速公路”。

四、历史沿革

四川省成都平原一带为古代蜀国故地，相传经历了蚕丛、柏灌、鱼凫、杜宇、鳖灵五个蜀王的统治，每个蜀王及其继承人统治时间长达数百年。考古发现的三星堆遗址应当就是古蜀国的遗存，早期为蚕丛时期，繁荣时期大约相当于鱼凫和杜宇时期，与中原商、西周时代相当。

三星堆遗址 1929 年开始发掘，1986 年发现两个祭祀坑，出土了大量精美的黄金器、青铜器、玉器和陶器，如 57 件青铜人面具，高 3.95 米的青铜神树，高 2.62 米的青铜大立人像，宽 1.38 米并长着“千里眼”“顺风耳”的青铜面具，长 1.42 米的黄金杖，饰满图案的边璋等，多是前所未见的稀世珍品，其神秘足与玛雅文明媲美，被张爱萍将军誉为“沉睡数千年，一醒惊天下”。2021 年国家文物局宣布三星堆新发现 6 个祭祀坑，新出土黄金面具残片、青铜神树、象牙等文物，引起轰动。此外，2001 年在成都城西发现与三星堆遗址有明显传承关系的金沙遗址，同样出土大量的黄金器、玉器、象牙和陶器等文物，其中“太阳神鸟”金饰已成为中国文化遗产的标志。

蜀国在公元前 316 年被秦将司马错攻灭，改称“蜀郡”，蜀正式并入秦统治的版图。灭蜀后，蜀郡守李冰主持修建了著名的都江堰水利工程，既减少了岷江水患，又灌溉了成都平原，大大促进了四川经济的发展。汉武帝时设十三部州，四川为益州，包括今云、贵、川、渝大部分地区。东汉末年，刘备据守益州建立蜀汉政权，后来成为三国之一。唐朝改益州为剑南道，北宋改为“川峡四路”（益州路、梓州路、利州路、夔州路），简称“四川路”。至元代设置行省时就直接把“四川路”合并为“四川行省”，四川省由此得名并沿用至今。

明末清初，四川长期战乱，人口锐减，清政府下令从湖广省（湖北、湖南）和广东、福建等省大量移民四川，史称“湖广填四川”（包括广东、湖北、湖南和福建）。移民总数上百万，其中湖广省人数最多，广东、福建客家人次之。若论城市则湖北麻城的移民最多。移民对四川文教、饮食、语言和风俗习惯影响较大，至今在四川一些农村地区还保留着客家的方言和湖北湖南话的句式。

抗战时期，四川成为大后方，四川人民足食足兵支援前线。全省有 350 多万青壮年出川抗战，超过 64 万人伤亡（阵亡及失踪人数近 30 万），打出了“无川不成军”的威名。中华人民共和国成立后，四川成为“三线建设”的主阵地，为共和国经济建设、国防建设和社会发展作出了巨大贡献。

五、民俗风情

四川省世居少数民族有彝族、藏族、羌族、苗族、回族等十多个，是全国最大的彝族聚居区，全国第二大藏族聚居区，全国唯一的羌族聚居区。全省少数民族人口 600 余万，约占全省人口总量 6.5%。

（一）彝族

四川省人数最多的少数民族，总数约 330 万，占全省少数民族人口的 55.6%，主要聚居在大小凉山与安宁河流域，中华人民共和国成立前还处于奴隶社会阶段。彝族有自己的语言、文字和历法，崇拜自然和神灵，祭司为“毕摩”。农历六月二十四是彝族人民最盛大的节日——火把节。彝族年时间不固定，一般在每年 11 月 20 日左右择吉日举行，已列入国家级非物质文化遗产名录。

（二）藏族

四川省第二大少数民族，总人数约 162 万，占全省少数民族人口的 27%，主要聚居在甘孜州、阿坝两州和凉山州的木里县、雅安的宝兴县，信奉藏传佛教。四川藏区属于康巴藏区，但又细分为安多、嘉绒、白马等分支。康巴藏区地处西藏的门户地带，地理位置非常重要，清代以来就有“治藏必先安康”之说。

（三）羌族

原为中国西部的古老民族，东汉时期部分羌族南迁至四川并较好地保留下羌族文化，当各地的羌族因长期民族融合大批融入汉、藏等民族队伍后，四川反而成为全国唯一的羌族聚居区。四川省现有羌族人口 34 万，占全省少数民族人口的 5%，主要分布于岷江上中游一带。羌族自称尔玛，过去多居住在中高山区，所以又称“云朵上的民族”，主食也以山地作物土豆和玉米为主，喜欢饮用杂粮酿成的“咂酒”。羌族建筑称为羌碉，是一种用石片砌成的平顶房，羌族人建房不绘图、不吊线，也不用柱架支撑，只用黄泥加糯米浆进行黏合，下大上小，坚固耐用。羌碉一般三层，上层堆放粮食，中层住人，下层圈养牲畜。碉房内砌有火塘，火种终年不熄，称为“万年火”。房顶四角置羌人崇拜的白石神，寨子周边设军事瞭望用的雕楼，高度在 10 ~ 30 米之间，最高的相当于 10 层楼的高度，同样用石片砌成，形状有四角、六角、八角等多种。羌族善刺绣，不仅能绣“云云鞋”和各种腰带、围裙，还能用羌绣绘画。羌族喜跳《莎朗舞》《羊皮鼓舞》和《铠甲舞》，用多声部唱歌，尤以善于吹奏羌笛著名。羌笛以两根细小的箭竹为原料，将竹削磨成方形，长约 30 厘米，两根并连在一起，各开 6 孔作为音阶，哨口插入簧片即可吹奏，其声音自带透骨的苍凉和哀怨。羌族祭司称为“释比”或“许”，限男性担任，专门从事宗教祭祀、婚丧嫁娶、治病驱鬼等活动，在羌人中地位较高。羌族最庄重的礼仪是敬献“羌红”。“红”是指长 6 ~ 9 尺的红色绸缎或布料，代表对他人美好祝愿，类似于藏族的哈达。

六、文旅资源

四川省是我国拥有世界遗产数量最多、类型最丰富的省份之一。其中有世界自然遗产九寨沟、黄龙和大熊猫栖息地，世界文化遗产青城山—都江堰水利工程，世界自然与文化双遗产乐山大佛—峨眉山。

四川省拥有国家 5A 级旅游景区 16 家，国家级旅游度假区 4 家。除上述世界遗产类景区外，四川省的稻城亚丁景区、三星堆博物馆、剑门关景区、泸沽湖景区、四姑娘山景区、海螺沟景区等都是各具特色的国内外知名景区。成都是世界美食之都，拥有宽窄巷子、太古里、锦里等特色街区，有三国文化中心武侯祠，天师道发源地青城山，杜甫寓居成都的旧址杜甫草堂，有全球最大圈养大熊猫人工繁育基地成都大熊猫繁育研究基地，是国内著名的网红旅游城市；四川还是红军长征四渡赤水、彝海结盟、抢渡安顺场、飞夺泸定桥和过雪山草地的地方，见证了中国革命最艰难的历程，是红色旅游的胜地。

四川省文化发达、人杰地灵，产生了汉赋作家司马相如，唐朝诗人陈子昂、“诗仙”李白，北宋文坛巨匠苏洵、苏轼、苏辙等著名文人。“诗圣”杜甫虽然生于河南，但安史之乱后流亡四川近十年，三分之二的作品创作于巴蜀地区。当代伟人朱德、邓小平，文学家郭沫若、巴金，国画家张大千也都是四川人。文人和伟人故居，成为四川重要的文旅资源，四川射洪的子昂故里景区、江油李白纪念馆、成都杜甫草堂、眉山三苏祠、广安小平故里、仪陇朱德故里、内江张大千纪念馆等，都是依托历史名人的知名景点。

四川省是大熊猫的故乡。大熊猫是迄今仍生存在地球上最古老的动物之一，被称为动物界的活化石。其栖息地主要是长江上游岷山、邛崃山、凉山、大小相岭及秦岭等山系的高山深谷，地跨川、陕、甘三省，但大部分在四川。1869 年法国传教士阿尔芒·戴维在四川穆坪（今雅安市宝兴县）最早科学发现大熊猫。目前四川省拥有王朗、九寨沟、蜂桶寨、卧龙、黑水河、鞍子河等一大批大熊猫自然保护区，有成都大熊猫繁育研究基地及其附属的熊猫谷基地，中国大熊猫保护研究中心下属的卧龙神树坪、都江堰和雅安碧峰峡三大基地，是国内外著名的大熊猫繁育中心，现在均对游客开放。2021 年 11 月我国正式公布第一批共 5 个国家公园，其中就有大熊猫国家公园（其他 4 个是三江源国家公园、东北虎豹国家公园、海南热带雨林国家公园、武夷山国家公园）。大熊猫国家公园管理局也设置在四川成都市。

七、风物特产

类别	内容
美食	四川省是川菜的故乡。传统川菜分为上河帮、下河帮与小河帮三大流派： ☆上河帮川菜以川西岷江流域的成都菜、乐山菜为代表，特点是口味清淡，香辣适度，代表性菜品有麻婆豆腐、回锅肉、宫保鸡丁、鱼香肉丝等。 ☆下河帮川菜以川东下川江、嘉陵江地区的重庆菜（原属四川）、达州菜为代表，特点是麻辣生猛，注重创新，代表性菜品有麻辣火锅、毛血旺、酸菜鱼、口水鸡等。 ☆小河帮川菜以川南沱江流域自贡菜、内江菜、泸州菜为代表，又称盐帮菜，特点是姜多味厚、鲜辣刺激，代表性菜品有冷吃兔、水煮牛肉、仔姜美蛙、火爆黄喉等。 三大流派互相渗透，形成川菜菜品丰富、味型多样、一菜一格、百菜百味的风格。郫县豆瓣是制作川菜的主要作料，有“川菜之魂”之称。川菜传统名小吃有成都担担面、赖汤圆、钟水饺、甜水面、龙抄手、韩包子、军屯锅盔、糖油果子、三大炮、洞子口凉粉、冒节子肥肠粉等。其中成都担担面与武汉热干面、老北京炸酱面、山西刀削面、兰州拉面合称中国“五大面条”。
酒类	盛产名酒。五粮液、泸州老窖、剑南春、水井坊、郎酒和舍得酒“六朵金花”，几乎占据了中国名酒的半壁河山。同时，四川邛崃、崇州、大邑、绵竹、宜宾、泸州等地则形成了大批生产原酒的中小企业群，是全国最大的白酒原酒产地，全国许多大酒厂都在四川采购原酒进行再加工。
茶类	中国茶文化的发祥地之一。早在西汉时期雅安人吴理真便在蒙顶山上人工培植茶树，开启了人类种茶、饮茶的历史。他种植的七株茶树 2000 年来不枯不长，至今犹存，被封为皇茶园。四川名茶有蒙顶山甘露和黄芽、雅安藏茶、峨眉山竹叶青、峨眉雪芽和碧潭飘雪等。四川因为有好茶，相应地茶馆也多，饮茶风气也盛，所谓“杯里乾坤大，茶中日月长”，泡茶馆成为四川人重要的休闲方式。
川剧表演	三大绝技：“变脸”“吐火”“滚灯”。

八、特色产业

四川省工业门类齐全，核工业、电子工业、航空制造业国内领先。根据国家统一部署，四川省正与重庆市一道，加紧建设成渝地区双城经济圈，使成渝地区成为具有全国影响力的重要经济中心、科技创新中心、改革开放新高地和高品质生活宜居地，打造带动全国高质量发展的重要增长极和新的动力源。

四川省因江河众多、地势落差大，是全国水力资源可开发量最丰富的省。流经四川的岷江、金沙江、雅砻江、大渡河均已形成梯级开发水电资源的态势。其中仅四川省与云南省交界的金沙江下游河道，就建成了乌东德、白鹤滩、溪洛渡和向家坝四大水电站，总装机容量是三峡水电站装机容量（2250 万千瓦）的两倍多。其中 2022 年建成的白鹤滩水电站安装了 16 台 100 万千瓦的发电机组，是仅次于三峡水电站的世界第二大水电站。水电开发使四川省成为全国重要的西电东送基地。四川盆地还蕴藏着丰富的燃气资源，天然气和页岩气已探明的储量居全国首位，四川达州宣汉县的普光气田，川北广元、南充、巴中一带的元坝气田，与内蒙古鄂尔多斯苏里格气田，并称“中国陆地三大气田”。四川省已探明的页岩气资源超过 40 万亿立方米，川气东送成为华东地区重要的燃气来源。

第三节　贵州省

一、概况

贵州简称“黔”或“贵”，省会贵阳，地处中国西南内陆。面积约 18 万平方公里，贵州全省辖 6 个地级市，3 个自治州，88 个县（市、区）。截至 2022 年年底，贵州常住人口约 3856 万。省会贵阳市。

二、地理、气候

类别	内容
位置	处于云贵高原东斜坡，是一个隆起于四川盆地和广西丘陵之间的亚热带高原山区。
地形	地势西部高，自中部向北、东、南三面倾斜，河流也顺势由西部、中部向北、东、南三面分流。西部乌蒙山，发育有全省最高点韭菜坪，海拔 2900.6 米。贵州省地貌可概括为高原山地、丘陵、盆地三种基本类型，其中 92.5% 的面积为山地和丘陵，是全国唯一一个没有平原支撑的省份，素有“八山一水一分田”之说。全省的岩溶地貌发育非常典型，分布范围广泛，形态类型齐全，喀斯特（出露）面积达 10.9 万平方公里，占全省陆地面积的 61.9%，是世界上喀斯特地貌发育最典型的地区之一。贵州河流数量众多，分属长江和珠江两大水系，长江流域有牛栏江横江水系、乌江水系、赤水河綦江水系和沅江水系四大水系。珠江流域，也有南盘江水系、北盘江水系、红水河水系和都柳江水系四大水系。（**速记：八山一水一分田，遗憾没有个平原**） 贵州森林植被完好，截至 2022 年，森林面积达到 1111.11 万公顷，森林覆盖率达 62.81%。贵州列入国家重点保护野生植物名录的有银杉、珙桐、贵州苏铁等。黔金丝猴、黑叶猴、云豹等被列为国家重点保护野生动物。
气候	温暖湿润，属亚热带湿润的季风气候区。低纬度、中海拔的自然条件使贵州气温变化小，冬暖夏凉，气候宜人，为典型凉夏地区。贵州气候的特点是：夏无酷暑，冬无严寒，夜雨较多；气候复杂多样，垂直差异明显，“一山分四季，十里不同天”；旅游季节长，全年可游览。

三、交通状况

贵州受地理环境影响，交通一度落后，明代思想家王阳明曾感叹道“连峰际天兮，飞鸟不通”。1926 年贵州修建第一条公路。中华人民共和国成立后，贵州交通建设取得质的突破。现已初步形成陆、空、水三位一体的现代交通网络。

类别	内容
铁路	贵州是西南地区的铁路交通枢纽，1958 年，中华人民共和国成立后贵州第一条铁路——黔桂铁路通车，其后川黔、贵昆、湘黔铁路相继通车，贵州铁路系统成为国家铁路“八横八纵”交通网络重要组成部分。
公路	贵州从 1964 年“县县通公路”到 2015 年“县县通高速”，贵州公路已基本形成“6 横 7 纵 8 连线”的高速公路网格局，全省建成公路桥梁超 2.8 万座，贵州被称为“世界桥梁博物馆”，其中北盘江大桥是世界第一高桥。
航空	截至 2022 年年底，贵州建成并投入使用机场 11 个，形成“一枢十支”（贵阳龙洞堡国际机场 + 支线机场）的机场格局。2019 年，贵阳龙洞堡国际机场吞吐量首次突破 2000 万人次，进入大型繁忙机场行列。
水运	贵州内河航运主要集中在乌江、赤水河和南、北盘江等少数河流上。贵州现有 85 条河流通航，通航里程达 3954 公里，其中高等级航道突破 1000 公里，北可达长江，南可顺珠江出海。

四、历史沿革

贵州是中国古人类发祥地之一，远古人类化石和远古文化遗存发现颇多。春秋以前，贵州为荆州西南夷，属于“荆楚”或“南蛮”之一。至春秋时代，境内著名的国家有牂牁国，其政治中心叫夜郎邑（今安顺一带）。从战国后期到西汉初年，夜郎是西南夷各部中最强大的地方割据政权，公元前 122 年，汉武帝派使臣王然于、吕越人等出使滇国和夜郎，留下了“夜郎自大”的典故。

东汉贵州地区沿袭西汉建制。至唐代，在贵州地区推行经制州（按国家统一规范建制）与羁縻州（因其俗而治）并行的制度。三国时，贵州分属巴郡、蜀郡、黔中郡和象郡管辖。唐朝时，设黔中道，建黔州郡，设黔州都督府。“贵州”名称，始于宋朝。

清代，对贵州的行政区划和行政建置采取了较大的调整措施，四川遵义，广西荔波，湖广的平溪、天柱等地划归贵州管辖。至此，贵州行政区域基本形成。

1935 年红军长征途中著名的遵义会议在贵州遵义召开，抗战期间，浙江大学等高校内迁至贵州。中华人民共和国成立后，贵州成为“三线建设”重点地区之一。

五、民俗风情

（一）概况

贵州是一个多民族聚居的省份。贵州少数民族人口约 1405 万，占全省总人口的 36.44%，少数民族人口仅次于广西和云南，居全国第三位，苗族、布依族、侗族、仡佬族、水族等少数民族在贵州分布较集中。民族自治地方面积占全省总面积的55.5%。贵州各民族历史悠久，不同的民族形成了不同的乡土民俗、节日庆典和建筑风格，成为独具特色的文化旅游资源。侗家鼓楼和风雨桥、苗族吊脚楼、布依石头寨等民族建筑各具特色。

贵州少数民族节日种类繁多、内容丰富，著名的有苗族“姊妹节”“四月八”“龙舟节”“芦笙节”，侗族“歌酒节”，布依族“查白歌节”，彝族“火把节”，水族“端节”“卯节”，土家族和仡佬族的“吃新节”以及流行于贵阳、安顺地区的“射背牌”等。

贵州少数民族歌曲以侗族大歌（世界级非遗）、苗族飞歌（国家级非遗）最具代表性，特点是激昂、欢快，独唱和合唱各有特色。婚丧嫁娶方面，各少数民族秉承自己的习俗，如苗族的游方、侗族的行歌坐月、土家族的哭嫁、瑶族的凿壁谈婚等，都已经传承数百年。

（二）苗族

项目	内容
历史	苗族是我国本土起源的一个国际性的古老少数民族，苗族的先祖可追溯到原始社会时期活跃于中原地区的蚩尤部落。商周时期，苗族先民便开始在长江中下游建立“三苗国”，苗族在历史上多次迁徙，进入西南山区和云贵高原并定居下来。国外苗族主要是明、清以后，部分苗族移居东南亚各国以及美国、法国、澳大利亚等国家。
信仰	苗族在黔东南、黔西南、黔南和湘鄂川黔的交界地带，有较大的聚居区。苗族主要信仰本民族长期形成的原始宗教，包括自然崇拜、图腾崇拜、祖先崇拜、鬼神崇拜。黔东南地区的苗族从最早崇敬枫木、蝴蝶转为崇敬人类的始祖姜央，认为他是苗族的祖先。祭鼓节是苗族民间最大的祭祀活动。
服饰	苗族文化遗产较为丰富，苗族的挑花、刺绣、织锦、蜡染、银饰制作等工艺瑰丽多彩。苗族服饰式样繁多、色彩艳丽。苗族妇女的“盛装”银饰堪称中国民族服装之最，以大为美、以重为美、以多为美，黔东南是我国和世界上苗族服饰种类最多、保存最好的区域，被称为“苗族服饰博物馆”。
建筑	苗族一般都在依山傍水处建寨子，聚族而居。雷山县西江千户苗寨、从江县岜沙苗寨等知名苗寨都具有此特点。苗族建筑最有特色的是吊脚楼。
饮食	苗族菜肴喜酸喜辣，普遍嗜好饮酒。
民族特色	《芦笙舞》是流传最广的民间舞蹈，芦笙是最具有代表性的苗族乐器。

六、文旅资源

（一）民俗文化

夜郎文化是贵州最独特的本土文化。夜郎国是春秋至西汉时期西南少数民族地区最强大的国家之一，曾被汉武帝赐予王印。《华阳国志》《后汉书》记载的“竹王传说”是夜郎文化的生动反映。“竹王”即夜郎王，以竹为姓，目前贵州省内各地的少数民族如仡佬族、苗族、布依族以及彝族等少数民族都有奉竹为神灵的传统，贵州境内不少地方建有“竹王祠”。

明朝贵州建省后，大批汉人移民贵州，汉族移民带来了中原和其他地区的文化，在与当地少数民族文化交流、碰撞、融合后，奠定了贵州文化的基本格局。

（二）历史名人

贵州历史上文化名人辈出。汉代的盛览和尹珍是最早的两位文化名人，被称为“贵州文坛之祖”。明代大思想家王阳明在贵州提出了“致良知”这一重要的心学理论。清代贵阳人周起渭既是《康熙字典》的编纂人之一，又是著名诗人。

（三）旅游景点

贵州特殊的喀斯特地质地貌、原生的自然环境、浓郁的少数民族风情，形成了自然风光、人文景观和民俗风情交相辉映的丰富文旅资源。截至 2023 年，贵州拥有世界遗产 5 处，其中自然遗产 4 处，分别是中国南方喀斯特——贵州荔波喀斯特世界自然遗产地、中国丹霞——赤水丹霞世界自然遗产地、中国南方喀斯特——贵州施秉喀斯特世界自然遗产地、梵净山世界自然遗产地；文化遗产 1 处，即中国土司遗产——贵州播州海龙屯遗址。世界非物质文化遗产 1 项：贵州侗族大歌。世界地质公园 1 处：织金洞世界地质公园。国家 5A 级旅游景区 9 家，包括安顺黄果树大瀑布景区、毕节百里杜鹃景区等。

贵州是一个山地公园省，贵州岩溶地貌发育典型，溶洞资源布全省各地，被誉为“喀斯特天然洞穴博物馆”，其中织金洞规模宏大，被誉为“溶洞之王”；梵净山黔金丝猴为全球独有；黄果树瀑布誉满天下，被称为“中国第一瀑”。安顺云山屯古建筑群、安顺文庙、福泉城墙、雷山郎德上寨苗族古建筑群、西江千户苗寨等历史文化遗存丰富。位于贵州省黔南布依族苗族自治州境内的 500 米口径球面射电望远镜（FAST）被誉为“中国天眼”，现在它已成为国家 4A 级旅游景区并面向全球开放，吸引了国内外众多游客及天文爱好者慕名而来。

贵州还是个具有光荣革命传统的地方，遵义会议会址、黎平会议会址、红军四渡赤水战役旧址等 11 处红色景区被列入全国红色旅游经典景区名录。

七、风物特产

贵州的主要特产有名酒、名茶、名药材和奇特的工艺品等。

（一）名酒

贵州名酒无论是数量还是质量，在国内外都名列前茅，被清代诗人郑针称赞贵州为“酒冠黔人国”。贵州名酒最为世人熟知的当数产自遵义仁怀市茅台镇的茅台酒。茅台酒具有“色清透明、酱香突出、醇香馥郁、幽雅细腻、清冽甘爽，酒体醇厚丰满、回味悠长、空杯留香持久”的特点，是我国酱香型风格典范，享有国酒的美誉。

（二）名茶

贵州茶叶生产历史悠久，都匀毛尖为中国十大名茶之一，1915 年在巴拿马国际赛会上获得优胜奖，此外贵州还有湄潭翠芽、遵义红、正安白茶等名茶。

（三）药材

贵州盛产药材，占全国中草药品种的 80%，是全国四大中药材产区之一，素有“夜郎无闲草，黔地多良药”的美名。贵州的天麻、石斛、杜仲等都是传统特产。

八、特色产业

产业	概况
能源产业	贵州的能源产业发达，是西电东送的重要地区，电力工业在贵州有着重要的地位；煤炭、页岩气等能源产业是贵州重要的支柱产业。
食品产业	以白酒为代表的食品业在全国处于领先地位。
大数据产业	大数据产业成为贵州经济发展新引擎。
农产品	截至 2022 年，贵州省茶园面积达 700 万亩，茶叶已成为贵州第一大出口农产品。除茶叶种植规模居全国第 1 位外，贵州的辣椒种植规模超过 500 万亩，居全国首位。

第四节　云南省

一、概况

云南省简称“滇”，地处中国西南边陲，是全国边境线最长的省份之一。总面积 39.41 万平方公里，辖 8 个地级市，8 个自治州，129 个县（市、区）。截至 2022 年底，云南常住人口约 4693 万。省会昆明市。

二、地理、气候

类别	内容
地形	云南属山地高原地形，地势西北高、东南低，自北向南呈阶梯状逐级下降。北部是青藏高原南延部分，高山峡谷相间，地势险峻，形成了怒江、澜沧江、金沙江三江并流的奇特自然地理景观。玉龙雪山、梅里雪山坐落其间，梅里雪山最高峰卡瓦格博峰海拔 6740 米，是云南最高山峰。南部山地海拔平均不到 3000 米，地势向南和西南缓降，河谷逐渐宽广，海拔在 800 ~ 1000 米，个别地区下降至 500 米以下，是热带、亚热带地区。主要山脉有哀牢山、无量山、邦马山等。云南全省河川纵横、湖泊众多。澜沧江、怒江等均为跨国水系，著名湖泊有泸沽湖、滇池、洱海、抚仙湖等。
气候	云南基本属于亚热带高原季风型气候，但受纬度差异和海拔垂直差异影响，“一山分四季，十里不同天”的立体气候特点显著，全省范围内同时具有寒、温、热（包括亚热带）三带气候，梅里雪山、昆明、西双版纳分别为其代表。降水在季节上和地域上的分配极不均匀，干湿季分明。无霜期长，南部边境全年无霜，西双版纳、德宏等地区是我国著名避寒胜地。（**云南与贵州说法一样：一山分四季，十里不同天**）

三、交通状况

类别	内容
国际通道	云南省由于地形复杂，形成天然的交通屏障，但又因云南是中国通往东南亚地区的门户，与外地交通联系开辟也很早。近年来，云南公路、铁路、航空和水运网络日趋完善，初步形成通往东南亚、南亚国家的三条便捷的国际大通道。 ☆西路通道——沿滇缅（昆畹）公路、中印（史迪威）公路和昆明至大理的铁路西进，直达仰光。 ☆中路通道——由澜沧江—湄公河航运、昆明至打洛公路、昆明至曼谷公路和西双版纳机场构成，通往缅甸、老挝、泰国并延伸至马来西亚和新加坡。 ☆东路通道——以现有滇越铁路、昆河公路及待开发的红河水运为基础，通往越南。近代修建的云南昆明至越南河内的滇越铁路，是中国第一条国际铁路。2021 年 12 月 3 日，昆明到万象的中（国）老（挝）铁路正式通车，开辟了中国与老挝、泰国、柬埔寨等中南半岛国家之间的便捷陆运新通道。历史上著名的“史迪威公路”和“驼峰航线”就经过云南境内。
公路	抗日战争时期，云南军民用 9 个月时间抢修完成了全长 959.4 公里的滇缅公路，创造了近代中国公路建筑史上的奇迹。滇缅公路一度成为当时国内唯一通往国外的战略运输通道，成为打破日军封锁，为国内提供军事物资保障，维系中国和东南亚两大战区的重要纽带。1942 年，滇缅公路被日军切断，为粉碎日军的再次封锁，对滇缅公路进行改建和抢修，历时 2 年多于 1945 年修通昆明至印度利多的中印公路，又称“史迪威公路”。至日本投降前，中印公路共承运援华抗战物资 5 万余吨，为中国抗日战争取得胜利发挥了积极作用。
航空	抗日战争时期，云南也是中国主要的空军基地之一，最多时机场一度达到 52 座，巫家坝机场是著名的“驼峰航线”主要终点站。1942 年，滇缅公路被日军切断，为保证第二次世界大战亚洲战场上对日作战的军备物资，盟军飞行员开辟了由印度翻越喜马拉雅山脉至中国西南地区的驼峰航线，航线长达 800 公里，全程穿越地区域气候恶劣、地理环境复杂，盟军飞行员付出重大牺牲。在航线使用的三年期间，一共空运了 20 多万吨战争物资到中国，为第二次世界大战的胜利作出了巨大的贡献。 中华人民共和国成立后，云南交通建设有了飞跃式发展，特别是空运发达，截至 2020 年，云南省共有运营民用运输机场 15 个，机场数量居全国第 3 位，形成以昆明长水国际机场为核心，其他 14 个干支线机场为支撑的机场网络体系，全省旅客吞吐量 100 万人次以上规模的机场达到 7 个，成为全国百万级机场较多的省份之一。

四、历史沿革

云南，旧以“云岭以南”得名，是人类重要的发祥地之一。生活在距今 170 万年的云南元谋猿人，为我国和亚洲最早的人类之一。夏、商时期，云南属中国九州之一的梁州。秦朝以前，古彝族在云南地区建立古滇王国。公元前 278 年，楚国大将庄蹻率军进入滇池地区，建立滇国。秦汉之际，中央王朝在云南推行过郡县制，开辟通往缅甸和印度的商道。西晋时期，云南改设为宁州，是全国十九州之一。唐宋时期，曾建立过南诏国、大理国等地方政权。

大理国于 937 年建国，1253 年，忽必烈西征灭大理国。大理国时期，社会经济有了较大发展，手工业兴盛，对外贸易发达，与缅甸、越南、马来西亚、印度、波斯等国家都有贸易往来。大理与宋交好，内地先进的科学文化也传入云南，对云南各族人民文化教育发展起到了促进作用。

1276 年，元朝在云南设立行中书省，“云南”正式成为全国省级行政区划名称。

抗日战争爆发后，云南成为全国大后方，接纳大批搬迁的企业、军政机关、学校。1938 年，由北京大学、清华大学、南开大学组成的西南联合大学搬迁至云南，西南联大保存了抗战时期的重要科研力量，培养了一大批卓有成就的优秀人才。随着第二次世界大战全面爆发，英军放弃缅甸战场，云南成为中国抗击日军最前线。滇西抗战纪念馆和国殇墓园是第一批国家级抗战设施、遗址。1950 年 2 月 24 日，云南全境解放。

五、民俗风情

云南是我国民族种类最多的省份，全省少数民族人口数约 1563.6 万，占全省人口总数的 33.12%，是全国少数民族人口数超过千万的 3 个省区（广西、云南、贵州）之一。除汉族以外，人口在 6000 人以上的世居少数民族有彝族、哈尼族、白族、傣族、壮族、苗族等 25 个。其中哈尼族、白族、傣族、傈僳族、纳西族、独龙族等 15 个民族为云南特有。云南少数民族交错分布，表现为大杂居与小聚居。

（一）纳西族

云南特有民族之一，现有人口约 32.38 万，绝大部分居住在丽江市。在漫长的历史发展与民族交往中，纳西族创造了灿烂的文化，有著名的长篇史诗《创世纪》、反映古代纳西族社会生活的百科全书《东巴经》、用象形文字写成的《东巴画谱》等艺术珍品。纳西族的建筑、雕刻和绘画融合了纳西族、汉族与藏族三个民族的传统风格，具有浓郁的地方特色。泸沽湖畔云南境内的摩梭人属于纳西族的支系，至今仍保留着走婚制和母系家庭的形式。摩梭人的“阿注婚姻”被民族学家喻为“人类社会家庭婚姻发展史的活化石”。纳西族建筑古朴典雅，丽江古城的四方街最具代表性。纳西族最具特色的服饰是妇女的“七星披肩”，缀以圆形花片，双肩各有一个大的，背上并列七个小的，分别象征日、月、星辰，表示披星戴月、勤劳不息。

（二）白族

现有人口约 209 万。在历法、建筑、医学、史学、文学、音乐、舞蹈、戏曲、绘画、雕刻诸方面均有相当辉煌的创造和成就。大理崇圣寺三塔、剑川石宝山石窟、鸡足山建筑群等具有鲜明的民族特点。“三坊一照壁”是白族民居建筑中最常见的形式。白族的扎染技艺与绕三灵习俗被列入国家非物质文化遗产名录。白族崇尚白色。在白族姑娘的头饰上，显示着“风花雪月”的寓意，垂下的穗子象征下关风，艳丽的花饰象征上关花，帽顶的白色代表苍山雪，弯弯的造型代表洱海月。白族的传统节日主要有三月街、绕三灵、耍海节、火把节等。三月街又称“观音街”“观音市”，是白族人民的传统盛会，已有上千年历史。农历三月十五起在点苍山脚下举行，为期 5 至 7 天，后逐渐发展成为物资交流盛会，届时还举行赛马等文体活动。三月街已经成为当地各族人民进行经济文化交流、增进民族团结的重要节日。白族主要崇拜“本主”（即村社神）。一苦、二甜、三回味的“三道茶”是白族传统的品茶艺术和待客礼仪。

（三）傣族

主要分布在云南热带河谷及高原盆地，与壮族、水族、布依族等有密切的关系，在中国境内现有人口约 133 万。傣族普遍信仰南传上座部佛教。佛教对傣族风俗习惯的影响十分明显，傣族有自己的历法和文献，民间文艺丰富多彩。有著名的“孔雀舞”和“赞哈”（歌手）演唱的民间叙事长诗和民歌，“象脚鼓舞”是傣族民间流传最广的男子舞蹈。傣族的传统节日主要有泼水节、关门节和开门节等。泼水节是傣族人民送旧迎新的传统节日，又称“浴佛节”，时间一般在傣历六月下旬或七月初（公历 4 月中旬），节期一般是 3 至 5 天。节日期间的主要活动是浴佛、堆沙、泼水、丢包、赛龙船、放高升及歌舞狂欢等。国家非物质文化遗产名录收入的傣族文化遗产主要有孔雀舞、泼水节等。

六、文旅资源

云南省是一个多民族的省份，民族文化丰富多彩。

项目	内容
概况	拥有国家级非物质文化遗产 127 项，入选数量位居全国第二。
	东巴古籍被联合国教科文组织列入世界记忆名录。
	沧源崖画是我国目前发现的最古老的崖画之一，产生于 3000 年前的新石器时代晚期，创作手法粗犷古朴，是研究南方古代民族历史的重要资料。 **白沙壁画**融汉、藏、纳西文化于一体，展示了藏传佛教和儒、道等多元文化融合的生活场景和故事。
历史名人	明朝著名航海家、外交家郑和，是云南昆阳州（今昆明市晋宁区）人，七下西洋，完成了人类历史上伟大的壮举。郑和第一次下西洋的首航日 7 月 11 日被定为中国航海日，在昆明、南京、太仓以及印度尼西亚等地都建有郑和的纪念馆。云南籍音乐家聂耳，是中华人民共和国国歌《义勇军进行曲》的作曲者，现位于昆明西山景区的聂耳纪念馆是全国爱国主义教育示范基地。孙髯翁为昆明滇池大观楼题“天下第一长联”作者，被后人尊称为“联圣”。著名将领蔡锷发动了反对袁世凯的护国运动。
纳西古乐	由“洞经音乐”“皇经音乐”（现已流失）以及丽江本土音乐“白沙细乐”组成。据考证，纳西古乐起源于14世纪，是云南省最为古老的乐曲，也是世界最古老的乐曲之一，被誉为“音乐化石”。这套乐曲包含了道教法事音乐、儒教典礼音乐甚至唐宋元时期的曲牌，灵韵独特，在流传中逐步融合了纳西族的审美情调和独有的乐器，因此被称为纳西古乐。
旅游景点	云南依托其深厚的历史文化、绚烂的民族风情、多样的地理环境和丰富的动植物资源，全力推出“七彩云南”的旅游品牌，打造了一批以高山峡谷、现代冰川、高原湖泊、民族风情等为特色的知名旅游景区。目前，云南拥有世界文化遗产 3 处——丽江古城、红河哈尼梯田、普洱景迈山古茶林文化景观；世界自然遗产 3 处——三江并流、云南石林（中国南方喀斯特）、澄江古生物化石遗址；5A 级旅游景区 9 家——中国科学院西双版纳热带植物园、丽江古城景区等。
	茶马古道源于古代西南边疆的茶马互市，兴于唐宋，盛于明清，是中国西南民族经济文化交流的走廊。滇藏茶马古道南起云南茶叶主产区普洱，中间经过今天的大理、丽江、香格里拉进入西藏，直达拉萨，有的还从西藏转口印度、尼泊尔，是古代中国与南亚地区一条重要的贸易通道。

（续表）

项目	内容
旅游景点	**香格里拉**地处滇、川、藏“大三角”区域，迪庆香格里拉是一片人间少有的完美保留自然生态和民族传统文化的净土，是国家“三江并流”风景名胜区的一颗明珠。素有“高山大花园”“动植物王国”的美称，是一个以藏族为主体、文化多元、资源丰富的“神仙居住的地方”。
	西双版纳是我国热带生态系统保存最完整的地区，融民族文化、热带雨林等自然和人文景观为一体，拥有种类齐全、全天候和常年性的旅游度假资源，素有“动植物王国”“生物基因库”等美称。
	玉龙雪山发育有亚欧大陆距离赤道最近的温带海洋性冰川，分布着大量珍稀动植物资源，是纳西族的“神山”，2007年被评为国家首批5A级旅游景区。国家5A级景区大理古城居于苍山之下、洱海之滨，古城占地面积3平方公里，民族文化浓厚，是人类文化遗产最杰出的区域之一，其人工与自然融合的景观风景营造方法及传统的城市景观规划建设思想，对中国现代建筑营造具有重要意义。
	腾冲温泉位于腾冲市境内，泉区自然景观独特，以奇异而壮观的火山地貌和遍地热泉著称于世，腾冲市城西南4公里的和顺古镇是著名侨乡和国家级历史文化名镇。
	红河哈尼梯田位于云南南部，遍布于红河州元阳、红河、金平、绿春四县，总面积约100万亩。梯田规模宏大，气势磅礴，是以哈尼族为主的各族人民利用特殊地理气候同垦共创的梯田农耕文明奇观，2013年被列入世界遗产名录。
	普者黑景区位于云南省文山壮族苗族自治州丘北县，是发育典型的喀斯特岩溶地貌，以“水上田园、湖泊峰林、彝家水乡、岩溶湿地、荷花世界、候鸟天堂”六大景观著称，为国家5A级旅游景区。
	禄丰是中国乃至世界发现恐龙化石数量最多、个体最为完整、种类最丰富的地区，被誉为“恐龙之乡”。

七、风物特产

类别	内容
风俗	云南十八怪。
云南菜	简称滇菜，以烹制山珍、淡水鱼鲜和蔬菜见长，具有鲜嫩回甜、酸辣微麻、重油味厚的特点。代表菜有汽锅鸡、金钱云腿、傣味香茅草烤鱼、大理夹沙乳扇等。
民族美食	彝族坨坨肉、独龙族石板粑粑、傣族炸青苔、白族乳扇、哈尼族辣血旺、景颇族春鳝鱼等独具特色。
小吃	过桥米线、小碗红糖、鲜花饼、云腿月饼、酸角糕、饵块、饵丝、烤乳扇、沾益蘸水、石屏豆腐等。
农副土产	滇红茶、普洱茶、云南白药、三七、天麻、宣威火腿、松茸、大理雪梨、宾川柑橘、葡萄酒等。

八、特色产业

产业	概况
花卉产业	昆明花拍中心是亚洲第一、世界第二大鲜切花拍卖市场，占有全国40%左右的鲜切花市场。
矿产资源	以有色金属及磷矿著称，被誉为“有色金属王国”。个旧被誉为“世界锡都”，为我国乃至世界锡工业的发展作出了卓越贡献。
地热资源	尤以滇西腾冲地区的分布最为集中，全省出露地面的天然温泉约有700处，居全国之冠。
旅游资源	云南的旅游演艺产业也相对发达，相继推出了《云南映像》《纳西古乐》《丽江千古情》等一批具有一定知名度和市场影响力的演艺品牌。

第五节　西藏自治区

一、概况

西藏自治区简称“藏”，位于中国的西南边陲，青藏高原的西南部。北邻新疆维吾尔自治区，东北紧靠青海省，东连四川省，东南连接云南省，南边和西部与缅甸、印度、不丹、尼泊尔等国以及克什米尔地区接壤。全区面积122.84万平方公里（居全国第二），约占中国总面积的八分之一，仅次于新疆维吾尔自治区。首府为拉萨市。有6个地级市、1个地区，74个县。根据第七次全国人口普查结果，全区常住人口约为364.81万，是中国人口数量最少、密度最小的省区。

二、地理、气候

类别	内容
地形	西藏是青藏高原的主体部分，平均海拔4000米以上，素有“世界屋脊”之称。这里地形复杂，大体可分为三个不同的自然区： ☆**北部藏北高原**位于昆仑山、唐古拉山和冈底斯山、念青唐古拉山之间，占全自治区面积的三分之二； ☆**藏南谷地**在冈底斯山和喜马拉雅山之间，即雅鲁藏布江及其支流流经的地方； ☆**藏东高山峡谷区**为一系列由东西走向逐渐转为南北走向的高山深谷，系著名的横断山脉的一部分。
地貌	基本上可分为极高山、高山、中山、低山、丘陵和平原六种类型，还有冰缘地貌、岩溶地貌、风沙地貌、火山地貌等。蜿蜒于西藏高原南侧的喜马拉雅山，由许多近似东西向的平行山脉组成，其主要部分在中国与印度、尼泊尔的交界线上，全长2400公里，宽约200～300公里，平均海拔在6000米以上。海拔8848.86米的世界第一高峰——珠穆朗玛峰，耸立在喜马拉雅山中段的中尼边界上。

（续表）

类别	内容
河流	西藏境内河流众多，流域面积大于1万平方公里的河流有20多条，流域面积大于2000平方公里的河流有100条以上。 著名的河流有金沙江、怒江、澜沧江和雅鲁藏布江。西藏还是国际河流分布最多的中国省区，亚洲著名的恒河、印度河、布拉马普特拉河、湄公河、萨尔温江、伊洛瓦底江等河流的上源都在这里。 雅鲁藏布江为西藏第一大河，也是世界上海拔最高的大河。雅鲁藏布江大峡谷深达5382米，是地球上最深的峡谷。大峡谷谷底最窄处仅74米，最宽处约200米，全长370公里。
湖泊	广袤的西藏高原上有大小湖泊1500多个，其中面积超过1000平方公里的有纳木错、色林错和扎日南木错。纳木错也是世界上海拔最高的湖泊。西藏高原不仅是中国最大的湖泊密集区，也是世界上湖面最高、范围最大、数量最多的高原湖区。这里的湖泊咸水湖多，淡水湖少，湖面海拔超过5000米的有17个，面积都在50平方公里以上。
气候	西藏**空气稀薄，气压低，含氧量少；太阳辐射强烈，日照时间长**；气温低，积温少，昼夜温差大；降水少，季节性明显，夜雨率高；干季时间长，多大风，夏季多冰雹和雷暴；气象灾害种类多，发生频率高。气候类型复杂，垂直变化大，由于西藏空气含氧量较低，游客要注意预防高原反应，尤其要避免感冒引起急性高原肺水肿。西藏太阳辐射强烈，需做好防晒措施。

三、交通状况

由于历史和地理环境的原因，西藏在20世纪50年代以前没有一条正式公路，没有一辆民用汽车。人民生活，经济往来，全靠人背畜驮，社会发展极为缓慢。中华人民共和国成立后，中国人民解放军和西藏各族人民逢山开路，遇水架桥，于1954年12月25日修通了闻名世界的青藏、川藏公路，从此，西藏才第一次出现了现代意义上的公路汽车运输。之后，国家先后投入近百亿元巨额资金，修建了青藏、川藏、新藏、滇藏、中尼公路以及区内干线和众多的县乡公路、边防公路。目前，西藏已形成以5条国道为主干，14条省道为支架，20条县道，57条乡道，12条专用公路和79条边防专用公路的公路网络。同时还基本形成了由公路、航空、管道运输组成的交通运输网。

类别	内容
航空	截至2022年年底，西藏有拉萨贡嘎机场、林芝米林机场、日喀则和平机场、昌都邦达机场和阿里昆莎机场5个民用机场，有隆子、定日、普兰3个支线运输机场，其中两个已建成通航。区内支线航空网络初步形成，国内外航线增至140条，通航城市66座。
铁路	被誉为“天路”的**青藏铁路**的通车结束了西藏没有铁路的历史，它全长1956公里，是世界上海拔最高、在冻土上路程最长的高原铁路，2013年9月入选“全球百年工程”，是世界铁路建设史上的一座丰碑。青藏铁路分两期建成，一期工程东起青海省西宁市，西至格尔木市，1958年开工建设，1984年5月建成通车；二期工程东起青海省格尔木市，西至西藏自治区拉萨市，2001年6月29日开工，2006年7月1日全线通车。青藏铁路支线拉日铁路也在2010年9月26日动工建设，2014年8月16日全线竣工运营。除青藏铁路外，还有四条在建和拟建进藏铁路。

（续表）

类别	内容
铁路	**川藏铁路**是中国国内第二条进藏铁路，东起四川成都市，西至西藏拉萨市，线路全长1838公里，设计速度160～200公里/时。2018年12月28日，川藏铁路成都至雅安段开通运营。2020年4月7日，川藏铁路拉萨至林芝段全线47座隧道全部贯通。2021年6月25日，全长435.48公里的川藏铁路拉林段正式开通运营。川藏铁路由于横跨中国第一阶梯与第二阶梯，横断山脉又都是南北走向，沿途地貌落差大，桥梁隧道工程占比达81%。从成都到拉萨，线路八起八落，累计爬升高度达1.4万米，仅拉林段全线就有16次跨越雅鲁藏布江，共有10公里以上的特长隧道6座，15公里以上的特长隧道15座，横穿14条大江大河、2座4000米以上的雪山，被称为“世界上最难建的铁路”。这条铁路的建成，将极大促进西南川渝与西藏地区的沟通和经济往来，去西藏也将变得更加方便。
	滇藏铁路是从云南昆明到西藏拉萨的一条铁路，全长约1914公里，但滇藏铁路并不是一条完全新修的铁路，是利用现有的铁路进行升级改造，然后增加新建铁路路段，最终修建而成。目前这条铁路已经从昆明修到了丽江，并开始运营，最后经香格里拉在西藏邦达地区汇入川藏线后通往拉萨。
	中尼铁路是把青藏铁路支线拉日铁路的延长线日吉铁路延伸到中尼边界的吉隆县吉隆口岸，然后穿越喜马拉雅山脉，通往尼泊尔首都加德满都。根据规划，铁路还要把尼泊尔境内三大城市连接起来，最后直接通往印度平原地带，目前中尼铁路中国段已经开工建设，而这条铁路的建设将使尼泊尔摆脱对印度的过分依赖，也可以享受到中国经济高速增长带来的实惠。
	新藏铁路是规划中的连接新疆喀什地区和西藏拉萨市的铁路线路，北起新疆叶城站，南至萨嘎县附近接入中尼铁路通往拉萨，新藏铁路全线约2000公里，为单线电力牵引铁路。新藏铁路途经世界闻名的昆仑山、喀喇昆仑山、冈底斯山、喜马拉雅山脉，全线海拔预计在4500米以上，沿线冬季气温低至–40℃，氧气含量只有内陆地区的44%。建成以后，不但可以把新疆和西藏连接得更紧密，而且对于国防有着重要的战略意义。

四、历史沿革

西藏自古以来就是中国领土的重要组成部分，中央政权始终对西藏行使有效管辖。藏族人民是中华民族大家庭中的重要一员。7世纪初，松赞干布统一西藏，在逻些（今拉萨）建立吐蕃王朝，并与唐朝建立了密切的关系。

元朝时期，中央政府设立管理藏区事务的宣政院，建立了西藏萨迦地方政权，西藏成为中国元朝中央政府直接治理下的一个行政区域。**明朝**中央政府承袭元制，先后敕封过三大法王和各级僧官，设立乌斯藏、朵甘两个行都指挥使司和俄力思军民元帅府，管理西藏军政事务，并建立了帕竹地方政权。到**清朝**，西藏与中央的关系进一步得到加强，清政府分别在1652年和1713年册封达赖和班禅，正式确定其封号。1721年，清政府废除第巴制度，制定噶伦制度。1727年正式设立驻藏大臣办事衙门，对西藏进行全面管理。1790年建立西藏地方政府即噶厦政府，1791年清政府派军进驻西藏，规定驻藏大臣与达赖和班禅共同掌管西藏事务。1793年清政府制定《钦定藏内善后章程》，对西藏地方政府的政治、财政、军事、外交、宗教等方面进行了规范，加强了中央的管理。

1911年辛亥革命后，中华民国宣布实行汉、满、蒙古、回、藏五族共和，领土统一，在《中华民国临时约法》中规定西藏为中国领土，反对和抵制“西藏独立”活动。中华人民共和国成立后，中央政府决定和平解放西藏。

中华人民共和国成立初期，西藏有147个宗（相当于内地的县）和相当于宗的豁卡，人口约100万。1950年10月昌都解放后，昌都地区划为中央直辖区。1951年5月23日，中央人民政府与西藏地方政府在北京签订了《中央人民政府和西藏地方政府关于和平解放西藏办法的协议》（简称《十七条协议》），西藏实现和平解放。1952年十世班禅额尔德尼返藏，根据1951年中央和西藏签订的《十七条协议》有关规定，恢复了固有的地位和职权，“班禅堪布会议厅”管辖班禅属区的一切政教事务。这样，连同噶厦（西藏地方政府）在内，中华人民共和国成立初期西藏共有3个行政单位，即噶厦辖区、班禅堪布会议厅辖区、昌都人民解放委员会辖区。1956年，西藏自治区筹备委员会成立。下辖拉萨、山南、江孜、日喀则、昌都、塔工、阿里、那曲8个相当于专区建制的基础级办事处。

1959年3月，西藏上层统治集团中的一些人公开撕毁《十七条协议》，发动全面武装叛乱。不久，叛乱被平息。1960年平叛改革后，废除了封建农奴制度，全区原有的83个宗和64个相当于宗的独立豁卡，合并划分为1个市、7个专区和72个县。1961年9月，原班禅堪布会议厅委员会在完成它的历史任务后宣告结束。1965年9月1日，西藏自治区正式成立，自治区首府设在拉萨。

五、民俗风情

西藏是以藏族为主体的少数民族自治区，是全国藏族居民最集中的地区。全区还有汉族、门巴族、珞巴族、回族、纳西族等45个民族及未识别民族成分的僜人、夏尔巴人。全区常住人口中，藏族及其他少数民族人口为320.5万，其中，藏族人口为313.8万，其他少数民族人口为6.7万，汉族人口约为44.5万。

（一）藏族

1. 概况

藏族总人口约706万（第七次人口普查），是中国古老的民族之一，除一部分分布在青海、甘肃、四川、云南等省外，近半数居住在西藏。藏族是汉语的称谓，藏族自称为“博（bod）”。藏语对居住在不同地区的人又有不同的称谓：居住在西藏阿里地区的人自称为“兑巴”，后藏地区的人自称为“藏巴”，前藏地区的人自称为“卫巴”；居住在西藏东境和四川西部的人自称为“康巴”；居住在西藏北境和四川西北部、甘肃南部、青海地区的人自称为“安多娃”。统称为“博巴”。

2. 语言

藏语属汉藏语系藏缅语族藏语支。依地区划分为卫藏、康、安多三个方言，卫藏方言和康方言都有声调。安多方言没有声调。藏文创制于7世纪前期，是有4个元音符号和30个辅音字母的拼音文字，自左向右用竹笔、墨汁书写，字体主要为“有头字”（楷体）和“无头字”（草体）两种，通行于整个藏族地区。

3. 饮食

藏族的主食和饮料主要是糌粑、肉食、奶制品、酥油茶和青稞酒。糌粑是藏族特有的一种主食，是用青稞炒熟后磨成细粉制作而成，食用方式主要是拌和酥油茶，用手捏成团吃，也可调以盐茶、酸奶或青稞酒。牧区妇女喜用酥油涂面护肤。藏族不吃奇蹄类兽肉，大部分地区没有吃飞禽和鱼的习惯。狩猎只为取得麝香、鹿茸等名贵药材和皮毛。

4. 服饰

藏族传统服饰较为肥大，基本特点是长袖、宽腰、大襟。藏族穿衣，里面都要有一件衬衫，外面再穿藏袍。穿时夏天或劳动时只穿左袖，右袖从后面拉到胸前搭在右肩上；也可左右袖均不穿，两袖束在腰间。但冬天一般两袖均穿上。

5. 建筑

藏族农区多垒石建屋，牧区则用帐篷。房屋平顶多窗，造型简洁，敦实质朴，具有浓厚的民族特色，多建于向阳高处，坐北向南。一般以石块或夯土筑墙，形如碉房，楼房上层住人，室内多设有佛龛，下层多作库房或畜圈，有院落。层内铺木板或坐垫。牧区帐篷用牦牛毛织成，色黑，冬暖夏凉，迁移方便。农村多半在房外围以小墙为小院，供放柴草和豢养牲口或家禽之用。寺院建筑别具风格，层楼重叠，整齐壮观，主殿经堂宽敞，寺门前砌修大小佛塔供煨松柏枝用，周围多置转经筒，游人顺时针方向转动，借以祈福禳灾。

转经，是藏传佛教的修行之道。藏族信众一般左手拿念珠，右手摇转经筒，嘴里诵六字真言等真经，围绕佛殿、寺庙、圣城、神山、圣湖、嘛呢堆等，顺时针转圈；一般年长者手摇转经筒，青年一代一般不带转经筒。转经时间并无固定，随时都可以；在一些特定的时间和宗教节日里转经可以事半功倍，比如藏历每年四月十五开始、为期一月的萨嘎达瓦节，藏历马年要转山、羊年要转湖，都与宗教节日的约定俗成有关。

6. 宗教

藏族信奉藏传佛教。喇嘛藏语意为“上师”。佛教从 7 世纪传入藏族地区后，吸收了原始本教的信仰和仪式，经过长期的发展，逐渐形成了大小不同教派，除宁玛派（红教）之外，其余如噶举派（白教）、萨迦派（花教）、格鲁派（黄教），在历史上都曾先后在藏族地区建立过政教合一的地方政权。格鲁派严禁僧人娶妻，其余各派的僧人则可以结婚，各教派都有自己的戒律。

格鲁派在藏传佛教中占主导地位。属寺遍及藏族地区，著名的寺院有拉萨的甘丹寺、色拉寺、哲蚌寺，日喀则的扎什伦布寺，昌都的昌都寺，甘肃的拉卜楞寺，青海的塔尔寺等。格鲁派实行活佛转世制度，达赖喇嘛和班禅额尔德尼就是这一教派的两大活佛转世系统（清代规定达赖、班禅和格鲁派大活佛转世，均须经由朝廷认可或经金瓶掣签确定）。13 世纪，噶玛噶举派认定一幼童为其著名上师噶玛拔希的转世灵童，西藏就此出现第一位转世活佛，之后，噶玛噶举派将这种转世方式确立并形成制度。格鲁派将这一转世制度进一步完善并发扬光大。到了清乾隆时期，西藏一些权贵在活佛转世问题上弄虚作假，尤其是大活佛转世，每每通过贿赂神巫，将自家孩童扶上宝座，以致争权夺利，引发内忧外患。乾隆皇帝为除此弊端，遂颁赐一金瓶，要求活佛圆寂后，须选出候选灵童，然后将候选灵童的名字写在象牙签牌上，放在金瓶内，经过高僧大德念经加持，然后由皇帝加封的“呼图克图”（大活佛）和驻藏大臣在大昭寺佛祖释迦牟尼像前共同通过抽签认定。

1793年，清朝制定了《钦定藏内善后章程》，其中第一条第一部分阐述了设立金瓶掣签制度的原因；第二部分讲金瓶掣签的基本原则。规定：“大皇帝为求黄教兴隆，特赐一金瓶，今后遇到寻认灵童时，邀集四大护法，将灵童的名字及出生年月用满、汉、藏三种文字写于签牌上，放进瓶内，选派真正有学问的活佛，祈祷七日，然后由各呼图克图和驻藏大臣在大昭寺释迦牟尼像前正式拈定。”第二部分规定：“假如找到的灵童仅只一位，也须将一个有灵童名字的签牌和一个没有名字的签牌，共同放进瓶内，假如抽出没有名字的签牌，就不能认定已寻访到的儿童，而要另外寻找。”第四部分规定达赖、班禅转世灵童的掣签原则。从《钦定藏内善后章程》和管理活佛转世灵童寻访认定的实践看，清朝管理寻访认定达赖喇嘛、班禅额尔德尼转世灵童制度的核心内容有：（1）转世事宜由中央主持，驻藏大臣会同西藏地方实施；（2）经中央批准后，西藏地方按宗教仪轨进行寻访，寻访到的候选男童经过甄别灵异，确定三名报中央批准掣签；（3）中央委派驻藏大臣或专员主持仪式和掣签；（4）将中签男童报中央批准后继任，中央特派专员看视灵童并主持坐床典礼；（5）西藏地方报中央批准确定灵童经师、启用前世金印。为此，清朝特制两个金瓶：一个用于西藏各大活佛转世灵童的认定，存放于拉萨大昭寺；另一个用于确认西藏以外的我国内蒙古、青海、甘肃及蒙古等地的各大呼图克图活佛转世掣签之用，存放于北京雍和宫。至此，经过了一系列历史演变，最终形成了以“金瓶掣签”认定活佛转世灵童的制度，并以国家法律的形式确定下来。

活佛转世制度得到国家和西藏自治区各级政府的尊重。1992年，国务院宗教局批准了第十七世噶玛巴活佛的继任；1995年，西藏自治区按照宗教仪轨和历史定制，经过金瓶掣签，报国务院批准，完成了第十世班禅转世灵童的寻访、认定以及第十一世班禅的册立和坐床。2007年，中华人民共和国颁布了《藏传佛教活佛转世管理办法》。

在西藏西部和青海、四川牧区还流传着藏族地区早期的宗教——苯教，俗称黑教。在个别地方，还有汉族建立的道观，回族建立的清真寺，以及外国传教士建立的天主教和基督教的教堂。

7. 礼俗

（1）献哈达是藏族最普遍的礼节，婚丧、节庆、乔迁、拜会尊长，朝拜佛像，送别远行等，都有献哈达的习惯。

（2）磕头是藏民族常见的礼节，一般是朝拜佛像、佛塔和见大活佛时磕头，也有对长者磕头的。

（3）馈赠是藏族人民十分重视的事，凡有喜庆必然送礼致贺。一般是有送必有还，否则即为失礼。

此外，鞠躬、敬酒、敬茶也是藏族最常见、最普遍的礼仪。

8. 节日

（1）藏历是藏族人民用的年历，**藏历年**是藏族人民一年中最重要、最隆重的节日，相当于汉族的春节。藏历年新年，藏族民众家家户户都会挂上新的经幡，以求吉祥如意。

（2）**酥油花灯节**始于1409年（明永乐七年），藏传佛教格鲁派祖师宗喀巴于当年藏历正月十五在拉萨创办传昭法会，隆重纪念释迦牟尼示现神变降伏邪魔日。这一习俗沿袭下来，人们白天到各寺朝拜，夜晚聚集于拉萨八廓街参加灯会。入夜后满街搭起各种花架，上有彩色酥油摆成的各种神话故事及其中的人物、花木、鸟兽等，人们在塑花之下，狂欢起舞，彻夜不眠。

（3）**雪顿节**（意为酸奶盛筵）从7月1日开始。节日期间，拉萨市民几乎倾城出动，穿上节日盛装，带上点心、糖果、食品、青稞酒、酥油茶、啤酒等吃喝用品和帐篷、围布，到罗布林卡边看节目边游玩。此时，各地专业和业余剧团也聚集拉萨，演出各种剧目的藏戏，热闹非凡。

（4）**望果节**是庆丰收的节日，7月底8月初举行。广大农民穿着新装，聚集在田间巡游，尽情歌舞，举行赛马、赛牛、射箭、投石、摔跤等活动。并进行丰盛的郊宴。

（5）**“沐浴节”**在9月上旬（即每年藏历七月上旬），是在西藏，在拉萨河畔，从城市到乡村，从牧区到农区，都有的一个群众性的洗澡活动。这时，西藏高原雨季刚过，风和日丽，河清水暖。人们带上青稞酒、酥油茶、糌粑和其他节日食品，来到河边，不仅洗头、洗澡，也顺便洗洗衣服和被褥。洗完澡之后边吃边喝，说古道今，畅叙家常。早晨出来，夜晚才回家。这种一年一度的洗澡活动要历时一周，所以，也叫沐浴周。藏族人，从垂髫的娃娃，到白发苍苍的老人，都要下河洗澡，这已成为藏族群众传统的风俗习惯。

此外，还有**“神仙下凡节”**（9月22日）、**“仙女节”**（10月15日），**“燃灯节”**（10月25日）、**驱鬼节**（12月29日）等。

（二）其他民族

门巴族人口约1.1万（第七次全国人口普查）、**珞巴族人口**约0.4万（第七次全国人口普查），是居住在中国西藏的古老民族，主要分布在西藏自治区南部。门巴族语属汉藏语系藏缅语族藏语支，但方言复杂，无文字。因长期和藏族人民密切交往，多通晓藏语，通用藏文。珞巴族语属汉藏语系藏缅语族，没有文字，基本使用藏文。

六、文旅资源

（一）旅游景点

1. 五大人文景观

西藏现有1700多座保护完好、管理有序的寺庙，五大人文景观：

☆以**拉萨**布达拉宫、大昭寺、罗布林卡、哲蚌寺、色拉寺、甘丹寺为代表的历史文化名城拉萨名胜区；

☆以**山南**雍布拉康、桑耶寺、昌珠寺、藏王墓群为代表的藏文化发祥地雅砻风景名胜区；

☆以**日喀则**扎什伦布寺、萨迦寺、夏鲁寺、白居寺为代表的后藏宗教文化人文景观区；

☆以**藏北**“古格王朝古都遗址”为主的文物古迹人文景观区；

☆以**昌都**康区文化为代表的“茶马古道”历史文化人文景观区等。

2. 三大圣湖

玛旁雍错（阿里地区普兰县）、纳木错（拉萨市当雄县）和羊卓雍错（山南市）风景优美，享誉世界。

此外，日喀则市以珠穆朗玛峰为首的雪山风光，昌都市的强巴林寺、然乌湖、卡若文化遗址，享有“西藏江南”之称的林芝地区的桃花节、世界最大峡谷雅鲁藏布大峡谷、藏东南文化遗产博物馆、南迦巴瓦峰、米堆冰川、鲁朗小镇、莲花秘境墨脱，藏北羌塘草原风光和那曲的赛马节，阿里的冈仁波齐峰等以神山圣湖为主的高原湖光山色风光等，都负有盛名。

（二）历史文化

西藏不仅有世界屋脊奇异的地质地貌和独特的自然风光，而且有别具一格的社会人文景观，拉萨布达拉宫历史建筑群（大昭寺、罗布林卡）入选世界文化遗产；藏戏、《格萨尔》入选人类非物质文化遗产代表作名录。

藏族的英雄史诗《格萨尔王传》，有六七十部，150 多万行，是世界上最长的史诗。它叙述格萨尔王为了拯救人类，下凡投胎于贫苦牧民家中，长大后赛马获胜称王，称王后东征西伐、降妖伏魔，最后升天的故事。史诗塑造了格萨尔的英雄形象，深受人民喜爱。

藏文古籍非常丰富。14 世纪编成的藏文《大藏经》，包括的书达 4500 多种，分为《甘珠尔》《丹珠尔》两大部类，两大部类下又分为 10 种（“十明学”）。

藏戏是戴着面具、以歌舞演故事的藏族戏剧，形成于 14 世纪，流传于青藏高原。常演剧目为八大传统藏戏，内容大都是佛经中劝善惩恶的神话传说。藏戏原来流传于民间，由艺人口传心授，在广场或寺院中演出，后来建立了专业剧团，出现了舞台演出形式，这两种演出样式都为藏族群众认可和喜爱。藏戏承载着藏族文化的血脉，反映了藏族人民的生活面貌和思想感情，是他们文化生活的重要组成部分。藏戏《文成公主》根据历史上松赞干布与文成公主的唐蕃和亲佳话历史故事编撰排演，以曲折多变的故事情节，生动地刻画了机智勇敢的大臣噶·东赞和雄才大略的赞普松赞干布、有远见的唐太宗以及美丽的文成公主等艺术形象，反映了藏汉人民在历史上的深厚友谊。

七、风物特产

西藏名产包括冬虫夏草、藏红花、藏茶、西藏木碗、麝香、藏香、藏饰品、唐卡、藏刀、手工地毯等。酥油、茶叶、糌粑、牛羊肉被称为西藏饮食的“四宝”，此外，还有青稞酒和各式奶制品，如干酪、藏族酥酪糕等。藏餐历史悠久、品种丰富，分为主食、菜肴、汤三大类。随着社会经济和文化生活的改善，藏餐的菜肴烹制技术和用膳形式也在不断地改进和丰富。酥油茶是藏族人民不可缺少的饮料，酥油是从牛羊奶里提炼的，以夏季牦牛奶里提炼的金黄色酥油为最佳，从羊奶里提炼的则为纯白色。西藏的青稞酒是用青稞酿成的，度数较低，藏族群众无论男女老少都喜欢喝，是喜庆过节所必备的。

八、特色产业

西藏大力培育和发展高原种植、清洁能源、天然饮用水、藏医药、旅游文化、民族手工业等特色优势产业。牦牛，是青藏高原独具特色的牛类品种，能够适应高寒、缺氧等严酷的生存环境，是牧民们重要的经济来源与亲密伙伴。西藏的牦牛养殖加工产业，已经构建起草、牛、肉、奶、绒、调味剂等一体化产业链。通过集约化、科学化养殖模式、家庭牧场建设，大幅缩短了牦牛的生产与生长周期，走出了一条适合牧区发展的集中养殖新路子。牦牛繁育、养殖、生产、加工、销售等企业，已形成完整的产业链条。随着西藏道路基础设施逐步完善，当雄县等地“有身份证”的牦牛肉排、鲜肉可通过电商平台销往全国各地，各种牦牛休闲食品也受到广泛青睐。

“藏医药浴法”藏语称“泷沐”，通过沐浴天然温泉或药物熬煮的水汁或蒸汽，调节身心平衡，有助于生命健康和疾病防治。长期生活在青藏高原高海拔地区的农牧民中，风湿病、关节炎患者特别多，“藏医药浴法”对这一类型的疾病有一定疗效。作为藏医学“索瓦日巴”的重要组成部分，“藏医药浴法”广泛流行于西藏、青海、四川、甘肃、云南等地的藏区，为保障藏族民众的生命健康和疾病防治发挥着重要作用。2018 年 11 月 28 日，“藏医药浴法”列入联合国教科文组织人类非物质文化遗产代表作名录。

目前西藏有 17 家藏药生产企业通过国家 GMP 认证，拥有 311 个藏药国药准字号，全区藏药生产产值达到了 17 亿元，藏医药产业体系基本形成。从深居青藏高原到广医世界患者，伴随着产业扶持政策落地、产业体系不断完善，拥有千年历史的藏医药产业释放出了新的增长活力。

民族手工业、农业、畜牧业并列为西藏历史上的三大传统产业。西藏和平解放以前，民族手工艺品大多只是寺庙僧侣及达官贵人的专利品。如今，作为民族的优秀文化遗产，西藏的民族手工艺品已经成为民族特需品和具有民族风格、地方特色，同时具有纪念性、陈列性、礼品性的旅游纪念品。江孜的地毯、杰德秀的围裙、扎囊的氆氇、浪卡子的藏被、加查的木碗、拉孜的藏刀、拉萨的金银器具、仁布的玉器、定日的石雕等，各种手工艺品风格迥异、独具特色，令无数游客为之着迷。

易错考题小试牛刀

1.(单选题)有着“世界第一高峰”之誉的珠穆朗玛峰,耸立在喜马拉雅山中段的(　)边界上。

A. 中国与尼泊尔　B. 中国与印度　C. 中国与缅甸　D. 中国与巴基斯坦

2.(单选题)祭鼓节是(　)民间最大的祭祀活动。

A. 纳西族　B. 白族　C. 苗族　D. 傣族

3.(多选题)下列选项中，属于三星堆遗址出土的文物是(　)。

A. 黄金杖　B. 青铜神树　C. 黄金面具残片

D. 青铜人面具　E.“太阳神鸟”金饰

4.(多选题)中国对外出口的三大名菜有(　)。

A. 榨菜　B. 薇菜　C. 竹笋　D. 蕨菜　E. 黑木耳

5.(多选题)白族的(　)被列入国家非物质文化遗产名录。

A. 霸王鞭　B. 扎染技艺　C. 八角鼓舞　D. 绕三灵习俗　E. 砂锅弓鱼

【答案】1.A　2.C　3.ABCD　4.ABC　5.BD

第七章　西北地区

第一节　陕西省

一、概况

陕西简称“陕”或“秦”，省会为西安。位于中国西北部，是新亚欧大陆桥和中国西北、西南、华北、华中之间的门户。陕西省面积约 21 万平方公里，下辖 10 个地级市，107 个区县。2022 年年末，全省常住人口约 3956 万。

二、地理、气候

类别	内容
位置	地势的总特点是南北高、中部低。同时，地势由西向东倾斜的特点也很明显。境内的最高点为周至县、眉县、太白县交界处的太白山拔仙台，海拔 3767 米；最低点在白河县与湖北省交界的汉江南岸，海拔 170 米。
地貌	按照地貌类型，陕西省分为风沙过渡区、黄土高原区、关中平原区、秦岭山地区、汉江盆地区和大巴山地区 6 个地貌类型区域。有高原、山地、平原和盆地等多种地形。北山和秦岭把陕西分为三大自然区： ☆北部是黄土高原区，海拔 900 ~ 1900 米，总面积 8.22 万平方公里，约占全省土地面积的 40%； ☆中部是关中平原区，海拔 460 ~ 850 米，总面积 4.94 万平方公里，约占全省土地面积的 24%； ☆南部是秦巴山区，海拔 1000 ~ 3000 米，总面积 7.4 万平方公里，约占全省土地面积的 36%。 陕西境内有许多闻名全国的峰岭，如华山、太白山、终南山、骊山。作为中国南北气候分界线的秦岭山脉横贯全省东西。
水系	境内绝大部分为外流河，分属黄河、长江两大水系，其中在陕西境内的黄河流域面积 13.33 万平方公里，主要支流从北向南有窟野河、无定河、延河、洛河、泾河、渭河等；在陕西境内的长江流域面积 7.23 万平方公里，主要支流有嘉陵江、汉江和丹江。境内湖泊稀少，除秦巴山地有散见湫池外，主要分布在陕北长城沿线风沙滩区。

（续表）

类别	内容
气候	纵跨三个气候带，南北气候差异较大。秦岭是中国南北气候分界线，陕南属北亚热带气候，关中及陕北大部属暖温带气候，陕北北部长城沿线属中温带气候。陕西省气候总特点是：春暖干燥，降水较少，气温回升快而不稳定，多风沙天气；夏季炎热多雨，间有伏旱；秋季凉爽，较湿润，气温下降快；冬季寒冷干燥，气温低，雨雪稀少。全省年平均气温 9℃ ~ 16℃，自南向北、自东向西递减。陕北黄土高原区年平均气温 7℃ ~ 12℃，关中平原区年平均气温 12℃ ~ 14℃，陕南秦巴山区年平均气温 14℃ ~ 16℃。夏天热冬天冷，旅游淡旺季明显。

三、交通状况

类别	内容
航空	有西安咸阳国际机场、宝鸡机场、安康富强机场、汉中城固机场、榆林榆阳机场、延安南泥湾机场等。其中西安咸阳国际机场是西北地区最大的民用机场，2019 年，西安咸阳国际机场全年完成起降航班 34.5 万架次，旅客吞吐量 4722.1 万人次，货邮吞吐量 38.2 万吨，年旅客吞吐量排名全国第七。
公路	陕西是中国最早建设高速公路的省份之一，中国西部第一条高速公路就是西安至临潼的高速公路。陕西高速公路非常发达，构成了我国西北地区通往西南、华北、中南地区的公路交通枢纽系统，以及新丝绸之路和新亚欧大陆桥上重要的过境通道。已经建成通车的公路有西宝高速、西康高速、西铜高速等，到 2023 年年初，陕西省高速公路里程已经达到 6700 公里，沿黄河西岸建设沿黄公路、210 国道西安沣峪口至宁陕段、108 国道西安周至马召至佛坪段、212 省道宝鸡市到凤县段等较有特色的风景公路。
铁路	陇海线、宝成线、阳安线等穿境而过，宝兰、西成、西银高铁已经建成通车。

四、历史沿革

100 多万年前的“蓝田猿人”是迄今已知最早在陕西生活的古人类。随后的“大荔人”“黄龙人”等古人类在此繁衍进化。距今 6000 多年的半坡遗址是黄河流域著名的仰韶文化母系氏族村落遗址。距今 5000 多年生活在姬水流域的黄帝部落和姜水流域的炎帝部落，在冲突中走向融合，逐渐形成了中国历史上最早的民族共同体——华夏族，开启了中华民族五千年文明历史。先后共有西周、秦、两汉、新、东汉、西晋、前赵、前秦、后秦、大夏、西魏、北周、隋、唐 14 个朝代在陕西建都。

陕西地方行政区划始于春秋战国时期。战国时，魏国在洛河下游设上郡，楚国在汉江中游设汉中郡，秦在陕北也设上郡。秦统一后，分天下为 36 郡。陕西北部为上郡，陕南为汉中郡，关中畿辅区域设内史。

公元前 206 年，汉王刘邦率军暗度陈仓（今宝鸡），袭击关中，点燃了楚汉之争的烽火。章邯自杀，司马欣、董翳投降，陕西遂为刘邦所占。前 202 年，项羽乌江自尽，刘邦在汜水之阳（今山东曹县）即皇帝位，建立汉朝，史称西汉。西汉京师长安城是中国历史上第一个大规模的城市，当时世界上只有欧洲的罗马城可以与之媲美。581年，北周相国杨坚废宇文阐自立，是为隋文帝。次年，由著名建筑家宇文恺规划，在汉长安城东南营造面积达80多平方公里的新都城——大兴城。唐代是中国古代的鼎盛时期，也是古代陕西最繁荣的时期。唐代长安人口最多时超过100万，是当时世界上最大的城市。755年，安史之乱的爆发使大唐的辉煌从巅峰渐滑谷底。881年，黄巢率农民起义军攻入长安，在大明宫含元殿即皇帝位，国号“大齐”。904年，朱温强迫昭宗迁都洛阳，长安城被彻底破坏。907年，朱温逼唐哀帝李柷禅位，唐朝灭亡。

965年，北宋灭后蜀，控制陕西全境。元代于1262年设立陕西四川行中书省，辖区约有今陕西、甘肃、宁夏、青海、四川五省区及内蒙古自治区河套地区；1281年分设甘肃等行中书省；1286年又将陕西、四川行中书省分成陕西等处和四川等处两个行中书省。明代在全国设13个布政使司，陕西承宣布政使司辖今陕西全境和甘肃嘉峪关以东、宁夏及青海湖以东部分地区。1927年大革命失败后，党领导人民群众，组织工农红军，进行游击战争，开展土地革命，先后创建了陕甘边和陕北两块革命根据地。1935年10月19日，中共中央和中央工农红军经过二万五千里长征，胜利到达陕北。中华人民共和国成立之后，陕西人民砥砺奋进、众志成城，在中国共产党的坚强领导下，书写陕西发展的壮丽诗篇。

陕西是华夏文明的开创地之一，汉族传统民俗源远流长。譬如春节，陕西从南到北都盛行吃饺子、放炮竹、贴年画祈福辟邪、贴窗花寓意幸福吉祥的习俗。陕西民间还有逢年过节或婚嫁祭祀送花馍的习惯，花馍造型生动、色彩艳丽。安塞腰鼓是陕西省著名的汉族民俗活动，表演者可达几十上百人，气势磅礴、令人震撼。陕北民歌是群众喜闻乐见的音乐形式，以信天游最常见，其曲调悠长高亢、韵律和美，名曲《兰花花》《走西口》《山丹丹开花红艳艳》几乎家喻户晓。

陕西传统民居南北形态迥异。陕南、关中地区以砖木结构建筑为主，有独栋建筑也有院落式建筑，其中西部农村有“房子半边盖”的现象。陕北地区传统民居是窑洞，一般修建在朝南的山坡上，背靠山，正面开阔，采光好。窑洞修三或五孔，中窑为正房。窑洞顶呈半圆形，一般用石灰装饰，房内冬暖夏凉。此外，在陕西泾阳县、三原县以及河南三门峡市、山西运城市等地，还保存着一种叫作“地坑院”的传统窑洞建筑。地坑院是在地面挖个大坑，然后在坑的四壁修建窑洞而成，院中栽种有树木。这种建筑被形容为“进村不见村，见树不见房，闻声不见人，树冠露三分”，又称“地下四合院”，是一种比较古老的地穴式建筑形式。

五、民俗风情

陕西省以汉族、回族为主，兼有少量少数民族杂居。除汉族外，各少数民族在全省杂居、散居。陕西是中国回族重要的形成地之一，也是回族人口相对较多的省份之一。此外，人数较多的少数民族有满族、蒙古族、藏族、土家族、壮族等。

六、文旅资源

类别	内容
遗产项目	世界文化遗产：秦始皇陵及兵马俑坑、长城（陕西段）、丝绸之路（陕西段）。
	人类非物质文化遗产代表作：西安鼓乐。
5A景区	截至2023年年初，陕西省有12个5A级景区，其中黄河壶口瀑布旅游区是与山西省共创的跨省域旅游景区，2个国家级旅游度假区。
自然资源	华阴市的西岳华山、宝鸡眉县的太白山，西安周边的临潼骊山华清池、终南山、翠华山，秦晋交界处的黄河壶口瀑布等。
人文资源	古代城阙遗址、宫殿遗址、古寺庙、古陵墓、古建筑等，如长城、秦始皇陵兵马俑、乾陵、茂陵等。仅古代帝王陵墓就有72座。陕西各地的博物馆内陈列着西周青铜器、秦代铜车马、汉代石雕、唐代金银器、宋代瓷器及历代碑刻等稀世珍宝。
	革命圣地延安是中国最负盛名的红色旅游地之一。1937年—1947年，延安一直是中共中央所在地和陕甘宁边区首府，是中国革命的指导中心和总后方。延安革命旧址包括凤凰山中共中央旧址、杨家岭中共中央旧址、枣园中共中央书记处旧址、王家坪中共中央军事委员会旧址、八路军总司令部旧址、陕甘宁边区政府旧址等，以及陕甘宁边区参议会、延安宝塔、桥儿沟鲁迅艺术文学院（第六届六中全会旧址）、南泥湾、清凉山新闻出版部门旧址、中共中央党校、中共中央西北局、陕甘宁边区银行、白求恩国际和平医院旧址等遗址。1961年，延安革命遗址被国务院公布为全国重点文物保护单位。
	陕西秦岭栖息着大熊猫秦岭亚种，与四川亚种相比，秦岭亚种个体略大，头圆，更像猫，且头骨较小、牙齿较大。在皮毛颜色方面，秦岭大熊猫胸斑为暗棕色、腹毛为棕色，而四川大熊猫胸斑为黑色、腹毛为白色。到2021年年初，秦岭大熊猫野外种群已由20世纪80年代的109只增加到345只，增幅、密度、DNA调查获取率居全国之首，栖息地面积由1000多平方公里扩大到3600平方公里。
旅游演艺项目	陕西省近年来开发了多个不同主题和类型的旅游演艺项目，用舞台演艺的方式讲好中国故事，其中代表性的剧目有西安市的《长恨歌》《西安千古情》，延安市的《延安保育院》《再回延安》《延安保卫战》等。其中《长恨歌》已累计演出3000多场，接待观众超700万人次（截至2023年2月）；《延安保育院》曾获评庆祝中国共产党成立100周年优秀舞台艺术展演剧目奖、陕西省文华艺术奖、陕西省“五个一工程”优秀作品奖等奖项。

七、风物特产

（一）工艺品

蓝田玉、陕北剪纸、凤翔泥塑、彩绘泥塑、木版年画、秦腔脸谱、户县农民画、扎染、挂线木偶、戏人泥拓片、榆林柳编、仿秦俑、仿唐三彩、仿铜车马。

（二）美食

<table>
<tr><th>类别</th><th colspan="4">说明</th></tr>
<tr><td rowspan="4">陕西菜</td><td colspan="4">又称秦菜。以关中菜、陕南菜、陕北菜为其代表，其烹饪发展可以上溯至仰韶文化时期，由民间菜、市肆菜、宫廷官府菜、民族菜、寺院菜构成，分为关中、陕北、陕南三个地方风味。</td></tr>
<tr><td>关中风味</td><td>以西安为中心，包括三原、大荔、咸阳、铜川、宝鸡在内的关中道菜肴，是秦菜的典型代表。</td><td rowspan="3">主要代表菜</td><td>葫芦鸡、鸡米海参、温拌腰丝、桃仁口蘑氽双脆、奶汤锅子鱼、盆景三皮丝、烤羊腿、红油花肚、烤全羊、红袍莲子、鱼羊烧鲜等。</td></tr>
<tr><td>陕北风味</td><td>包括榆林、延安、绥德在内的菜肴。</td><td>手抓羊肉、羊肉冻豆腐、红焖狗肉、太极鱼线、塞上烩菜等。</td></tr>
<tr><td>陕南风味</td><td>包括汉中、商洛、安康在内的菜肴。</td><td>白血海参、汉江八宝鳖、秦巴四珍鸡、烧鱼梅、商芝肉、苜蓿肉锅贴、薇菜里脊丝等。</td></tr>
<tr><td>风味小吃</td><td colspan="4">牛羊肉泡馍、腊汁肉夹馍、胡辣汤、凉皮、锅盔等。</td></tr>
</table>

八、特色产业

陕西省是科教大省、是中国重要的国防科技工业基地，科教资源富集，创新综合实力雄厚。陕西高校和科研机构众多，创新人才济济，有一批国家级高新区、开发区、示范区和大学科技园区；高端能源化工、装备制造、航空航天等产业实力雄厚，电子信息、汽车制造、新材料等产业发展势头迅猛。2021 年 3 月 30 日，承载着全省创新驱动发展总平台、总源头重大使命的秦创原创新驱动平台建设在西咸新区全面启动。为践行国家“一带一路”倡议，陕西构建了辐射欧洲腹地的黄金物流大通道，开通了中欧班列。中欧班列连接中国与欧洲大陆，大力承接海运、空运转移货物，辐射范围不断扩大，服务能力稳步提升，无论是数量还是规模都呈现井喷式增长，仅 2020 年一年就开行 12406 列，同比增长 50%，首次突破“万列”大关，成为推动丝绸之路经济带互联互通的重要载体。

第二节 甘肃省

一、概况

甘肃位于中国版图内陆西北部，地处黄河上游，总面积 42.59 万平方公里，居全国第七位。东接陕西，南邻四川，西连青海、新疆，北靠内蒙古、宁夏并与蒙古国接壤。取甘州（今张掖）、肃州（今酒泉）二地的首字而成。由于西夏曾置甘肃军司，元代设甘肃省，简称“甘”；又因省境大部分在陇山（六盘山）以西，而唐代曾在此设置过陇右道，故又**简称“陇”**。**省会兰州**。辖 14 个市（州），其中有 2 个民族自治州（临夏回族自治州和甘南藏族自治州）。根据第七次全国人口普查结果，全省常住人口约 2501.98 万。

二、地理、气候

类别	内容
位置	甘肃位于中国地理中心，地貌复杂多样，山地、高原、平川、河谷、沙漠、戈壁，类型齐全，交错分布。
地形	地势自西南向东北倾斜。地形呈狭长状，东西长1655公里，南北宽530公里，最窄处仅25公里。地貌形态复杂，大致可分为陇南山地、陇中黄土高原、甘南高原、河西走廊、祁连山地、河西走廊以北地带六大地形区域。
气候	从南向北包括了亚热带季风气候、温带季风气候、温带大陆性（干旱）气候和高原高寒气候四大气候类型。年平均气温0℃～15℃，大部分地区气候干燥，年平均降水量在40～750毫米，干旱、半干旱区占总面积的75%。主要气象灾害有干旱、暴雨、洪涝、冰雹、大风、沙尘暴和霜冻等。

三、交通状况

类别	内容
公路	已实现县县通高速公路、14市州实现铁路网全覆盖，高铁覆盖率超七成。
航空	甘肃目前建好的民用机场有10个，即兰州中川机场、嘉峪关机场、敦煌机场、天水机场、庆阳机场、酒泉机场、金昌金川机场、甘南夏河机场、张掖甘州机场、陇南成县机场。已开通兰州至迪拜、圣彼得堡、中国香港等国际（地区）航线，以及甘肃省至国内大中城市航线，航空运营市场粗具规模。
水运	以黄河航道为主。

四、历史沿革

甘肃历史悠久，文化底蕴厚重。距今8000年的大地湾文化标志着农耕文化的初步形成，开启了中华民族的文明曙光。距今5000年的马家窑文化，展现了中国历史上最早的彩陶文化。商周之际，周秦部族先后在今甘肃东部崛起并向东发展，对国家政治生活产生过重大影响。汉武帝至昭帝间陆续设武威、张掖、敦煌、天水、安定、武都、金城诸郡。至元，全国创设省制，甘肃正式设省。至清朝乾隆年间，甘肃辖区除今省境外，尚辖西宁府、宁夏府及新疆东境一部。1884年（清光绪十年），新疆建省。1929年分置宁夏、青海省，其行政区域大体与今相同。

甘肃是中华民族和华夏文化的重要发祥地之一。中华民族的人文始祖伏羲、女娲和黄帝相传诞生在甘肃，故有“羲轩桑梓”之称。周人崛起于庆阳，秦人肇基于天水。前688年（秦武公十年）秦灭邽、冀戎，置邽县（今秦州区）、冀县（今甘谷县）。在秦国逐鹿中原的进程中，秦武公创设了我国历史上最早的县。汉代的开边政策和张骞通西域成功开通了丝绸之路。隋唐时期，甘肃成为我国联系西域各国和欧洲的重要通道，武威、张掖、敦煌成为经济文化繁荣的国际性贸易城市，整个河陇地区农桑繁盛、士民殷富，《资治通鉴》有“天下称富庶者，无如陇右”的记载。609 年（隋炀帝大业五年）隋炀帝“西巡”河西。在山丹焉支山主持召开“万国博览会”，会见西域 27 国使者，对促进中西经济文化交流起到积极作用。

海路开通后，随着全国政治、经济、文化重心的东移南迁，特别是由于气候和生态条件的变化，甘肃渐渐成为荒僻之地。一百多年前，左宗棠向清政府奏称“甘肃地处边陲，土旷人稀，瘠苦甲于天下”。新民主主义革命时期，刘志丹、谢子长、习仲勋、吴岱峰等在陕甘交界地区创建了西北地区第一个革命根据地——陕甘边革命根据地，这是土地革命战争后期全国硕果仅存的革命根据地，为党中央和红军长征提供了落脚点，为中国革命的胜利做出了重大贡献。1936 年 10 月，中国工农红军三大主力在甘肃会宁大会师，标志着二万五千里长征胜利结束。甘肃是红军长征活动时间最长、到达部队最多、活动范围最广（近 50 个县）的省份，为中国革命的战略转折和夺取胜利作出了重大贡献。

五、民俗风情

甘肃自古以来就是多民族聚居的省份。在少数民族中，人口在千人以上的有回、藏、东乡、土、裕固、保安、蒙古、撒拉、哈萨克、满等 16 个民族。东乡、裕固、保安为 3 个甘肃特有少数民族。各民族文化特色鲜明，民俗风情浓郁，在饮食、服饰、婚丧、节日庆典方面均有自己的特色，如藏族的香浪节、浴佛节，回族花儿会，裕固族婚礼，陇东香包节等。

甘肃 3 个特有的少数民族中，东乡族和保安族的服饰特点、饮食习俗、礼俗与回族比较相似，民间信仰伊斯兰教。房屋建筑装饰，室内家具、杯、盘、壶、罐、刀具等生活日用器皿和服饰上的图案花纹大都以各种草木花卉和山水等自然景物为主，朴拙典雅，美观大方。男子多头戴黑、白二色的平顶软帽。女子一般戴盖头，通常少女戴绿色的，婚后戴黑色的，老年戴白色的，也有妇女喜欢戴白色无檐圆帽。喜欢饮茶，来客人则待以“三香茶”，在盖碗内放有茶叶、冰糖、桂圆或烧熟的红枣、葡萄干等物，也叫“三泡台”。

民族	介绍
东乡族	☆根据第七次全国人口普查数据，东乡族总人口约 77.5 万，主要聚居在甘肃省临夏回族自治州，其中以东乡族自治县最为集中。 ☆东乡族的语言属阿尔泰语系蒙古语族。东乡族没有本民族的文字，大多数东乡族兼通汉语，汉文成为东乡族的通用文字。 ☆东乡族尊老爱幼、热情好客。客人来访，立即请到炕上，用最好的茶、饭招待。主人陪客，但不和客人一起饮茶用餐，而是在一旁端饭倒茶，自己不坐也不吃，以示尊敬。炸油粿、手抓羊肉、炖鸡都是待客的食品。东乡人吃鸡，是把鸡的各部分分为 13 块，鸡尾最贵重，最年长或最尊贵的主客吃鸡尾。
保安族	☆总人口约 2.4 万，是中国人口较少的民族之一。主要聚居在甘肃省临夏回族自治州积石山保安族东乡族撒拉族自治县，占总人口的 88.5%。 ☆保安族的语言属于阿尔泰语系蒙古语族，和土族、东乡族的语言比较接近。由于和周围汉族、回族的长期交往，保安语中汉语借词较多。保安族通用汉文，以汉文作为社会交往的工具。 ☆“宴席曲”是保安族举行婚礼时，在宴席场地演唱的一种民间传统乐曲，曲调优美，欢快明朗，节奏性强，有时还伴有简单的舞蹈动作。保安族的宴席曲，大致可分为散曲、叙事曲、说唱曲。

（续表）

民族	介绍
裕固族	☆总人口约为1.47万人，是中国人口较少的民族。主要聚居在甘肃省肃南裕固族自治县和酒泉黄泥堡地区。由于历史的原因，裕固族使用三种语言：住在肃南自治县西部的使用阿尔泰语系突厥语族的裕固语（称尧乎尔语）；住在肃南自治县东部的使用阿尔泰语系蒙古语族的裕固语（称恩格尔语）；黄泥堡裕固族长期以来使用汉语。现在，各地裕固族普遍会讲汉语。 ☆裕固族民间保留有“点格尔汗”（意即“天可汗”）的原始崇拜，部分信仰藏传佛教，凡遇疾病及婚丧大事，皆要请喇嘛念经。裕固族主要从事畜牧业，兼营农业；崇尚骑马和射箭；奶和茶在裕固族人民日常生活中占有十分重要的位置，民间有一日三茶一饭或两茶一饭的习惯。 ☆春节是裕固族一年中最大的节日。节前要包饺子（用作冻饺），炸油粿子、馓子等，并有祭祖的习俗。节日期间放鞭炮，点酥油灯，互送哈达、礼品以示祝福。

六、文旅资源

（一）文化遗产

1. 世界文化遗产

敦煌莫高窟、嘉峪关长城、丝绸之路甘肃段。

2. 人类非物质文化遗产代表作

甘肃花儿、甘南藏戏（部分）。

（二）文学艺术

项目	内容
文学刊物	《飞天》《驼铃》在全国具有广泛影响。
山歌	“花儿”是一种产生和流传在甘肃、青海、宁夏、新疆部分地区，以爱情为主要内容的山歌。
舞剧	《丝路花雨》《大梦敦煌》为代表的文艺精品，已经成为外界认知甘肃的标志之一。
陇剧	《枫洛池》作为我国经典戏剧曲目入选“当代中国戏曲百部曲”。
花儿剧	以“花儿”的格律为基调创立的花儿剧，是一种全新的地方性少数民族剧种。
佛窟	境内丝绸之路沿线佛教石窟有70多处。中国四大石窟，甘肃有两个，即敦煌莫高窟、天水麦积山石窟。
敦煌壁画	作为敦煌艺术的主要组成部分包括敦煌莫高窟、西千佛洞、安西榆林窟，共有石窟552个，有历代壁画50000多平方米，是我国乃至世界壁画最多的石窟群。内容非常丰富，题材类型有佛像画、经变画、供养人画像、神话题材画、装饰图案画、故事画、山水画等。在这些题材中，除装饰图案外，一般有情节的壁画，特别是经变画和故事画，都反映了大量的现实社会生活，如统治阶级的出行、宴会、审讯、游猎、剃度、礼佛，劳动人民的农耕、狩猎、捕鱼、制陶、冶铁、屠宰、炊事、营建、行乞，还有嫁娶、上学、练武、歌舞百戏、商旅往来、少数民族、外国使者等各种社会活动，不仅具有艺术价值，还是珍贵的历史文献。

（续表）

项目	内容
长城	甘肃是秦、汉、明三代修筑长城的起点，甘肃境内保存的长城总计超过 3600 公里，占全国现存总量的 60% 以上，沿线遗存遗迹十分丰富。在河西走廊，“天下第一雄关”嘉峪关、“长城第一墩”、阳关、玉门关、汉长城等古长城遗存，都已成为游人凭吊历史的旅游名胜。

（三）红色旅游

甘肃是中国工农红军二万五千里长征胜利的结束地，还是中国西部最早红色革命政权的诞生地，也是红军西路军悲壮历史的见证地。红军会师纪念地会宁、陕甘边区苏维埃政府旧址、腊子口战役纪念地、红军西路军烈士陵园、哈达铺会议纪念地、“岷州会议”纪念馆、榜罗镇革命遗址、八路军办事处旧址等红色旅游景区见证了这段艰苦奋斗、百折不挠的红色历史。

（四）旅游景点

甘肃自古以来就是东西方文化和各类生产要素及商品交换的重要通道，是华夏文明形成的重要源头，文化资源遗存多元而丰富。丝绸之路的甘肃段是新旧石器时代马家窑文化、齐家文化和马厂文化类型的典型区域，是中国出土彩陶规模最大、类型最全和价值最高的地区。“丝绸之路三千里，华夏文明八千年”是甘肃历史悠久、文化厚重的生动写照，也是对甘肃历史文化地位和特色的最好诠释。被视为中国古代高超铸造业象征的东汉青铜器——东汉铜奔马（又名马超龙雀），就出土于甘肃省武威市雷台的东汉墓，1983 年被国家旅游局确定为中国旅游标志，并一直沿用至今。甘肃拥有丝绸之路中国段的精华区段。天水伏羲庙是我国目前规模最宏大、保存最完整的纪念伏羲氏的明代建筑群，是历代官方祭祀伏羲的重要地方。

源远流长的民族传统文化和奇丽多姿的民俗风情，形成了甘肃旅游的一大特色。藏回风情草原风光旅游线，经临夏回族自治州，到达被称为“九色香巴拉”天堂之地的甘南藏族自治州，沿途可以欣赏临夏浓郁的伊斯兰风情、风格各异的清真寺、永靖炳灵寺石窟、和政古生物化石博物馆、临夏永靖黄河三峡、甘南夏河拉卜楞寺（世界最大的藏学学府、藏传佛教格鲁派六大宗主寺之一、青川地区最大的藏族宗教和文化中心）、玛曲黄河首曲、中国魅力名镇甘南碌曲郎木寺镇。

省会兰州是全国唯一一座黄河穿城而过的城市。在兰州的“百里黄河风情旅游线”可以看到有 400 多年历史的古老的提灌工具黄河水车、全国黄河雕塑艺术品中最具艺术价值的黄河母亲雕像，以及黄河沿岸古老的摆渡工具羊皮筏子。此外，武威气势恢宏的雷台汉墓，“石窟鼻祖”天梯山石窟，举世无双的西夏碑，西藏纳入中国版图的见证地白塔寺，张掖世界最大的室内卧佛大佛寺，河西走廊富饶的绿洲，牧马人的乐园山丹马场，集石窟艺术、祁连山风光和裕固族风情于一体的马蹄寺景区，“天下第一雄关”嘉峪关，“世界艺术宝库”莫高窟，鸣沙山月牙泉，玉门关，雅丹国家地质公园，酒泉东风航天城等都值得一探究竟。

七、风物特产

类别	内容
瓜果	陇上“八梨”（冬果梨、软儿梨、酥木梨、八盘梨、猪头梨、长把梨、齐梨、苹果梨）、黄河蜜、麻皮醉瓜、白兰瓜、礼县苹果、静宁苹果、大接杏、李广杏（又名油杏，因飞将军李广而得名）、迟水临泽枣等驰名中外。
药材	甘肃是药材之乡，药材品种繁多，有“甘肃五个宝，归芪黄参草”之说，岷县当归、红（黄）芪、大黄、党参、甘草品质优良，西和被农业农村部认定为“中国半夏之乡”。
工艺品	酒泉夜光杯、洮砚（产于甘南藏族自治州卓尼县）、庆阳香包、兰州刻葫芦、卵石雕、保安腰刀，既是实用器也是艺术品。天水雕漆、临夏砖雕也精美绝伦。
美食	兰州清汤牛肉面、羊肉泡馍、陇西腊肉、静宁烧鸡、酿皮子、浆水面、臊子面、手抓羊肉、靖远羊羔肉、藏包被誉为甘肃十大特色美食。
	兰州清汤牛肉面俗称“牛肉拉面”，是兰州最为著名的风味小吃和最具特色的大众化经济小吃，被当地人誉为“兰州的麦当劳”。兰州牛肉面创始于清光绪年间，系回族老人马保子首创。牛肉面以肉烂汤鲜、面质精细而蜚声中外。兰州牛肉面有一清（汤清）、二白（萝卜白）、三红（辣子油红）、四绿（香菜绿）、五黄（面条黄亮）五大特点。面条根据粗细可分为大宽、宽、细、二细、毛细、韭叶子等种类。面条手工现场拉成，一碗面不到两分钟即可做好，再浇上牛肉汤、白萝卜片，调上红红的辣椒油，添上碧绿的蒜苗、香菜，食之令人叫绝。

八、特色产业

甘肃是矿产资源比较丰富的省份之一，矿业开发已成为甘肃的重要经济支柱。2019 年金川集团入围世界 500 强企业，是甘肃省首家入围世界 500 强的企业。在已查明的矿产中，甘肃资源储量名列全国第 1 位的有镍、钴、铂、族金属等 10 种。甘肃省能源种类较多，除煤炭、石油、天然气外，还有太阳能、风能等新能源。风力资源居全国第 5 位，瓜州素有“世界风库”之称。甘肃“牛、羊、菜、果、薯、药”六大特色产业发展势头强劲，“甘味”农产品走向全国。甘肃是全国药材主要产区之一，现有药材品种 9500 多种，居全国第二位。其中野生药材达 951 种，如大黄、当归、甘草、红黄芪、锁阳、肉苁蓉、天麻等。甘肃养马历史悠久，自汉至今一直是我国养马业的重地。

第三节　青海省

一、概况

青海省位于中国西部，雄踞世界屋脊青藏高原的东北部，全省均属青藏高原范围内。因境内有青海湖而得名，**简称“青”，省会西宁**。青海北部和东部同甘肃省相接，西北部与新疆维吾尔自治区相邻，南部和西南部与西藏自治区毗连，东南部与四川省接壤，是连接西藏、新疆与内地的纽带。总面积72.23万平方公里，占全国总面积的1/13，面积排在新疆、西藏、内蒙古之后，列全国各省、自治区、直辖市的第四位（疆、藏、蒙、青、川）。共辖2个地级市，6个自治州，6个市辖区，4个县级市，1个县级行委。根据第七次全国人口普查结果，全省常住人口约592.40万。

二、地理、气候

类别	内容
位置	青海是长江、黄河、澜沧江的发源地，故被称为“江河源头”。境内的三江源地区素有“中华水塔”之美誉。
地形	全省平均海拔3000米以上，山脉纵横，层峦叠嶂，湖泊众多，峡谷、盆地遍布。祁连山、巴颜喀拉山、阿尼玛卿山、唐古拉山等山脉横亘境内。青海湖是我国最大的内陆咸水湖，柴达木盆地以“聚宝盆”著称于世。全省地貌复杂多样，是农业区和牧区的分水岭，兼具了青藏高原、内陆干旱盆地和黄土高原三种地形地貌。
气候	青海汇聚了大陆季风性气候、内陆干旱气候和青藏高原气候三种气候类型。这里既有高原的博大、大漠的广袤，也有河谷的富庶和水乡的旖旎。地区间差异大，垂直变化明显。气候特征是：日照时间长、辐射强，太阳能资源丰富；冬季漫长、夏季凉爽；气温日较差大，年较差小；降水量少，地域差异大，东部雨水较多，西部干燥多风，缺氧、寒冷。青海省境内各地区年平均气温 –5.1℃ ~ 9.0℃，绝大部分地区年降水量在400毫米以下。

三、交通状况

青海已基本建成以西宁为中心，铁路、高速公路、干线航线为主骨架的综合交通运输网络。

类别	内容
航空	现已建成西宁曹家堡机场、格尔木机场、玉树巴塘机场、德令哈机场、海西花土沟机场、果洛玛沁机场、海北祁连机场共7座民用机场。另外，正在规划建设青海湖机场以及黄南机场，其中青海湖机场原为空军共和机场，拟改扩建为军民合用机场。西宁曹家堡机场是青海省唯一的二级机场，也是青藏高原上重要的空中交通枢纽，已开通了直通北京、上海、西安、太原、兰州等数十个大中城市的航班。
铁路	2014年兰新客运专线开通运营，青海铁路客运进入“高铁”时代，开设民和南、乐都南、海东西、西宁、大通西、门源共6个车站，形成了以青海省海东市为中心的省内客运网络。2020年9月全线开工的西成铁路，是中国中长期铁路网规划“八纵八横”高速铁路主通道兰（西）广通道的重要组成部分，是连接青海省西宁市与四川省成都市的快速铁路干线，起于西宁市，途经青海省海东市、黄南藏族自治州，甘肃省甘南藏族自治州，四川省阿坝藏族羌族自治州，接轨在建成兰铁路黄胜关站。西成铁路正线全长836.5公里，新建段502.5公里，设计时速200公里，全线建设总工期约7.5年。项目建成通车后，成都到西宁坐动车仅需4.5小时左右，比现在缩短了近一半的时间，也将进一步完善西北地区的交通路网功能，拉近西藏、新疆与我国境内各个省区的距离。

四、历史沿革

青海省具有悠久的历史。喇家遗址一带极有可能是中华民族伟大的治水英雄大禹活动过的地方，是大禹故里，为“大禹治水”提供佐证。在湟水河谷已发现距今4000多年的氏族公社文化遗址。羌族于公元前2世纪移居青海。公元前121年，汉代大将霍去病进军湟水沿岸，在西宁市以西置临羌县。西汉时设护羌校尉。公元4年，设西海郡。397年—414年，鲜卑族在青海省东部建立南凉国。隋设西海、河源二郡。

唐、宋为吐蕃属地。元代东北部为贵德州，属甘肃行中书省，其余属吐蕃、朵甘思等处宣抚使司。有专家指出，丝绸之路青海道的最早雏形，至少可以追溯到《山海经》和《穆天子传》中写到的周穆王西行会西王母的道路，也可以叫它为穆王道。之后，丝绸之路青海道经历了汉朝的发展，隋唐、魏晋南北朝的繁盛，以及宋元后的渐衰。

元朝时，丝绸之路青海道的繁荣，与元朝时实行的“站赤”（驿站）制度有着密切的关系。青藏高原自元代开始全部纳入了中央王朝的建制。为了管理今西藏地区，元朝开始经营青海到西藏、青海到新疆的驿道，这在无形中促进了丝绸之路青海道的繁荣。元朝时青海交通状况已经十分发达，商业贸易随之也较兴盛，货币在青海广为流通。柴达木地区元代纸币的出土，从一个侧面印证了这段历史。元朝西平王的王府就设置在丝绸之路青海道上，这在巩固统治的同时，也为丝路交通的安全提供了保障。不仅如此，茶马互市的发展，也为丝绸之路青海道增添了新的内容，也促进了中西交往和商品贸易的往来。在这些蛛网密布、叶脉舒展的古道上，散佚着许多珍贵的文物，见证着丝绸之路青海道曾有的繁荣。

明朝时青海属西蕃地。清朝时东北部设西宁府，北属青海蒙古额鲁特部，南为玉树等土司属地。1928年设青海省，1950年1月1日青海省人民政府正式成立，省政府驻西宁市。1958年，在金银滩创建了我国第一个核武器研制、实验和生产基地——国营221厂，对外称“青海矿区”。中国第一颗原子弹在这里诞生，中国第一颗氢弹在这里研制成功，国营221厂是中国核工业发展的摇篮。

五、民俗风情

青海是个多民族聚居的省份，少数民族人口比例仅低于西藏和新疆。青海的世居少数民族主要有藏族、回族、土族、撒拉族和蒙古族，其中土族和撒拉族为青海所独有。全省常住人口中，汉族人口为299万，占50.53%；各少数民族人口为293万，占49.47%。

（一）土族

类别	内容
概况	人口约为28.2万，主要聚居在青海互助土族自治县，青海的民和、大通两县和甘肃的天祝藏族自治县也比较集中，其余的则散居在青海、甘肃的其他地区。各地土族有不同的自称和他称。中华人民共和国成立后，依据本民族意愿，统一称为土族。
信仰	藏传佛教。
民俗	招待客人用我国西北特有的盖碗茶。人们把茶碗放在一个小碟中，在碗内放入茶叶、枸杞、红枣、桂圆、冰糖，用开水冲开后盖上碗盖。这样冲泡出的茶水，香甜可口，营养丰富。

（续表）

类别	内容
民俗	酒在土族的饮食中占有很重要的地位，并形成特有的酒文化。历史上，土族人家几乎都能酿造“酩酼”，即一种低度青稞酒。现在，酿酒已经成为土族地区重要的产业之一。土族重礼好客，凡前来拜访和投宿的客人都会受到热情接待。人们常说“客来了，福来了！”并用上等的茶饭和美酒款待客人。用餐前，主人先向客人敬酒三杯，叫作“吉祥如意三杯酒”。客人启程时，主人在大门口向客人又敬三杯酒，叫作“上马三杯酒”。不能喝酒的客人，用中指蘸三滴，对空弹三下即可免喝。饮酒时，土族有边饮边歌的习惯，以畅饮酣醉为快。
	对朋友忠实守信，尊长敬老，如路遇相识的老人，要下马问候。
服饰	彩虹袖是互助土族传统服饰中最典型的标志之一，互助县也由此赢得了“彩虹之乡”的美誉。
	妇女一般穿绣花小领斜襟长衫，两袖由红、黄、橙、蓝、白、绿、黑七色彩布圈做成，俗称七彩袖，即彩虹袖。发式、“帖弯”（指裤子膝下部分套着一节裤筒，已婚妇女是蓝色或黑色，未婚姑娘为红色）颜色和额带的不同，常是区别已婚和未婚妇女的标志。
节庆	“纳顿”节是青海民和县土族一年一度庆丰收、谢神恩的节日。时间从农历七月中旬开始，一村接一村举行，直到九月中旬结束，历时近 2 个月，所以有人称之为“世界上最长的狂欢节”。因为纳顿的狂欢起自农历七月，故也称为“七月会”。
禁忌	土族有忌门的习惯，如生了孩子、安了新大门、发现传染病等，别人不得进入庭院，称之为忌门。忌门的标志是：在大门旁边贴一方红纸，插上柏树枝或在大门旁煨一堆火。

（二）撒拉族

类别	内容
概况	总人口约 16.5 万，主要分布在青海。撒拉族信仰伊斯兰教，有自己的语言，属于阿尔泰语系突厥语族西匈语支，与维吾尔、乌孜别克等族语言相近，吸收了一些汉语、阿拉伯语和藏语借词。多数撒拉族兼通汉语，一部分人通藏语。撒拉族没有本民族文字，通用汉字。
服饰	男子喜穿白色对襟衣，系绣花腰带，外套黑坎肩；妇女爱穿大襟花衣服，外面套坎肩。与回族一样，撒拉族男子多戴白帽，女子戴各式盖头。
文学艺术	以民间说唱文学为主。撒拉族最主要、最通俗的传说，是与《骆驼舞》相表里的族源传说。民歌则包括撒拉曲、宴席曲和“花儿”等，其中以撒拉曲《巴西古溜溜》和《撒拉尔赛西布尕》最为流行。撒拉“花儿”是撒拉族民间普遍流行的一种演唱形式。它吸取了回族宴席曲、藏族民歌、汉族俚歌小曲的精华，再加上撒拉语的衬句，形成了自己独特的风格。“口弦”是撒拉族的一种独特乐器，一般用铜或银制，形似马蹄，为撒拉族妇女所钟爱。撒拉族民族传统舞蹈具有浓郁的乡土气息和鲜明强烈的民族特色，四人《骆驼舞》是撒拉族传统戏剧中唯一保存下来的内容比较完整的剧目。撒拉族传统婚礼盛行表演骆驼戏，再现本民族的迁徙史，是一种具有历史文化内涵的艺术表现形式。
体育	打“蚂蚱”是撒拉族青年普遍喜爱的一种传统的体育活动，竞赛方法大致和棒球、高尔夫球相似。此外还有拔腰、蹬棍、摔跤、赛马、踢毽子等。
节庆	开斋节、古尔邦节、圣纪节是撒拉族人的三大节日。
民俗	奶茶和麦茶是撒拉族男女老幼最喜爱的饮料。撒拉族热情好客，讲究礼节，彼此见面，互道“色兰”问安（“色兰”，阿拉伯语“和平”“安宁”之意），男女见面，要保持一定距离。到撒拉族家中做客，首先须向主人问好，然后才能落座；主人沏的茶，客人要把茶碗端在手上；吃馒头和面饼时，要把馒头掰碎送进嘴里，切忌狼吞虎咽。与主人分别时，要表示谢意。撒拉族十分敬重“舅亲”，认为“铁出炉家，人出舅家”。

六、文旅资源

青海是中华民族文明的发祥地之一，青海的山脉水系延伸辐射中华大地，构成了中华民族生存繁衍和中华文明形成发展的地理空间。柳湾彩陶、喇家遗址以及沈那、辛店、卡约等远古文化遗迹，说明青海是中华民族形成、发展的重要源头，作为世界非物质文化遗产的昆仑神话，是中国古典神话的主体，也是华夏文明和中华文化的源头之一。昆仑山在中华民族的文化史上具有“万山之祖”的显赫地位，古人称昆仑山为“中华龙脉之祖”。青海还是中华民族文化的交融地之一，处在中国西北地区的核心部位，是唐蕃古道、丝绸之路南线的必经之地，自古以来就是东西方文明交流的重要地区。热贡艺术、《格萨尔》史诗入选联合国教科文组织非物质文化遗产名录项目。青海可可西里入选世界自然遗产。

（一）联合国教科文组织非物质文化遗产名录项目

项目	内容
热贡艺术	发祥于黄南藏族自治州同仁市境内的隆务河流域，因同仁地区在藏语中称为“热贡”而得名，是藏传佛教艺术的重要组成形式，包括唐卡、泥塑、堆绣、雕刻等藏艺形式，以色彩艳丽、线条精致而蜚声中外。当地年都乎、吾屯、郭玛日等传统村落，家家有画师，户户画唐卡，是安多藏区文化艺术中心。
《格萨尔》史诗	世界上唯一一部至今还在不断创作的“活着的史诗”，格萨尔文化的特性、多样性、活态性特征在国内外享有极高的声誉。青海果洛藏族自治州是格萨尔文化的主要发祥地，被誉为“中国格萨尔文化之乡”，是格萨尔文化资源最富集、表现形式最有特色、文化特征保持最完整、说唱传承人最多、影响力最广泛的地区之一。

（二）青海四大旅游景区

<table>
<tr><th>类别</th><th colspan="2">内容</th></tr>
<tr><td rowspan="6">东部旅游区</td><td colspan="2">主要有湟中塔尔寺、同仁、百里油菜花海、阿咪东索、孟达天池、柳湾墓地、土族和撒拉族之乡民俗风情、尖扎坎布拉国家级森林公园等景观。</td></tr>
<tr><td rowspan="3">塔尔寺</td><td>是我国藏传佛教格鲁派创始人宗喀巴的诞生地，也是我国藏传佛教格鲁派六大寺院之一，位于青海东部湟水之滨的莲花山。</td></tr>
<tr><td>建筑风格以藏式为主，藏汉艺术相结合，最早的建筑是 1379 年（明洪武十二年）宗喀巴大师的母亲按儿子的嘱托以菩提树和狮子吼佛像为塔心胎藏建成的聚莲宝塔。1577 年（明万历五年），高僧贡巴哇·仁钦宗哲坚赞在聚莲宝塔南侧兴建了一座佛、法、僧俱全的弥勒佛殿，先有聚莲塔，后有弥勒寺，这是汉语“塔尔寺”之名的由来。</td></tr>
<tr><td>酥油花、堆绣、壁画被誉为塔尔寺的艺术“三绝”。</td></tr>
<tr><td>同仁</td><td>中国历史文化名城同仁的绘画、雕塑、堆绣等艺术精巧绝伦，“藏乡六月会”、土族“於菟”舞、藏戏等民俗、民间舞蹈、戏剧古老神秘。</td></tr>
<tr><td>百里油菜花海</td><td>位于海北藏族自治州门源县、祁连山与大坂山之间的盆地，是中国最大的北方小油菜基地，2013 年荣获“全球十大绝美花海”称号，每年 7 月的门源油菜花旅游节是观赏油菜花的最佳时机。</td></tr>
</table>

（续表）

类别	内容	
东部旅游区	阿咪东索	位于青海省海北藏族自治州祁连县境内，距祁连县城约9公里，主要由高原花海、草原营地、露营基地、盆景湾、万佛崖、经幡祈愿台等景点组成。
青海湖旅游区	包括日月山寻古、青海湖漫游、鸟岛奇观等，周边还有西海郡古城、新月沙丘、隆宝滩黑颈鹤保护区和金银滩草原（世界名曲《在那遥远的地方》的诞生地）。	
西部旅游区	有源头漂流、巴隆国际狩猎场、阿尼玛卿山、昆仑山、新青峰、万丈盐桥、泽库和日石经墙、南八仙风蚀雅丹地貌、青南高原的冻土地貌、黄河谷地大峡谷等。青海省三江源国家级自然保护区是我国面积最大的湿地类型国家级自然保护区。	
柴达木盆地旅游区	位于青海省中西部，属于海西蒙古族藏族自治州。知名景点有被誉为中国"天空之镜"的茶卡盐湖、青海版"马尔代夫"东台吉乃尔湖及其附近的乌素特水上雅丹地质公园。	

此外，青海省藏族、土族、撒拉族等异彩纷呈的民族歌舞，大型历史藏戏《松赞干布》、大型音画歌舞《秘境青海》等剧目特色鲜明，广受欢迎。还有"青海国际水与生命音乐之旅"等没有国界的音乐会，环青海湖国际公路自行车赛、青海湖国际诗歌节、中国青海三江源国际摄影节等国际性的文化体育活动等也有较高的知名度。

七、风物特产

青海的特产有昆仑玉（和田玉、青海料）、安冲藏刀、土族盘绣、鹿角菜、冬虫夏草、雪莲、西宁大黄、牦牛肉干、青稞酒、湟源陈醋、门源青稞、柴达木枸杞、民和羊肉、大通鸡腿葱、果洛蕨麻、互助葱花土鸡、乐都大樱桃、乌兰茶卡羊、海晏羔羊肉、湟中燕麦、乐都藏香猪、民和旱砂西瓜等。

青海菜品具有一种粗犷的美，主料以牛羊肉为主。湟鱼、面片、酸奶、酿皮、甜醅、焜锅馍馍、油锅盔、藏族酥酪糕（醍）、可鲁克湖中华绒螯蟹、梗皮、羊肠面、德令哈糌粑、杂碎汤、地皮菜等都是值得品尝的特色美食。

八、特色产业

青海省着力培育发展动能产业。围绕清洁能源示范省建设，海南、海西两个可再生能源基地双双跃上千万千瓦级台阶，青豫直流工程启动送电，清洁能源装机占比超过九成、全国领先，"百日绿电三江源"再创世界新纪录。冷湖天文观测基地首架天文望远镜正式启用，高纯硅材料国家企业技术中心获批。碳纤维生产线试产成功，电解铜箔等新材料产业项目加快建设。全国首个全清洁能源运营的大数据产业园投运，青海青稞和牛羊肉交易中心、西北地区首个根镜像服务器上线运行。

2010年，在青海冻土带又发现了有望成为未来的新型能源的"可燃冰"资源，该发现入选"全国十大地质科技成果"，使中国成为世界上第三个在陆地上发现"可燃冰"的国家。

作为全国五大牧区之一，青海是牦牛养殖大省和牦牛资源大省。近年来，青海大力推进牦牛产业高质量发展，着力建设全国牦牛特色产业优势区、全国重要的牦牛肉生产基地、精深加工基地，并全面确立青海牦牛在全国乃至世界牦牛产业中的中心地位。目前，青海牦牛产业成功跻身国家优势特色产业集群。

第四节　宁夏回族自治区

一、概况

宁夏回族自治区位于中国西部的黄河上游，东邻陕西省，西部、北部接内蒙古自治区，南部与甘肃省相连。简称“宁”，首府银川市。面积6.64万平方公里，全区常住人口约720万，辖5个地级市，22个县（市、区）。

二、地理、气候

类别	内容
地形	宁夏全境海拔1000米以上，地势南高北低，落差近1000米，呈阶梯状下降。在地形上分为：北部引黄灌区、中部干旱带和南部山区三大板块。其中北部引黄灌区地势平坦，土壤肥沃。宁夏是全国唯一全境属于黄河流域的省区，拥有完整的山水林田湖草沙生态体系，堪称中国生态微缩盆景。滔滔黄河，九曲迂回，孕育了美丽富饶的宁夏平原，造就了稻香鱼肥、瓜果飘香的“塞上江南”。腾格里沙漠在宁夏中卫与黄河相遇，水沙共生，形成了“大漠孤烟直，长河落日圆”的壮丽风光。青铜峡黄河大峡谷是黄河上游最后一道峡谷，素有“黄河小三峡”之称。贺兰山下、黄河金岸的沙湖，沙、水、苇、鸟、山五大景源有机结合，融大漠戈壁之雄浑与江南水乡之秀美为一体。5月的贺兰山上恰逢草木初发，映衬远处雪山，形成“贺兰晴雪”的美景。南部的六盘山国家森林公园森林覆盖率达80%以上，系西北重要的水源涵养林基地。西吉火石寨国家地质公园的丹霞地貌，是中国北方面积最大的丹霞地貌分布区，也是中国海拔最高的丹霞地貌群。
气候	典型的大陆性气候，为温带半干旱区和半湿润地区，具有春多风沙、夏少酷暑、秋凉较早、冬寒较长、雪雨稀少、日照充足、蒸发强烈等特点，年平均降水量300毫米。7月最热，平均气温24℃；1月最冷，平均气温-9℃。年平均气温为5℃～10℃，昼夜温差大。全年日照达3000小时，是中国日照和太阳辐射最充足的地区之一。5月至10月是出游宁夏最适合的季节。

三、交通状况

宁夏已初步形成了以银川为中心，铁路、高速公路、干线航线为主骨架的综合交通运输网络。实现各市、县（区）通高速公路，各行政村通公路、通电、通电话、通广播电视。

类别	内容
航空	截至2020年年底，宁夏有3个民用机场：银川河东国际机场和中卫香山机场、固原六盘山两个支线机场，初步形成了以银川河东机场为枢纽，连接全国大中城市的航空网络。

（续表）

类别	内容
铁路	2019年12月，银中高铁(属于银兰高铁银川至中卫南段)正式通车，标志着宁夏正式迈进“高铁时代”。随着这条高铁的开通运营，银川站、河东机场站、灵武北站、吴忠站4个车站均设立了“空铁服务岛”，同步开启空铁联运新模式。2020年12月26日，银西高铁即银川至西安高速铁路正式开通运营，银川至西安间最快行驶时间由11小时45分钟缩短至3小时4分钟。2026年包银高速铁路全线贯通后，可形成银川—包头—北京高速铁路通道，银川至北京将由目前的18个小时缩短至5个小时左右，包银高铁全线建成后，将形成我国东北、华北至西北、西南地区的又一条快速客运通道。

四、历史沿革

宁夏是中华民族远古文明发祥地之一。宁夏灵武市水洞沟旧石器时代晚期人类活动的遗址和遗物表明，早在3万年前就有人类在这里繁衍生息。公元前3世纪，秦始皇统一六国后，在此设北地郡，派兵屯垦，兴修水利（秦渠），开创了引黄灌溉的历史。宁夏处于丝绸之路东段北道的重要节点，历史上曾是东西部交通贸易的重要通道。到汉代（前206年—220年），这里农耕经济已相当繁荣。

755年（唐天宝十四年）爆发了安史之乱，太子李亨进入宁夏，在灵武登基称帝，史称唐肃宗。当时，宁夏俨然成为全国政治中心。1038年（北宋宝元元年），党项族首领李元昊以宁夏为中心，建立大夏国，史称西夏，定都兴庆府（今银川市），形成了与宋、辽、金政权三足鼎立189年的局面。1227年元灭西夏后，设宁夏路，始有宁夏之名。明朝设宁夏卫，清代设宁夏府。民国初年，宁夏府改为朔方道，1929年成立宁夏省。中华人民共和国成立后，1954年宁夏省撤销并入甘肃。1958年10月25日成立宁夏回族自治区。

五、民俗风情

宁夏是我国最大的回族聚居区，常住人口中，汉族人口约为461万，占64.05%，各少数民族人口为259万，占35.95%，其中回族人口为252万，占35.04%。

类别	内容
概况	回族总人口约1137.8万（第七次全国人口普查），全国的31个省、自治区、直辖市均有分布，回族分布总体上呈“大分散，小聚居”的格局。
语言	通用汉语，不同地区持使用同方言。
信仰	民间信仰伊斯兰教，清真寺是回族举行日常五时拜、主麻聚礼和节日中会礼的地方。回族在饮食习惯、服饰装饰、诞生命名、成年仪式、婚姻和丧葬、节日等习俗上，都有浓厚的伊斯兰教色彩。
商业	以农业经济为主，以善于经商而著称。回族经营传统商业主要有珠宝业、香料业、医药业、饮食业、屠宰业、马贩、驼队、羊皮筏子及长途贩运业。

（续表）

类别	内容
喜好	回族不抽烟、不饮酒，但特别喜欢饮茶和用茶待客。由于分散各地，形成了不同的饮茶习俗。北方回族地区有罐罐茶，云南回族中有烤茶，湖南回族有擂茶。喝盖碗茶是西北回族的一种特殊嗜好。最有代表性的是“八宝盖碗茶”，即盖碗内泡有茶叶、冰糖、枸杞、核桃仁、芝麻、红枣、桂圆、葡萄干（或苹果干）等。
服饰	**妇女**一般都头戴白圆撮口帽，戴盖头（也叫搭盖头），一般都是绿、黑、白三种颜色，有少女、媳妇、老人之分。一般少女戴绿色的，已婚妇女戴黑色的，有了孙子的或上了年纪的老年妇女戴白色的。大都选用丝、绸、乔其纱、的确良等高中档细料制作。老年人的盖头较长，要披到背心处；少女和媳妇的盖头比较短，前面遮住前颈即可。 **男子**戴的无檐小白帽，也称“回回帽”或“礼拜帽”。有白、灰、蓝、绿、黑五色，分春、夏、秋、冬不同的季节来戴。一般春夏秋季戴白色帽最多，冬季戴灰色或黑色。帽子的样式因教派和地区不同而有差异。除了白帽外，清真寺里的阿訇、满拉和笃信宗教的回族老人则喜爱戴缠头。头饰是回族最典型、最富有特点的服饰。因伊斯兰教尚白色，因此回族视白色为最洁净、最喜悦的颜色。在衣、冠颜色上以白、绿、黑色为主。
节庆	每年主要过三个重大节日，即开斋节、古尔邦节和圣纪节。
艺术	西北地区的回族在长期的历史中发展出了丰富的民间曲艺，比较著名的就是“花儿”和“宴席曲”。 ☆ **“花儿”**是最具有回族特色的民间歌谣，特别是甘肃、青海、宁夏、新疆一带的回民，有手搭耳后、面对青山唱“花儿”的习惯。“花儿”又名“少年”，发源于回民聚集的临夏，后由甘肃发展到青海、新疆一带，大都在回民中演唱。经过数百年的演变，曲调有 100 余种，已形成河州花儿、莲花山花儿、宁夏花儿、青海花儿等不同的流派和风格。一般禁止在家里和村庄唱“花儿”，只能在野外唱。除了平时唱“花儿”外，各地还逐步形成了一些“花儿”会。 ☆ **《宴席曲》**是西北地区回民在新婚宴席等喜庆场合演唱的曲调，在甘肃临夏和青海民和、化隆及宁夏等地极为盛行。有些回族青年举行婚礼时，提前邀请一些有名的唱把式，前来祝贺助兴。有独唱，有对唱，有合唱，此起彼伏，增加了婚礼的喜庆气氛。
体育	有习武之俗，许多清真寺还设立习武场，有的阿訇本身就文武双全，除了讲经上课外，还自任武术教练，帮助、指导满拉习武。有谚语说“南京到北京，查拳来自教门中”。回族武术种类很多，历史上曾经被称为“昆仑派”，是我国四大武术派别之一。回族的武术中的回回十八肘、教门弹腿、查拳等曾作为国术列入民国时期军事训练项目中。回族的传统体育还有踏脚、打木球和掼牛等。这些活动既可娱乐，又可健身、自卫。

六、文旅资源

（一）文化遗产

民间文学（回族民间故事），传统音乐（宁夏回族山花儿、回族民间器乐、北武当庙寺庙音乐），曲艺（宁夏小曲），传统戏剧（秦腔），传统美术（杨氏家庭泥塑、固原砖雕、回族剪纸），传统技艺（贺兰砚制作技艺、滩羊皮鞣制工艺），民俗（回族服饰、同心莲花山青苗水会），传统医药（张氏回医正骨疗法、回族汤瓶八诊疗法、陈氏回族医技十法）等入选国家非物质文化遗产名录。

（二）文学艺术

回族穆斯林在礼拜和各种宗教活动中咏诵的《古兰经》和赞主词，是在继承伊斯兰传统音乐的基础上发展而成的，既有伊斯兰教宗教音乐的特点，又有回族自己的特点。

民间音乐分为"宴席曲"和"花儿"两大类。**宴席曲**因多在婚礼和喜庆节日摆宴席请客时演唱而得名，依据内容和形式的不同，可分为散曲、叙事曲、说唱曲和酒曲四类，演唱形式有独唱、合唱、伴唱、问答、对唱等。除说唱曲只唱歌外，其余三类宴席曲演唱时都有简单舞蹈动作相配合。宴席曲可登大雅之堂，故又称"雅曲"或"家曲"。**"花儿"**被认为是不能登堂入室的"野曲"。

在宁夏回族舞蹈中，主要有"宴席曲""汤瓶舞""踏脚舞"三种民间舞蹈。**"汤瓶舞"**由回族生活习俗演变而来。回族有爱清洁的传统，日常生活中的洗浴或者"礼拜"前的洗浴，均离不开汤瓶这一特有的洗浴工具。**"踏脚舞"**主要流行于宁夏泾源县境内的园子林，形式很像一种展现男子阳刚之气的竞技性体育活动，可以看作武、舞交融的结晶。

中国回族穆斯林把练武尊为"逊尔"，意思是"高尚的圣行"。主要的武术形式有回回十八肘、穆斯林八卦太极拳、伊斯兰汤瓶攻等。

（三）历史文化

"塞上江南，神奇宁夏"。宁夏文化由典型的多元文化组成，是农耕文明与游牧文化的交汇处。

1. 贺兰山岩画

记录了远古人类在3000年前至10000年前放牧、狩猎、祭祀、征战、娱舞等生活场景，以及羊、牛、马、驼、虎、豹等多种动物图案和抽象符号。揭示了原始氏族部落自然崇拜、生殖崇拜、图腾崇拜、祖先崇拜的文化内涵，是研究中国人类文化史、宗教史、原始艺术史的文化宝库。

2. 西夏王陵遗址

是西夏历代帝王陵以及皇家陵墓，位于宁夏银川市西，西傍贺兰山，东临银川平原，是现存规模最大的一处西夏文化遗址。营建年代约自11世纪初至13世纪初，承接鲜卑拓跋氏从北魏平城到党项西夏的拓跋氏历史。西夏王陵景区占地面积约58平方公里，核心景区面积20.9平方公里，分布9座帝王陵墓、200余座王侯勋戚的陪葬墓，规模宏伟，布局严整。每座帝陵都是坐北向南、呈纵长方形的独立建筑群体，规模同明十三陵相当。吸收自秦汉以来，唐宋皇陵之所长，又受佛教建筑影响，构成中国陵园建筑中别具一格的形式，故有东方金字塔之称。

（四）旅游景点

以首府银川为中心，近可观西夏王陵及与其咫尺相望的西部唯一的国家葡萄酒原产地保护区——玉泉葡萄庄园，觅西夏文化，品葡萄美酒；游塞北明珠——沙湖，欣赏湖傍金沙，沙环碧水的塞上江南风光，品尝被称为天然"脑黄金"的"沙湖大鱼头"；探游牧民族的艺术画廊——贺兰山岩画、中国史前考古的发祥地——水洞沟遗址，寻访中国最早发掘的旧石器时代文化遗址和我国古代唯一一个保存最完好的长城立体军事防御体系；逛著名作家张贤亮创办的镇北堡西部影城，这里拍摄了《红高粱》《东邪西毒》《大话西游》等100多部影片，有着“中国电影从这里走向世界”之美誉；赏国家级自然保护区贺兰山苏峪口国家森林公园和国家级湿地保护区阅海、鸣翠湖；体验紧张刺激的大漠自驾探险、黄河九曲漂流，品尝风味独特的清真美食，享受时尚浪漫的都市休闲娱乐。远可北游宁夏最大的生态旅游景区——石嘴山市的北武当庙景区；南下青铜峡黄河大峡谷旅游区，欣赏闻名遐迩的黄河大坝、壮观的十里长峡、独特的一百零八塔、神奇的卧佛山；往西行前往中卫的沙坡头和腾格里沙漠湿地·金沙岛旅游区，沙坡头旅游区地处腾格里沙漠东南边缘，集大漠、黄河、高山、绿洲于一身，是中国四大响沙所在地；折返南下可前往同心的清真大寺、固原的六盘山国家森林公园、须弥山石窟风景名胜区、宁夏西吉火石寨国家地质公园。

宁夏依托370公里的S202省道，打造宁夏旅游“1号公路”，从银川起连通灵武、盐池、韦州、红寺堡、彭阳，直到固原，全长370公里。在这条省道上，由南到北，全国十大最美梯田之一的彭阳县梯田、彭阳县乔家渠毛泽东长征宿营地、盐池县革命烈士纪念园、红寺堡的国家扶贫移民遗址、万亩葡萄种植生态园、星罗棋布的葡萄酒庄、一座座特色鲜明的清真寺、同心下马关明长城遗址、盐池县高沙窝镇二步坑行政村兴武营、国家5A级旅游景区水洞沟景区、灵武市治沙环保生态园等，使S202省道成了一条抒发乡村情怀、传颂红色精神、连接历史文化和展示长城遗址的时光之旅风景道。

七、风物特产

有枸杞、甘草、贺兰石、滩羊皮、太西煤；因其颜色分别为红、黄、蓝、白、黑，而被称为“五宝”。此外，宁夏的大米、硒砂瓜、水产品、瓜果和枸杞衍生物、葡萄酒等也十分著名。宁夏是枸杞的原产地，是世界上枸杞品质最好、种植时间最长的地方，其中又以中宁所产为最佳。贺兰石是水成岩，结构细密均匀，质地细腻，历来受到文人墨客的喜爱，清末已有“一端二歙三贺兰”的说法。

清真风味小吃有外焦里嫩的油香、回族的盖碗茶、黄渠桥爆炒羊羔肉、辣爆羊羔肉、手抓羊肉、烩羊杂、烩小吃、蒜汁羊蹄等。

☆**黄渠桥爆炒羊羔肉**一般选择7.5 ~ 75千克重的羊羔，主要是在“爆”的基础上，兼用“焖”和“烩”的手法，使菜肴鲜嫩可口、香味四溢，具有地方特色和民族风味。

☆**手抓羊肉**相传有近千年的历史，原以手抓食用而得名；吃法有三种，即热吃（切片后上笼蒸熟蘸三合油）、冷吃（切片后直接蘸精盐）、煎吃（用平底锅煎热，边煎边吃）。特点是肉味鲜美、不腻不膻、色香俱全。

地方特色美食有平罗老豆腐、糖醋黄河鲤鱼、小揪面、涮羊肉、中卫素菜豆腐、凉拌沙葱、素杂烩、蒿子面等。

八、特色产业

宁夏立足区位相对便利、气候条件独特、资源能源丰富、产业特色鲜明的比较优势，围绕打造现代产业基地，重点发展新型材料、清洁能源、装备制造、数字信息、现代化工、轻工纺织"六新"产业，葡萄酒、枸杞、牛奶、肉牛、滩羊、冷凉蔬菜"六特"产业，文化旅游、现代物流、现代金融、健康养老、电子商务、会展博览"六优"产业。宁夏种植葡萄酒条件得天独厚，贺兰山东麓葡萄酒品质比肩世界，在品醇客、柏林、布鲁塞尔等国际顶级大赛中获奖 1100 多项，获批国家葡萄及葡萄酒产业开放发展综合试验区；宁夏鲜奶乳脂率、乳蛋白率优于欧盟标准；六盘山黄牛肉质细嫩，盐池滩羊是 G20 峰会、金砖国家领导人峰会指定食材；宁夏被誉为中国"枸杞之乡"，中宁枸杞被列入《中国药典》道地中药材，是抗生素原料药和生物发酵药生产基地；冷凉蔬菜基地被香港特别行政区政府渔农自然护理署授予信誉农场称号，深受消费者欢迎。

第五节　新疆维吾尔自治区

一、概况

新疆维吾尔自治区位于亚欧大陆的中部，地处中国西北边陲，与蒙古、俄罗斯、哈萨克斯坦、吉尔吉斯斯坦、塔吉克斯坦、阿富汗、巴基斯坦、印度 8 个国家接壤，陆地边境线长 5700 多公里，约占全国陆地边境线的 1/4，是我国面积最大、陆地边境线最长、毗邻国家最多的省区，简称**"新"**，首府**乌鲁木齐**。总面积 166.49 万平方公里，占全国陆地面积的 1/6，是全国面积最大的省级行政单位，辖有 14 个地（州、市），下辖 107 个县（市、区）。新疆生产建设兵团是自治区的重要组成部分，现有 14 个师、11 个兵团管理的自治区直辖县级市、56 个建制镇、179 个团场，嵌入式分布在新疆 14 个地（州、市），辖区面积约 7 万平方公里。根据第七次全国人口普查结果，全区常住人口约 2585.23 万。

二、地理、气候

类别	内容
地貌	可以概括为"三山夹两盆"：北面是阿尔泰山，南面是昆仑山，天山横亘中部，把新疆分为南疆和北疆；阿尔泰山和天山之间是准噶尔盆地，天山和昆仑山之间是塔里木盆地；全疆雪山、冰川、草原、绿洲、沙漠、戈壁并存，有中国最大的全封闭性内陆盆地——塔里木盆地，面积 53 万平方公里；中国最大的沙漠——塔克拉玛干沙漠，面积 33.76 万平方公里；中国最长的内陆河——塔里木河，长 2100 公里；中国最大的内陆淡水湖——博斯腾湖，水域面积 992 平方公里。在天山东部和西部，还有被称为"火洲"的吐鲁番盆地和被誉为"塞外江南"的伊犁谷地。位于吐鲁番盆地的艾丁湖，低于海平面 154.31 米，是中国陆地最低点。
气候	典型的大陆性气候。南疆干旱而温暖，有"塞外江南"之称；北疆较为寒冷，雨雪充沛。区内山脉融雪形成众多河流，为分布在盆地边缘和河流流域的绿洲提供了灌溉水源。新疆全年日照时间平均 2600 ~ 3400 小时，居全国第二位，为特色优势农产品种植提供了良好的自然条件。

三、交通状况

新疆交通运输已实现铁路、公路、航空、管道四位一体的立体化布局，现代综合交通体系逐步完善。

类别	内容
铁路	形成“四纵四横”主骨架，铁路营运里程达到4914公里。**兰新铁路**东起甘肃疏勒河车站，西止与哈萨克斯坦共和国接壤的阿拉山口车站。向东是通往内地的大动脉，承担着乌鲁木齐至北京、上海、郑州、西安、成都、兰州、玉门等城市的旅客运输任务，每天都有旅客列车对开。1992年9月新亚欧大陆桥的开通更使兰新线成为连接中亚和西亚的国际大通道。新亚欧大陆桥又名“第二亚欧大陆桥”，是从江苏省连云港市到荷兰鹿特丹港的国际化铁路交通干线，国内由陇海铁路和兰新铁路组成，全长10900公里，在我国境内长4100多公里，其中在新疆区域走行距离为1213公里。大陆桥途经江苏、安徽、河南、陕西、甘肃、青海、新疆7个省区，到中哈边界的阿拉山口出国境。出国境后可经3条线路抵达荷兰的鹿特丹港。中线与俄罗斯铁路友谊站接轨，进入俄罗斯铁路网，途经斯摩棱斯克、布列斯特、华沙、柏林到达荷兰的鹿特丹港，辐射世界30多个国家和地区。新亚欧大陆桥的贯通有利于促进新疆与东欧、西欧、中东等国家经济贸易的往来、文化技术的交流和国际旅游业的发展，成为丝绸之路经济带互联互通的坚实纽带。
公路	基本形成了以乌鲁木齐为中心，以干线公路为骨架，环绕两大盆地、沟通天山南北、辐射主要地州、东连内地、西出中亚、通达全疆的公路主骨架。全区所有地州市已迈入高速公路时代，全区公路路网总里程达20.92万公里，高速（一级）公路总里程达7640公里。全区所有乡镇和具备条件的建制村全部实现通硬化路、通客车。干支相融、内畅外联的公路运输网络基本建成，有力支撑了丝绸之路经济带核心区的运转和发展。
航空	新疆共有22个民用机场，位列全国第一。新疆作为西部对外开放的前沿，现有一类口岸17个、二类口岸12个，是全国拥有口岸数量最多的省区之一。其中，阿拉山口口岸、霍尔果斯口岸是我国仅有的两个铁路、公路、输油气管道三位一体的国家一类口岸。随着中巴经济走廊G314线公路的逐段建成通车，“第四物流通道”加快建设，新疆常年开通的边境口岸中有7个实现了二级及以上公路连接，国际运输通道能力进一步提升。目前新疆从事国际道路运输经营的企业达113家，与周边9个国家签订了国际道路运输双边协定，开展了中吉乌、中俄过境哈萨克斯坦等多边运输和中塔乌道路运输试运行活动，开通国际道路货运线路57条；霍尔果斯、伊尔克什坦、吉木乃、巴克图、阿拉山口、都拉塔6个口岸成为我国TIR运输试点口岸。
管道	**中哈原油管道**是我国第一条跨国原油管道和连接里海油田到中国内陆的重要能源通道。规划输油能力为2000万吨/年，全线总长度2800多公里，起点是哈萨克斯坦西部的阿特劳，途经肯吉亚克、库姆科尔和阿塔苏，从中哈边界的阿拉山口进入新疆境内，终点在距国境线2.2公里的阿拉山口—独山子输油管道首站。2004年9月，中哈管道一期工程（阿塔苏—阿拉山口管道）开始建设，2005年12月建成投油；2006年7月正式投入商业运行。2008年4月，中哈管道二期（肯吉亚克—库姆科尔）管道开工建设，2009年10月投入商业运营。它的成功运作，拓展了中国原油进口渠道，对保障国家能源安全发挥了十分重要的作用。

（续表）

类别	内容
物流通道	**“第四物流通道”**指的是继航空、船舶、铁路之后的卡车物流通道，构建在TIR系统下。TIR即为《国际公路运输公约》，基于该公约框架下的TIR系统是目前唯一的全球性跨境货物运输通关系统，涵盖公路、铁路、内陆河流、海运等多式联运。经联合国授权，由国际道路运输联盟（IRU）管理TIR系统在全球的运作。其中，对陆路运输的促进作用更为明显，尤其适合货品单价高、对时效要求高的企业。目前全球有76个缔约国，覆盖亚欧大陆（除东南亚）所有国家，其中大多数位于丝绸之路经济带沿线重要地区。我国于2016年7月签署TIR。在实际运输过程中，“第四物流通道”实现了“门到门”运输比铁路快、与空运相当，但成本比空运低50%的运输服务，同时还可节省80%的通关时间和38%的运输成本。我国目前试点运行的10个TIR口岸中，有6个位于新疆。2019年5月，中华人民共和国海关总署宣布，将全面实施TIR。获得TIR运输资质的企业，可以仅凭一张单据就在同样签署TIR的60多个国家间畅通无阻，只需要接受始发地和目的地国家的海关检查，途经国一般情况下不再开箱查验。

四、历史沿革

新疆古称“西域”，意为中国的西部疆域，自古以来就是中国不可分割的一部分。公元前138年，汉武帝派遣张骞出使西域，西汉政权与西域各城郭建立了联系。公元前60年，西汉中央政府在乌垒（今巴州轮台县境内）设立西域都护府，自此正式纳入中央政府管辖。1884年清政府正式在新疆设省并取“故土新归”之意，改称西域为“新疆”。1949年新疆和平解放，1955年10月1日成立新疆维吾尔自治区。

五、民俗风情

（一）概况

新疆的世居民族有维吾尔、汉、哈萨克、回、柯尔克孜、蒙古、塔吉克、锡伯、满、乌孜别克、俄罗斯、达斡尔、塔塔尔13个。全区常住人口中，汉族人口为1092万，占42.24%，维吾尔族人口为1162万，占44.96%；其他少数民族人口为331万，占12.80%。

维吾尔、哈萨克、回、柯尔克孜、塔吉克、乌孜别克、塔塔尔等民族多数人信仰伊斯兰教，有着相似的饮食禁忌和三大节日，即开斋节、宰牲节和圣纪节。**“诺鲁孜”节**是新疆维吾尔、哈萨克、柯尔克孜、乌孜别克和塔吉克族共有的传统民族节日，时间在每年农历春分，即公历三月二十二前后。其内容是辞旧迎新，类似其他地区的春节，该节日与宗教无关。

哈萨克、柯尔克孜、塔吉克等游牧民族的传统礼仪较为相近。如遇到来访或投宿的客人，无论是否相识，都会热情接待。牧民认为在太阳落山的时候让客人离开是一件耻辱的事，会遭到邻里亲朋的嘲笑。待客时，一般都要宰羊，肉煮好后，要先以羊头献客人。晚上要将客人安置在毡房的最上方住宿。有贵客来，还要组织赛马、叼羊等文娱活动。锡伯族有客来访，主人必出大门迎送。平时见到长辈，要“打千”问安。长辈讲话时，年轻人不得插话。每逢年节，儿女们都要依次给父母和长辈叩头拜年。俄罗斯族有以面包和盐迎接客人的传统。

（二）维吾尔族

类别	内容
概况	总人口约1177万，其中98.7%的维吾尔族人口聚居在新疆维吾尔自治区。新疆的维吾尔族主要分布在天山以南，塔里木盆地周围的绿洲是维吾尔族的聚居中心，其中尤以喀什噶尔绿洲、和田绿洲以及阿克苏河和塔里木河流域最为集中。天山东端的吐鲁番盆地，也是维吾尔族较为集中的区域。“维吾尔”是民族自称，意为“团结”“联合”“协助”之意。
语言	现代维吾尔语是维吾尔族的共同语言，属阿尔泰语系突厥语族。现行的维吾尔文，是在晚期察合台文字的基础上改进而成，经过不断改进和补充，迄今已成为维吾尔族全民通用的文字。1960年，曾进行过拉丁化的文字改革，但由于全面改用新文字的条件尚不成熟，故1982年9月起停止使用新文字。
民俗	命名礼、摇床礼、割礼、婚礼、葬礼等。命名礼、摇床礼是给婴儿举行的仪式，给婴儿起名和祝愿他们。割礼一般只限于7 ~ 12岁的男性儿童，是男孩步入成年的标志。
饮食	以面食为主，喜食羊、牛肉，蔬菜吃得相对较少。主食的种类很多，最常吃的有馕、抓饭、包子、拉面等。馕是用小麦面或玉米面制成的，在特制的火坑内烤熟，为形状大小和厚薄不一的圆形饼。抓饭，维吾尔语称“颇罗”，是用大米、羊肉、羊油、胡萝卜焖成的一种饭食，味道鲜美。蒸包子，维吾尔语称“曼它”；烤包子，维吾尔语称“撒木萨”，用面做皮，用羊肉丁、羊油拌少许洋葱做馅，皮薄肉多。另外有拉面、炒面、汤面、“纳仁面”等。名菜有烤全羊、清炖羊肉、烤肉等。 维吾尔族喜欢饮茶。维吾尔茶是由小豆蔻、肉豆蔻、肉桂、丁香、孜然、胡椒、干姜、荜澄茄等15种天然植物经科学加工精制而成，具有健脾胃、化食、散寒、祛风、润肠、醒脑之功能。
服饰	传统的男子外衣称为“袷袢”，长过膝、宽袖、无领、无扣，穿时腰间系一长带。女子普遍穿连衣裙，外罩坎肩或上衣。妇女和姑娘都喜欢用天然的乌斯蔓草汁画眉、染指甲，戴耳环、手镯、戒指、项链等。妇女外出时，要戴头巾或蒙面纱。维吾尔族不论男女老幼都喜欢戴“尕帕”（四楞花帽），帽上用黑白两色或彩色丝线绣出各种民族形式的花纹图案。过去未婚少女都梳十几条发辫，以长发为美。婚后一般改梳两条，辫梢散开，头上别一把新月形的梳子作为装饰，也有将双辫盘成发髻的。现在，除了传统的服装和服饰之外，在城市普遍流行穿时装。
节日	主要有肉孜节、古尔邦节和诺鲁孜节。前两个节日都来源于伊斯兰教，日期是按伊斯兰教历计算的。**肉孜节**又叫“开斋节”，因为它在封斋一个月后举行，一般要过3天。**古尔邦节**又叫“宰牲节”，在肉孜节过后70天举行，家境好的家庭都要宰一只羊。**诺鲁孜节**是维吾尔族人民最古老的传统节日，在春分时节举行，相当于公历3月22日。在这一天，要举行各种庆祝活动和传统的“麦西热甫”。
礼仪	路遇尊长或朋友，要把右手放在胸口，男子相见要握手，妇女相见要互相拥抱，贴一下右脸，都以“撒拉木”（你好）问安，最后，双手抚膝躬身道别。晚辈要先向长辈施礼，现在多以握手作为见面礼。

六、文旅资源

新疆是丝绸之路咽喉要地，也是世界唯一四大文化（古印度文化、古希腊文化、波斯伊斯兰文化、古代中国文化）的交汇地，还是一个民间文化遗产大区。

（一）文学

柯尔克孜族的《玛纳斯》与藏族的《格萨尔》、蒙古族的《江格尔》一起，被誉为我国民族文学领域的“三大史诗”。《玛纳斯》是一部世代流传、家喻户晓的长篇英雄史诗，经过整理，分8个部分，共20余万行，240多万字。它先后叙述了传说中的英雄玛纳斯等8代人的传奇故事，展示了柯尔克孜人民团结其他兄弟民族，为反对侵略，争取和平和各族人民美好幸福生活而前仆后继、英勇奋战的英雄业绩。从内容上看，它不仅是一部文学巨著，也是一部研究柯尔克孜族古代社会，包括历史、地理、宗教信仰、生活习俗、社会经济、婚姻家庭、音乐艺术和语言文学等内容的百科全书。在寓言故事中，维吾尔族的《阿凡提的故事》闻名遐迩，具有很高的文学地位。它以阿凡提这个虚构的人物为主人公，是以讽刺和幽默相结合为特点的众多短小民间故事的汇集。内容取材于社会和人民的日常生活，目的在于歌颂劳动人民的勤劳、勇敢、乐观、机智、富有正义感的品质，揭露和讽刺封建统治者的贪暴与社会不良现象。其构思独特，语言幽默，寓意深刻，耐人寻味，具有强烈的现实主义色彩。

历史文学方面，《福乐智慧》与《突厥语词典》堪称维吾尔族古典文学作品的典范。《福乐智慧》是11世纪中后期喀喇汗王朝政治家、文学家玉素甫·哈斯·哈吉甫用回鹘文创作的一部劝诫性长诗。长诗通过虚构的国王日出和大臣月圆、大臣之子贤明及隐者觉醒4个象征人物之间的对话，表达了作者对一系列社会、自然等问题的看法，是反映当时社会、历史、文化的史诗性著作。它的学术价值和历史意义已远远超越了纯文学的范畴，成为中华民族文学宝库中的珍品之一。《突厥语词典》是11世纪喀喇汗王朝回鹘语言学家、学者马赫木德·喀什噶编著的一部用阿拉伯语注释突厥语的综合性知识辞书。该书通过丰富的语言材料，广泛地介绍了喀喇汗王朝时期维吾尔和突厥语系各民族政治、经济、历史、地理、文化、宗教、哲学、伦理方面的知识和风土人情，是一部研究维吾尔等突厥语系各民族历史、语言、文化等方面极有价值的百科全书。

（二）歌舞

新疆素有“歌舞之乡”美称，维吾尔的《赛乃姆舞》《刀郎舞》，塔吉克族的《鹰舞》，蒙古族的《沙吾尔登舞》等民族舞蹈绚丽多姿。据我国《史记》《汉书》记载，早在公元前2世纪的汉代，于阗乐就已在汉宫廷演出。龟兹乐舞、疏勒乐舞、高昌乐舞、伊州乐舞和天山以北匈奴族的悦般乐都是见之于史册的乐舞瑰宝。唐代官制的《十部乐》中，就有出自新疆的《龟兹》《疏勒》《高昌》3部，唐玄奘西行取经途中，曾欣赏过龟兹乐舞，赞叹龟兹是“管弦伎乐，特善诸国”。古代新疆还产生了苏祗婆、白明达、裴兴奴、何妥、尉迟青、尉迟章等一大批音乐演奏家、作曲家和音乐理论家，他们因就职朝廷、掌管音乐、传艺演奏卓有成就而被载入史册。从10世纪起，维吾尔族先民在西域传统音乐的基础上，吸收阿拉伯、波斯音乐的精华，经过长期演化，终于在16世纪初创造了名为《十二木卡姆》的大型音乐杰作。“木卡姆”是大型套曲的意思，《十二木卡姆》就是指十二部大型套曲。十二木卡姆共有乐曲、歌曲340余首，以器乐合奏、音乐和歌舞演奏、群众歌舞大联欢的“三部曲”形式演出，一次完整的演出需要24 ～ 27小时。

（三）体育

哈萨克族、柯尔克孜族、塔吉克族、蒙古族的牧民群众，一般都在节庆或表演时进行**叼羊**，有分队和不分队两种方式。主持人把一只割去头的羊放在指定处，枪响后，甲、乙两队共同向羊飞驰而去，先抢到羊的同队队员互相掩护，极力向终点奔驰。双方骑手施展各种技巧，围追堵截，拼命抢夺。抢到羊并先到达终点的为胜方。获胜者按照当地的习俗，将羊当场烤熟，请众骑手共享，称为“幸福肉”。**“姑娘追”**（哈萨克语称“克孜库瓦尔”），是哈萨克青年最喜爱的一种马上体育游戏，也是男女青年相互表达爱情的一种别致方式。“姑娘追”一般在夏秋季节繁花争艳的草原上举行，远近牧民都骑马前来参观。活动一开始一对对未婚青年男女向指定地点并辔慢行。去时，小伙子可向姑娘任意笑谑或求爱，姑娘只能默默倾听，不能生气；返程，小伙子必须策马疾驰，姑娘则在后挥鞭追打。姑娘若追上小伙子可任意鞭打，有时还将帽子抽落在地，惹得观众一阵哄笑。如果姑娘对小伙有情，则会鞭下留情，只见鞭子在小伙子头上转圈虚晃，却不见鞭梢落身，或姑娘故意将鞭抽打到小伙子坐骑的马屁股上。**达瓦孜（走高绳）**是维吾尔族民间的一种杂技、体育形式，源于古西域“杂戏”，在宽大场地上高高竖起几根木杆，最高的有30多米，从地面到每根木杆的顶端，都用粗绳联系着。随着唢呐鼓乐声起，但见表演者双手横握一根横杆，光着脚踏上绳子，敏捷地向竖杆的顶端走去，一边走还一边做出坐、卧、单脚立等各种姿势，还在绳上蒙眼走绳、倒立走绳、飞身跳绳、踏碟走绳……精彩纷呈。

（四）科技

坎儿井是新疆维吾尔族地区特有的水利灌溉工程。元代维吾尔族农学家鲁明善的《农桑衣食撮要》，是一部以月令体裁写成的讲述农业生产技术的书，内容涉及气象物候，农田水利，作物、蔬菜、瓜类、果树、竹木、桑栽培，蚕饲养，家畜家禽养殖，医疗，养蜂采蜜，粮食和种子保管，副食品加工，衣物保管等。维吾尔族医学和哈萨克等其他新疆民族医学，是中华民族医学宝库中的重要组成部分，是我国珍贵的民族文化遗产。

（五）旅游景点

有高山湖泊天山天池、人间仙境喀纳斯、绿色长廊吐鲁番葡萄沟、空中草原那拉提、地质奇观可可托海以及喀什泽普金胡杨景区、乌鲁木齐天山大峡谷等。在5000多公里古丝绸之路的南、北、中三条干线上，分布着数以百计的古文化遗址、古墓群、千佛洞等人文景观，其中交河故城、楼兰遗址、克孜尔千佛洞等蜚声中外。

1. 交河故城遗址

是世界上最大最古老、保存得最完好的生土建筑城市，也是我国保存2000多年最完整的都市遗迹，唐西域最高军政机构安西都护府最早就设在交河故城。1961年被列为国家重点文物保护单位。2014年6月22日，交河故城作为中国、哈萨克斯坦和吉尔吉斯斯坦三国联合申遗的“丝绸之路：长安—天山廊道的路网”中的一处遗址点成功列入世界遗产名录。

2. 楼兰故城遗址

楼兰，是西域故城遗迹。最早见于《史记》，曾经为丝绸之路必经之地，现只存遗迹，地处新疆巴音郭楞蒙古自治州若羌县北境罗布泊的西北角、孔雀河道南岸的7公里处。楼兰国是西域古国名，是中国西部的一个古代小国，国都楼兰城（遗址在今中国新疆罗布泊西北岸）。公元前77年楼兰国更名鄯善国，并迁都扜泥城，向汉朝称臣，原都城楼兰城则由汉朝派兵屯田，扼丝绸之路的要冲。国人属印欧人种，语言为印欧语系的吐火罗语。由于孔雀河的改道，罗布泊水域萎缩，生存环境日益恶劣，约 422 年以后，楼兰城民众迫于严重干旱，遗弃楼兰城，逐渐南移，鄯善国（楼兰国）先后并吞了婼羌、小宛、精绝、且末等国，成为西域七强之一，448 年北魏灭鄯善国，前后经历了约 600 年的鄯善国（楼兰国）至此灭亡。

七、风物特产

新疆自古享有瓜果之乡、金玉之邦和地毯丝绸王国的美誉。吐鲁番葡萄、库尔勒香梨、哈密瓜、阿克苏苹果以及遍布南疆的红枣、核桃、杏、石榴、无花果、巴旦木等享誉国内外。和田玉，红花，各色瓜果、蜜饯，胡萝卜汁，“新天”“楼兰”“西域”等一批区内外知名品牌的葡萄酒，番茄制品，薰衣草、百里香、迷迭香、西洋甘菊等香精香料都是新疆著名特产。

新疆饮食西域风味浓烈，各种食品色香味俱佳。烤羊肉串已风靡全国，烤全羊也是新疆一大名馔。抓饭、手抓羊肉是新疆少数民族最喜欢的食品，也是逢年过节、婚丧嫁娶的必备食品。烤馕、烤包子、拉面、油馓子、油塔子、奶茶等，则是新疆少数民族的传统食品。新疆牧区的少数民族能将牛奶、羊奶加工成八九种奶制品，或香或甜或酸，都带有浓郁的奶味，营养丰富。用马奶发酵而成的马奶子酒酒香微醺、清凉适口。

八、特色产业

产业	概况
油气资源	拥有能够承载石油化工产业的园区 23 个，已建成世界级环烷基润滑油生产基地、国内最大的氯碱化工基地、国家重要的石油化工基地。为进一步优化产业布局，在常规油气资源综合加工利用领域，新疆将依托独（山子）—奎（屯）—克（拉玛依）石化基地、乌鲁木齐准东产业园、巴州上库产业园区、库车经济技术开发区四大石油石化产业基地，打造四个千亿元级产业集群，促进石油石化产业高质量发展。
林果产品	阿克苏苹果及核桃、吐鲁番葡萄干、伊犁吊干杏、库尔勒香梨、喀什西梅、轮台小白杏、若羌灰枣、和田大枣、阿图什无花果等。
长绒棉	新疆光照充足、热量丰富、空气干燥、昼夜温差大，种植棉花具有得天独厚的自然条件。长绒棉因纤维较长而得名，品质世界顶级。立足新疆棉花主产区的气候土壤特点，新疆已建立了特色鲜明的棉花生产全程机械化技术体系，并实现了规模化推广应用，多项技术达到世界领先水平。
葡萄酒	新疆地处全球公认的酿酒葡萄黄金种植带，已成为我国葡萄酒酿造大省，酿酒葡萄种植面积全国第二，产量居全国之首。《新疆维吾尔自治区葡萄酒产业“十四五”发展规划》提出，到 2025 年，以天山北麓、伊犁河谷、焉耆盆地、吐哈盆地四大葡萄酒主产区引领发展，推动阿克苏传统慕萨莱思葡萄酒特色产区和南疆三地州葡萄蒸馏酒新兴产区加快发展，鼓励支持具备产业基础和发展条件的其他地区发展葡萄酒产业，在全疆形成“4+2”为主的葡萄酒产业发展格局。2021 年，12 家葡萄酒庄被命名为自治区休闲旅游特色精品葡萄酒庄，并推出了 15 条自治区葡萄酒文化旅游精品线路。

易错考题小试牛刀

1.（判断题）陕西秦岭栖息着大熊猫秦岭亚种，与四川亚种相比，秦岭亚种个体略大，头圆，更像猫，且头骨较大、牙齿较小。（　）

2.（判断题）天水伏羲庙是我国目前规模最宏大、保存最完整的纪念伏羲氏的清代建筑群。（　）

3.（单选题）新疆素有“歌舞之乡”的美称，以下属于塔吉克族的舞蹈的是（　）。
A.《刀郎舞》　B.《赛乃姆舞》　C.《沙吾尔登舞》　D.《鹰舞》

4.（单选题）宁夏引黄灌溉的历史，始于（　）。
A. 西夏　B. 周　C. 秦　D. 汉

5.（单选题）（　）是我国藏传佛教格鲁派创始人宗喀巴的诞生地，也是我国藏传佛教格鲁派六大寺院之一。
A. 楚布寺　B. 哲蚌寺　C. 拉卜楞寺　D. 塔尔寺

【答案】1. 错　2. 错　3.D　4.C　5.D

第八章 港澳台地区

第一节 香港特别行政区

一、概况

香港全称为中华人民共和国香港特别行政区，位于中国东南部，珠江口东侧，北隔深圳河与深圳相接，西与澳门隔海相望，南临珠海市万山群岛，由香港岛、九龙半岛、新界内陆地区以及 262 个大小离岛组成，素有“东方之珠”之称。香港的货币为港元。

香港特别行政区下辖香港岛、九龙半岛、新界 3 个地区共 18 个分区。

香港岛有中西区、湾仔区、东区、南区；九龙半岛有油尖旺区、深水埗区、九龙城区、黄大仙区、观塘区；新界有北区、大埔区、沙田区、西贡区、荃湾区、屯门区、元朗区、葵青区、离岛区。

香港陆地总面积 1106.66 平方公里，海域面积 1648.69 平方公里。截至 2022 年年底，香港特别行政区人口约为 733.32 万。香港居民大部分原籍广东，普遍讲粤语。外籍人口以印度尼西亚和菲律宾人数较多，其次为欧洲人和印度人。

二、地理、气候

类别	内容
地形	境内山多平地少，是一座受到海水淹没的多山地体。境内山陵可与华南丘陵视为一体，地貌构造体系与广东省一样。香港约有 650 平方公里（即约 60% 陆地总面积）属天然山坡，山脉走向为东北—西南，其中以新界中部的大帽山（957 米）为第一高峰，向多方面伸延，西南面大屿山岛上的凤凰山（934 米）及大东山（869 米）则为另一条主要山脉。 香港众岛屿以大屿山面积最大，其次是香港岛。香港岛以南的鸭脷洲则是全球人口最稠密的岛屿；另外也有不少无任何常住居民的小岛。弯曲的海岸线是香港地形特征之一，弯曲的海岸线形成大小海湾及海滩，成为爱好水上运动人士的好去处。香港另一地形特征便是分隔九龙和香港岛的维多利亚港。维港被四周的岛屿、九龙的狮子山和香港岛的太平山等高山包围，港深而阔，港内船只不会受强风侵袭，适宜海运发展。
气候	亚热带季风气候，全年气温较高，年平均温度为 22.8℃。夏季高温多雨，温度 27℃ ~ 33℃；冬季温和少雨，很少会降至 5℃以下。香港 5 月至 9 月多雨，雨量最多的月份是 8 月，雨量最少月份是 1 月。7 月至 ~ 9 月是香港台风较多的季节。此外，香港市区高楼集中而密布、人口稠密，所形成的微气候容易产生热岛效应，市区和郊区有明显的气温差别。就气候而言，秋季（9 月下旬至 12 月下旬）天气晴朗，清凉干爽，是香港旅游旺季，其次是 4 月至 5 月，除了台风时节以外，香港一年四季都适合旅游。

三、交通状况

香港位于亚欧大陆东南缘，背靠祖国大陆，是粤港澳旅游的重要一翼，是世界各国游客进入中国内地的一个桥梁和窗口。香港三面环海，地处东北亚至东南亚和南亚交通的中心位置，是国际交通中枢，众多国家的航空航海线路在此交会。

类别	内容
香港国际机场	被评为五星级机场，2001 年—2012 年一直跻身三甲，其中八度被评为“全球最佳机场”，2010 年起，货运流量连续 9 年位居世界第一，2022 年 12 月，香港国际机场客运量达 160 万人次，较 2021 年同期跃升 938.7%，其中往来东南亚及日本的旅客量升幅最为显著。飞机起降量同比增加 8.7%，达 15770 架次。
深圳河	香港海运也很发达，维多利亚港可容纳吃水 12 米的万吨级以上的货船出入及停泊，拥有世界上最繁忙的集装箱港口，见证着香港的商贸、经济和旅游业的变迁；是亚洲的第一、世界第三大海港。深圳河是香港和祖国内地之间的边界线，使香港和祖国内地之间出现了陆地交界点。
港珠澳大桥	全长 55 公里，已全线通车，是目前世界上最长的跨海大桥。现在从香港到珠江西岸的车程由以前的 3 小时缩短至半小时。香港的铁路经由香港红磡站与内地的京九铁路连接，香港西九龙总站与广深港高铁相通。港珠澳大桥和广深港高铁的建设推进，大大缩短了香港、澳门与内地的时空距离，为开创粤港澳三地融合新格局提供了硬件基础条件。
天星小轮	有着 100 多年运营历史的天星小轮是维多利亚港的著名渡海交通工具。它是与香港电车、太平山山顶缆车齐名的拥有百年以上悠久历史的交通工具。穿梭于维多利亚港的天星小轮不仅仅是香港与九龙之间的渡海交通运输系统的重要组成部分，乘搭天星小轮是香港本地其中一项最质优价廉的观光旅程，也是访港旅客游览维多利亚港首选的行程、天星小轮仍保留复古外形，船舱内的木质长椅、铁质风扇唤起年代的记忆。《国家地理》旅游杂志把乘搭天星小轮游览维港两岸誉为“人生 50 个必游项目”之一。

四、历史沿革

（一）香港历史发展

时期	内容
新石器时代	已经有人类活动。
秦始皇三十三年（前214年）	秦朝派军平定百越，置南海郡，把香港一带纳入其领土，属番禺县管辖。由此开始，香港便置于中央政权的管辖之下。
汉朝	香港隶属南海郡博罗县。
东晋咸和六年（331年）	香港隶属东莞郡宝安县。
隋朝	废东莞郡，将辖地并入广州府南海郡，宝安县也改为隶属南海郡，香港则仍归宝安县管理。
唐至德二年（757年）	改宝安县为东莞县，香港仍然隶属东莞县。

（续表）

时期	内容
宋元时期	内地人口大量迁至香港，促使香港的经济、文化得到很大的发展。
	元朝时属江西行省，在香港西南的屯门、广州外港的屯门又设巡检司，驻军，防止海盗入侵，拱卫广州地区。
明朝万历年间	从东莞县划出部分地方成立新安县，为后来的香港地区。香港岛由1573年（明万历元年）起，一直到1841年（清道光二十一年）受英国殖民统治之前，一直属广州府新安县管辖。
清朝	于1662年派兵到新界，并命令乡民留辫。清朝时，香港一直在对外通商中扮演重要角色，因为香港在地理上与广州唇齿相依，而广州是清朝对外开放的唯一商埠。

（二）三个不平等条约签订

香港全境的三个部分（香港岛、九龙、新界）分别来源于不同时期的三个不平等条约。1841年1月26日，第一次鸦片战争后，英国强占香港岛，事后清政府曾试图用武力予以恢复，道光皇帝为此发下多道谕旨，但清政府始终不能捍卫领土完整。

时间	不平等条约	事件
1842年8月29日	《南京条约》	清政府与英国签订；割让香港岛给英国。（**中国近代史上第一个不平等条约**）
1860年10月24日	《北京条约》	中英签订；割让九龙半岛界限街以南地区给英国。
1898年6月9日	《展拓香港界址专条》	英国强迫清政府签订；租借九龙半岛界限街以北地区及附近262个岛屿，租期99年（至1997年6月30日结束）。

（三）日本占领 / 撤出香港

时间	事件
1941年12月25日	第二次世界大战期间，日军进犯香港，驻港英军无力抵抗，当时的香港总督杨慕琦无奈宣布投降。香港被日本占领。
1945年9月15日	日本战败后在香港签署投降书，撤出香港。

（四）香港经济发展及“一国两制”

时间	事件
第二次世界大战以后	香港经济和社会迅速发展，成为继纽约、伦敦之后的世界第三大金融中心。不仅成为“亚洲四小龙”之一，也是亚洲金融、服务和航运中心。
1982年—1984年	中英两国就落实香港前途问题进行谈判。
1984年12月19日	签订《中华人民共和国政府和大不列颠及北爱尔兰联合王国政府关于香港问题的联合声明》，决定1997年7月1日中华人民共和国对香港恢复行使主权，中方承诺在香港实行“一国两制”，香港将保持资本主义制度和原有的生活方式，并享受外交及国防以外所有事务的高度自治权，也就是“港人治港，高度自治”。

（续表）

时间	事件
1997年7月1日	中国对香港恢复行使主权，香港成为中华人民共和国的一个特别行政区。根据《中华人民共和国香港特别行政区基本法》，香港保留原有的经济模式、法律和社会制度，五十年不变，实行“一国两制”，除防务和外交事务归中央政府管制外，香港特别行政区享有高度自治权。

五、民俗风情

类型	特点
传统节日	有春节、清明节、端午节、中秋节、重阳节。春节最隆重，亲友送年礼，并给孩子们发“利市”（红包）；清明节要“拜山”（扫墓）；端午节要进行龙舟赛；中秋节要吃月饼、观花灯、赏月等。
宗教节日	复活节、圣诞节，各教会也有自己的节日。
西方节日	情人节、母亲节、父亲节等。香港每年都主办各种类型文化、康乐、体育活动，较大型的活动包括香港艺术节、香港国际电影节、国际综艺合家欢、香港国际七人橄榄球赛、六人木球赛和国际赛马。
民俗	☆香港人说话办事讲究有个好兆头，“3”“8”与粤语“升”“发”谐音，“6”“9”与“禄”“久”谐音，所以这几个数字最受欢迎，但忌讳“4”。根据发音谐音，香港人送花忌讳赠送剑兰、茉莉、梅花等，送礼物忌讳送钟（谐音“送终”）。 ☆香港人忌讳别人打听个人隐私，如住址、收入、年龄等情况。 ☆香港行人和车辆靠左行驶，和内地正好相反。
	重视中国传统文化的传承，目前已有12个国家级非物质文化遗产项目：粤剧、凉茶配制、长洲太平清醮、大澳端午龙舟游涌、中元节（潮人盂兰胜会）、中秋节大坑舞火龙、古琴艺术（斫琴技艺）、全真道堂科仪音乐、西贡坑口客家舞麒麟、黄大仙信俗、香港天后诞和香港中式长衫制作技艺。其中由广东、香港和澳门联合申报的粤剧于2009年入选联合国教科文组织的人类非物质文化遗产代表作名录。粤剧主要流行于广东全省、广西壮族自治区南部和香港特别行政区、澳门特别行政区等使用粤方言的地区。粤剧广泛吸收广东音乐、广绣、牙雕、陶瓷、灰塑等地方艺术形式，充分体现了广府民系群落的地域文化传统，辐射范围遍及全球各地，在世界华人中具有极强的文化凝聚力。大坑舞火龙则被文化和旅游部列入“国家级非遗代表性项目优秀保护实践案例”，是全国50个“优秀保护实践案例”之一。

六、文旅资源

国际化都市香港旅游资源类型丰富多样，因而拥有来自世界各地的客源。香港拥有出色、完善的会议、展览设施，是全球会议中心之一，还经常举办具有国际性影响的体育和文化盛事，吸引着全球众多参展商和观光游客。

香港地处亚热带与热带过渡地带，四面环海，冬暖夏热，气候湿润，阳光充足，自然条件优越。有海滩秀丽的浅水湾、迷人的维多利亚湾、翠绿的山岭丘陵、星罗棋布的海岛和各类郊野公园。香港融贯东西方文化，有体现海内外各国风情的博物馆、展览馆、文化艺术中心、现代化的都市风光和不同历史时期的风格建筑，也有香港独特的古堡、庙宇、古村落等，这些人文景观融合了西方近现代艺术和传统的中国文化。夜间的香港灯火璀璨，壮丽的夜景也是游客期待的项目之一。

景点	介绍
太平山	也称扯旗山，西方人称之为维多利亚山，位于香港岛西北部，海拔 552 米，是香港岛的最高点，在山顶可以俯瞰香港全岛及维多利亚港美景。太平山风光秀丽，山顶一带更是官绅名流的官邸所在，也是人们到香港的必游之地。前往太平山顶的最佳交通工具是乘坐山顶缆车。该缆车自 1888 年开始营运，默默见证了香港城市过去 100 多年间的变迁。登太平山的最佳时间是黄昏，这时既能观赏到白天的城市景观，又可以静待夜幕低垂时，整个城市在瞬间变幻的一刻。太平山顶上有多个观景台，包括卢吉道观景台、狮子亭、山顶公园以及凌霄阁顶层的摩天台等。
浅水湾	依山傍海，位于香港岛太平山南面，号称“天下第一湾”，有“东方夏威夷”之美誉，是香港最具代表性的沙滩。海湾呈新月形，水清沙细，波平浪静，是游人必到的旅游胜地。浅水湾内遍布豪华住宅，其中包括香港巨商李嘉诚、包玉刚的豪华私宅。著名的景点有影湾园、浅水湾 129 号等。在浅水湾东南端，有一座极具中国古典色彩的建筑——镇海楼。镇海楼公园内面海矗立着天后娘娘（妈祖）和观音菩萨两尊十多米高的巨大塑像，保佑着渔民和泳客在海上四季平安。
海洋公园	是一座集海陆动物、机动游戏和大型表演于一身的主题公园，占地 91.5 公顷，依山而建，分为“高峰乐园”及“海滨乐园”两大主要景区，以登山缆车和海洋列车连接。主要景点有亚洲动物天地、梦幻水都、威威天地、热带雨林天地、海洋天地、山上机动城、急流天地、动感天地等。在这里不仅可以看到趣味十足的露天游乐场、海豚表演，还有千奇百怪的海洋性鱼类、高耸入云的海洋摩天塔，更有惊险刺激的越矿飞车、极速之旅。海洋公园拥有亚洲第一个水上游乐中心和全世界第二长的户外电动扶梯等。
迪士尼乐园	位于香港新界大屿山，占地 126 公顷，于 2005 年投入运营，是全球第 5 座、亚洲第 2 座、中国第 1 座迪士尼乐园。乐园分为 7 个主题园区，分别为美国小镇大街、探险世界、幻想世界、明日世界、玩具总动员大本营、灰熊山谷及迷离庄园，其中灰熊山谷和迷离庄园为全球独有。乐园每天晚上都有巡游表演活动和烟花汇演。
黄大仙祠	又名啬色园，是一座宏伟的中国式道教寺庙，位于九龙半岛的东北面，是香港香火最旺的寺庙。每年农历大年初一，市民都要争头炷香。相传祠内所供奉的黄大仙十分灵验，“有求必应”。该祠也是香港唯一一所可以举行道教婚礼的道教宫观。
金紫广场	位于香港湾仔香港会议展览中心新翼人工岛上，是为纪念香港回归祖国而设立的，三面被维多利亚港包围。1997 年 7 月 1 日香港特别行政区成立，中央政府把一座高 6 米的金紫荆铜像赠送给香港，命名为“永远盛开的紫荆花”，寓意香港永远繁荣昌盛。铜像被安放在会展中心旁，面对大海，这个广场也被命名为金紫荆广场。
维多利亚港	位于香港特别行政区的香港岛和九龙半岛之间，维多利亚海湾的海岸被评为中国最美八大海岸之一，维多利亚港拥有一览无遗的海景和夜景，港岛、两岸繁华光景尽收眼底。最佳观赏地点是香港中环摩天轮、天际 100 香港观景台或坐山顶缆车登上太平山顶。香港亦因其而拥有“东方之珠”“世界三大夜景”之美誉。维多利亚港两岸多幢地标建筑声光电交织，演绎“幻彩咏香江”灯光音乐汇演，为香港这个国际大都市增添华彩和魅力。

（续表）

景点	介绍
香港故宫文化博物馆	是西九文化区 17 个文化艺术建筑之一，更是西九文化区的一座新地标。西九文化区是香港最新、规模最大的艺术文化中心。香港故宫文化博物馆 2022 年 7 月开展，展出故宫博物院文物藏品，丰富香港居民文化生活。香港故宫文化博物馆以固定地点、定期更换展品的形式，对故宫博物院赴香港的展览进行规范化和系统化的提升，并在此基础之上结合数字多媒体展示、故宫知识讲堂、文化创意产品营销等，创建一个独具中国传统文化特色的故宫综合展示空间。

七、风物特产

（一）购物天堂

拥有香港时代广场、海港城、香港中环置地广场、香港旺角、铜锣湾、尖沙咀东部和九龙城、太古广场、柏丽购物大道和弥敦道等著名景点，香港店铺售卖世界各地不同特色的货品，从国际顶级品牌到地方特色小商品，琳琅满目，使人目不暇接。

（二）美食天堂

香港汇聚了世界各地的美食，充满亚洲风味的餐馆遍布香港，有辛辣的泰国汤、香浓的印度咖喱、韩国烧烤、越南沙律卷、日本寿司等特色美食。香港的中国菜餐馆，提供中国各地的特色佳肴，广东菜餐馆尤其多，其他地道菜包括潮州菜、湖南菜、四川菜、北京菜、上海菜等，也有讲究的素菜，还有以传统的广式点心作早餐的早茶。各式各样的茶餐厅是香港美食的一大特色。

传统本地菜以广州菜为主，盆菜则是新界原居民在节日时的传统菜。由于香港临近海洋，因此海鲜也是常见的菜式，也发展出如避风塘炒蟹为代表的避风塘菜式。香港饮食也深受外来饮食文化影响。中环苏豪区、湾仔及尖沙咀酒吧林立，慕尼黑啤酒节由 1991 年起每年于尖沙咀广东道举行。快餐方面，美式快餐主要有麦当劳及肯德基，而香港也发展出自己的港式快餐，当中以大家乐、大快活及美心快餐为代表。

民间传统食品，有年糕、粽子、烧卖、鱼蛋、蛋挞、鸡蛋仔、小桃酥、杏仁饼、盲公饼、鸡仔饼、小椰堆、花生饼、芝麻饼、相思酥、棋子饼、炒米饼、格子饼、花生糖、袋仔面、花生豆、南乳香酥角等。

八、特色产业

香港是享誉世界的国际金融、航运、贸易中心。香港的金融业被称为“百业之首”，全球金融中心第四，香港股票市场规模宏大，位居亚洲第二。香港是全球最自由的经济体、在最受欢迎仲裁地中排名全球第三。香港还是一个自由港，对大多数进口物品不征收关税，有“购物天堂”的美誉。

粤港澳大湾区由香港、澳门两个特别行政区和广东省的广州、深圳、珠海、佛山、惠州、东莞、中山、江门、肇庆这珠三角九市组成，总面积 5.6 万平方公里，总人口约 8600 万。

拥有世界上最为密集的港口群、最为繁忙的空港群，高铁、港珠澳大桥等基建设施形成立体交通体系，集聚湾区优质资源，成为“一带一路”资金流、人才流、信息流、物资流的枢纽，推动形成以国内大循环为主体、国内国际双循环相互促进的新发展格局。粤港澳大湾区是中国开放程度最高、经济活力最强的区域之一，在国家发展大局中具有重要战略地位。

第二节　澳门特别行政区

一、概况

澳门全称为中华人民共和国澳门特别行政区，地处中国南方珠江入海口的西侧，北靠珠江三角洲，东隔伶仃洋，与香港隔海相望，西连磨刀门，和珠海市的湾仔、横琴岛隔水相对，北接珠海市的拱北。经过澳门半岛百余年的填海造地，如今澳门特别行政区包括澳门半岛和氹仔、路环两个离岛，面积 32.9 平方公里，以“堂区”作为行政区划单位，澳门有七个堂区和一个无堂区划分区域（路氹城），但堂区并非正式的行政机构建置，不具法律地位。截至 2022 年 12 月底，澳门总人口约为 67.28 万，以华人为主，是世界人口密度最高的地区之一。汉语和葡萄牙语是现行官方语言，市民普遍讲广东话，英语在澳门也很流行。澳门的货币是澳门币。自 1999 年回归后，澳门成为中华人民共和国的一个特别行政区，依据《中华人民共和国澳门特别行政区基本法》实行高度自治，在“一国两制”政策的指引下，澳门的社会和经济方面的特色予以保留并得以延续。

二、地理、气候

类别	内容
地形	地势南高北低，主要由低丘陵地与平地组成，低丘陵面积从南向北减少，平地面积由南向北增加。在澳门半岛，平地面积较大，占 80% 以上；氹仔岛和路环岛，丘陵面积较多，氹仔占 45%，路环则近 80%。在澳门半岛有莲花山、东望洋山、炮台山、西望洋山和妈阁山，在氹仔岛有观音岸、大氹山（鸡颈山）、小氹山，在路环岛有九澳山、叠石塘山。山岩性质以花岗岩与火山岩为主。 澳门特区海岸线全长 76.7 公里，澳门海岸线大部分由人工岸线组成，约占岸线总长的 80.8%，主要分布在澳门半岛、氹仔岛北侧与南侧；砂质岸线主要分布在路环岛的黑沙海滩与竹湾海滩；基岩岸线分布在路环岛的南侧及东侧部分区域。
气候	地处北回归线以南，受海洋和季风影响很大，属亚热带季风气候，夏无炎热，冬无严寒。全年平均气温 22℃，湿度较高，为 73% ~ 90%。秋季（9 至 11 月）阳光充足，气候温和且湿度较低，是到澳门旅游的最理想季节。冬季（12 月至次年 2 月）寒冷，但大部分时间天气晴朗。3 至 8 月，湿度和温度逐渐升高，其间雨水较多，并伴有台风。

三、交通状况

类别	内容
公路	港珠澳大桥连接香港大屿山、澳门半岛和广东省珠海市，工程路线起自香港国际机场附近的香港口岸人工岛，向西接珠海 / 澳门口岸人工岛、珠海连接线，止于珠海洪湾，总长约 55 公里，使澳门与内地的联系更为方便快捷。
水路	自 20 世纪中期路氹连贯公路和嘉乐庇大桥相继通车后，澳门的沿海运输和内地运输更加便利。澳门半岛西岸的内港码头，是广州沿海等地货运、渔船和渡轮使用的码头。至于外港运输方面，主要是使用港澳码头和九澳港，由澳门港务局负责管理。
航空	澳门国际机场是全球第二个、中国第一个完全由填海造陆而建成的机场。自 1995 年 11 月建成启用后，成为珠江三角洲与世界各地之间的重要桥梁，全日 24 小时运作，与国内外 50 多个城市通航。此外，澳门与香港之间有快速的运输船队，每隔 15 ~ 30 分钟来往一班船，航程需 55 分钟。从澳门还可以乘直升机到香港，只需 20 分钟。2022 年 10 月，国务院正式批复同意澳门国际机场扩建填海，填海工程将按需要分段展开，总填海面积超过 129 公顷。澳门国际机场完成扩建后，年客运承载能力将达 1500 万名乘客。

四、历史沿革

1995 年在路环岛黑沙的沙丘中发掘出土的彩陶以及玉器，经鉴定，证实是四五千年前的珍贵古文物，与其同时出土的石斧等石器，同近年来在距离澳门不远的珠海地区出土的同类文物属于同一文化系统，说明早在新石器时代，中华民族的祖先已在澳门一带的地区劳动、生息。商周时期，古代居民已在这些地区居住活动。澳门、珠海出土文物中，还有春秋时期的簋、罐以及战国时期的陶器等。

澳门先秦时属百越地。从秦朝起就成为中国领土，属南海郡。澳门古称濠镜澳，约公元前 3 世纪，澳门被正式纳入中国版图，属南海郡番禺县地。420 年（晋元熙二年），澳门属新会郡封乐县地。590 年（隋开皇十年），废新会郡改属宝安县地。757 年（唐至德二年），废宝安县，改为广州东莞县辖。自南宋开始，澳门属广东省广州香山县。据史料记载，宋末名将张世杰与军队曾在此驻扎。早期在澳门定居的人在此形成小村落，依靠捕鱼与务农种植为生。元代属广东道宣慰司广州路，路治广州；明代属于广州府；清朝后期前属广肇罗道广州府，道治肇庆，府治广州。

南宋皇朝倾覆之际，澳门半岛开始有大量华人定居。大约在南宋末年至元初，澳门半岛上的望厦、濠镜等地已是定居的居民点了。由于地方小、耕地缺、物产少，繁衍后代并不容易。直至 16 世纪中叶，即明世宗嘉靖年间，1557 年葡萄牙人开始在明朝求得澳门的居住权，但明朝政府仍在此设有官府，由广东省直接管辖。直至 1887 年葡萄牙政府与清朝政府签订了《中葡会议草约》和有效期为 40 年的《中葡和好通商条约》（至 1928 年期满失效）后，正式通过外交文书的手续占领澳门。

1622 年，荷兰人攻打葡萄牙租借自明朝的澳门，被击败。1623 年，葡萄牙政府委任马士加路也为首任澳门总督。

自从澳门被葡萄牙侵占以来，葡萄牙人在澳门一直拥有特权或特殊地位，引发居民普遍不满：从 1849 年 8 月 22 日沈志亮刺杀总督亚马留伊始，直到 1966 年 12 月 3 日的“一二·三事件”，均显示了民间对于葡萄牙人在澳门的特权一直深感不满。1974 年 4 月 25 日，葡萄牙革命成功，实行非殖民地化政策，承认澳门是被葡萄牙非法侵占的，并首次提出把澳门交还中国。由于当时不具备适当的交接条件，时任总理的周恩来提出暂时维持澳门当时的状况。

1984 年 10 月 3 日，邓小平首次公开提出用“一国两制”的方针解决历史遗留下来的澳门问题。1986 年开始，中葡两国政府为澳门问题展开了四轮谈判。1987 年 4 月 13 日，两国总理在北京签订《中华人民共和国政府和葡萄牙共和国政府关于澳门问题的联合声明》及两个附件。联合声明说澳门地区（包括澳门半岛、氹仔和路环）是中国的领土，中华人民共和国 1999 年 12 月 20 日对澳门恢复行使主权。中国承诺在澳门实行“一国两制”，保障澳门人可享有“高度自治、澳人治澳”的权利。1993 年 3 月 31 日，中华人民共和国全国人民代表大会于北京通过《中华人民共和国澳门特别行政区基本法》，指出澳门是 1999 年前葡国管制下的一个中国领土，澳门的主权属于中国。

1999 年 12 月 20 日零时，在中葡两国元首见证下，第 127 任澳门总督韦奇立和第一任澳门特别行政区行政长官何厚铧于澳门新口岸交接仪式会场场内交接澳门政权。翌日（12 月 21 日）早上，澳门群众欢迎中国人民解放军驻澳部队进驻澳门。至此，中华人民共和国正式恢复对澳门行使主权。

2015 年 12 月 16 日，国务院常务会议通过《中华人民共和国澳门特别行政区行政区域图》，自 2015 年 12 月 20 日起施行。同时，1999 年 12 月 20 日国务院公布的《中华人民共和国澳门特别行政区行政区域图》废止。

五、民俗风情

澳门历史悠久，文化底蕴深厚，民俗文化异彩纷呈，各类节庆、服饰、饮食起居、婚丧、宗教信仰等构成了多彩的澳门民俗风情图画，具有浓郁的生活气息、文化内涵和独特的澳门民俗文化旅游体验价值。其中有 11 个项目被列入国家级非物质文化遗产名录：粤剧、凉茶配制、木雕（澳门神像雕刻）、澳门道教科仪音乐、南音说唱、鱼行醉龙节、妈祖信俗、哪吒信俗、土生葡人美食烹饪技艺、土生土语话剧和土地信俗。其中由广东、香港和澳门联合申报的粤剧于 2009 年入选联合国教科文组织的人类非物质文化遗产代表作名录。

澳门鱼行醉龙节是澳门鲜鱼行独有的一项民间传统节庆活动，又称澳门鱼行醉龙醒狮大会。每年农历四月初八举行。舞醉龙源自数百年前的广东省香山县（今中山、珠海、澳门）。每年四月初七傍晚，澳门从事渔业批发或零售的居民，便会聚在菜市场，不分彼此，席地而坐，围台进餐，形成吃“龙船头长寿饭”的传统。酒席间，舞动香案上的木龙祈福。四月初八舞醉龙巡游、免费派送龙船头饭是节庆中的主要活动内容。舞醉龙、舞醒狮是节日中的两项主要表演。舞醉龙是澳门鲜鱼行全行会共同参与的节庆活动，现在澳门各界广泛参与。澳门鱼行醉龙节活动传承中华民族“龙”的精神，表达了对祖国繁荣昌盛的期盼与祝福，对于增强中华民族凝聚力、增进社区及行业团结协作精神具有重要意义，亦有民俗学、历史学研究价值。

澳门拥有独特的节庆文化，既有春节、元宵、端午节等中国传统节庆，也有复活节、花地玛圣像巡游、圣诞节等西方节日。除节庆外，澳门每年都举办多项大型的国际盛事，“澳门艺术节”“澳门国际音乐节”“澳门城市艺穗节”“相约澳门：中葡文化艺术节”“澳门国际幻彩大巡游”等活动已成为当地的文化名片，澳门拥有“盛事之都”“美食之都”“创意之都”等美称。腊月二十三日用灶糖送灶神，澳门人称为“谢灶”，“谢灶”是澳门保存下来最传统的中国年俗之一。澳门人过年是从腊月二十八开始的，腊月二十八日在粤语中谐音“易发”，商家老板大都在这岁晚之时请员工吃“团年饭”以示财运亨通、吉祥如意。除夕之夜，守岁和逛花市是澳门人辞旧迎新的两件大事。守岁时打麻将、看电视、叙旧聊天，共享天伦之乐。澳门在年宵兴办花市，多是桃花、水仙、盆竹、盆橘，花开富贵，竹报平安，鲜花瑞木昭示着新年的美好前程。春节这天，澳门人发“利市”，“利市”就是红包，这天老板见到员工，长辈见到晚辈，甚至已婚人士见到未婚人士都要发“利市”。“利市”纯粹是以示吉利。澳门人把大年初二叫作“开年”。习俗是要吃“开年”饭，这餐饭必备发菜、生菜、鲤鱼，取其生财之意。从腊月二十八直到元宵佳节，一直放烟花爆竹，舞龙舞狮，欢天喜地。

六、文旅资源

澳门面积虽小，但400多年的中西文化交会，使其拥有丰富的历史和文化遗产，留下许多名胜古迹。不同的宗教信仰、异域风情、传统风俗和小城的现代生活交织在一起，加上蓬勃发展的博彩业，形成了一个多姿多彩的旅游胜地。

澳门的景点有大三巴牌坊、新濠天地、澳门旅游塔、澳门威尼斯人度假村、澳门渔人码头，还有各类专题博物馆等。

景点	介绍
澳门历史城区	以澳门旧城区为核心的历史街区，其间以相邻的广场和街道连接20多处历史建筑，历史城区的范围东起东望洋山，西至新马路靠内港码头，南起妈阁山，北至白鸽巢公园。主要景点包括妈阁庙、港务局大楼、郑家大屋、大三巴牌坊等20多处历史建筑。澳门历史城区见证了澳门400多年来中华文化与西方文化互相交流、多元共存的历史。2005年澳门历史城区被列入世界遗产名录。
大三巴牌坊	为“澳门八景”之一，是澳门的象征，位于炮台山下，左邻澳门博物馆和大炮台名胜，是圣保禄教堂正面前壁的遗址，圣保禄教堂始建于1637年，当时是东方最大的天主教堂，教堂先后经历了3次大火，屡焚屡建。1835年，一场大火烧毁圣保禄教堂，仅残存了教堂的正面前壁、大部分地基以及教堂前的石阶。因为教堂前壁的形状与中国传统牌坊相似，所以取名为“大三巴牌坊”。“三巴”是葡语“圣保禄”的粤语音。大三巴牌坊的建筑由花岗石建成，宽23米，高25.5米，上下可分为五层，自第三层起往上逐步收分，至顶部则是一底边宽为8.5米的三角形山花，整个墙壁是巴洛克式，但也雕刻有中国和日本的牡丹及菊花图案，呈现中西合璧的风格。

（续表）

景点	介绍
妈阁庙	原称妈祖庙，俗称天后庙，是澳门最早的宗教庙宇之一，是澳门三大古刹（妈阁庙、普济禅院、莲峰庙）中历史最悠久的。1488 年为福建商人所建，距今已逾 500 年。妈阁庙位于澳门半岛的西南端，庙内有“神山第一”殿、正觉禅林、弘仁殿、观音阁 4 栋主建筑，前三殿主要供奉天后妈祖，观音阁则供奉观音菩萨。相传 400 多年前，葡萄牙人登陆澳门，在庙门前面的海滩上岸，询问当地居民这里是什么地方，居民以为是问妈阁庙，故答“妈阁”，葡萄牙人将其音译成“MACAU”，遂为澳门的葡文名称由来。
金莲花广场	位于澳门新口岸高美士街、毕仕达大马路及友谊大马路之间，是为庆祝 1999 年澳门主权移交设立的，已成为澳门一个著名地标及旅游景点。金莲花广场的大型雕塑“盛世莲花”是 1999 年中华人民共和国中央人民政府为庆祝澳门回归而赠送的，雕塑采用青铜铸造，表面贴金，重 6.5 吨，高 6 米，花体部分最大直径 3.6 米。莲花是中华人民共和国澳门特别行政区区花，莲花盛开，象征澳门永远繁荣昌盛。
葡京娱乐场	澳门以博彩业著称。葡京娱乐场是澳门最具规模的博彩娱乐场，位于苏亚利斯博士大马路。澳门葡京娱乐场在澳门葡京大酒店内，正门向着嘉乐庇总督大桥，通过天桥连接新葡京酒店。场内设多种博彩方式，不设入场券，可自由进出，但 18 岁以下未成年人及 21 岁以下本地人不准进入。
新濠天地《水舞间》剧场	位于水仔区的澳门新濠天地酒店内有一个最具代表性的舞台剧——《水舞间》，由享负盛名的比利时舞台创作家佛朗哥·德拉戈（Franco Dragone）为新濠天地酒店独家设计，筹划花 5 年，耗资逾 80 亿新台币，建造容量高达 370 万加仑（相当于 5 个奥林匹克标准泳池）的水池舞台。剧情丰富，特技场面刺激，包括高空跳水、绳索特技、水中舞蹈等，设置顶尖的音响及灯光器材，舞台变化多样，声光效果的呈现相当震撼。
澳门旅游塔	港澳地区习惯称为观光塔，从地面到它的最高点，总高度为 338 米。主观光层位于离地面 223 米高的位置。它是全球独立式观光塔第十位的观光塔，是世界高塔联盟的成员之一。观光塔设有两层观光层，两层包括 360 度旋转餐厅在内的饮食层以及一层中防火层。地下属澳门旅游会展观光中心；二楼为剧院，名为旅游塔戏院。澳门旅游塔的冒险乐园是世界顶级娱乐场所，有高空跳塔和空中漫步等刺激娱乐项目，它的蹦极是世界上商业蹦极之最，高度达到 233 米。挑战者从 233 米高空平台跃下后将以每小时 200 公里的高速划破长空，感受 4 ~ 5 秒自由下坠的感觉。

七、风物特产

澳门文化的多元性，使得澳门的饮食文化丰富多彩。澳门于 2017 年获得联合国教科文组织“创意城市美食之都”的称号。澳门东西南北的美食样样具备，除了风味独特的澳门菜外，汇聚中国大江南北的菜式，还有来自世界各地的美食，包括葡萄牙风情的葡国菜，以及日本、韩国、泰国、印度、巴西、意大利、法国等地的菜式。

澳门的当地土特产有：澳门杏仁饼、葡式蛋挞、凤凰卷、澳门花生糖、猪扒包、猪油糕、澳门肉干、澳门生蚝等。葡式蛋挞是澳门美食的代表名词之一。其他特色菜肴有澳门脆皮烧肉、姜葱奄仔蟹、干煎大虾碌、熵葡国鸡、白焓马介休、瓦罐浓汤鸡煲翅、金钱脆蟹盒、清蒸澳门龙脷、澳门豆捞、水蟹粥等。

葡国菜中最闻名的是马介休。马介休来自葡语 Bacalhau，是鳕鱼经盐腌制但并不风干保存而成，是不少澳葡式美食的主要材料。澳门有大大小小的商场、商店、购物中心，从国际知名品牌到风味小吃，琳琅满目，应有尽有，堪称购物天堂。

八、特色产业

澳门是自由港，经济长期以来以博彩业为主，是世界四大赌城之一，有“东方蒙特卡洛”之称。著名的轻工业、旅游业、酒店业和娱乐场使澳门长盛不衰，成为全球最发达、最富裕的地区之一。**（拓展：世界四大赌城——美国拉斯维加斯、摩纳哥蒙特卡洛、美国大西洋城、中国澳门）**

旅游业是澳门重要的经济支柱。澳门作为一座国际城市，游客来自世界各地，在澳门回归及开放港澳自由行后，尤以中国大陆游客为主。按照把澳门建设为世界旅游休闲中心的长远目标，特区政府旅游部门以新定位为主轴，开展对旅游政策和措施的调整工作，从市场推广、旅游规划、旅游产品与活动、行业管理、培训与质量管理等方面，推动旅游业持续和健康的发展。

澳门2019年出入境总人次和旅客量均创新高。各口岸共有1.94亿人次出入境，比2018年的1.79亿增加了约9%。入境旅客超过3940万，比2018年的3580万上升约10%，当中以内地旅客占大多数，约有2800万人次，其次为香港及台湾地区，排在其后的来源地依次为韩国、菲律宾、日本、美国、马来西亚等地。

第三节　台湾省

一、概况

台湾岛是我国第一大岛屿，位于中国东南沿海的大陆架上。东临太平洋，西隔台湾海峡与福建省相望，距离最近处（台湾新竹—福建平潭）仅68海里。南靠巴士海峡与菲律宾群岛相对，北向东海。自然风光优美，文化底蕴深厚，有“宝岛”的美誉。拥有丰富的森林资源，号称“森林之海”；盛产食盐，有“东南盐库”之称。

台湾包括台湾本岛及兰屿、钓鱼岛等21个附属岛屿和澎湖列岛64个岛屿及其周围海域。总面积3.6万平方公里，其中台湾岛面积3.58万平方公里。截至2023年，台湾地区人口是2354.86万人。新北市是人口最多的城市。

二、地理、气候

类别	内容
位置	地理位置得天独厚，扼西太平洋航道的中心，是中国与太平洋地区各国海上联系的重要交通枢纽。台湾本岛南北长而东西狭，南北最长达394公里，东西最宽为144公里，呈纺锤形。

（续表）

类别	内容
地形	台湾本岛是一个多山的海岛，高山和丘陵约占全岛的2/3，东部是山脉，中部是过渡的低山丘陵，平原不到1/3，且平原多分布在西海岸，本岛地形可分台东山地、台中丘陵、台西平原三部分。随着高山的形成和存在，形成了150多条的河流，其特点是河床坡陡、流量大，瀑布、险滩多。第一大河浊水溪，长186.4公里；这些河流由于落差大、水流急，为水力发电创造了良好的条件。
气候	地处热带及亚热带气候交界处，台湾的年平均温度在22℃左右（高山地区除外）。这是最适合旅游的温度。台湾是我国台风过境最频繁的省份，也是一个多火山、温泉、地震的地区。台湾全年温暖，四季中以春冬变化较大，夏秋变化较小，冬天只有在少数的高山地区可以看到雪花的影子，而秋天（每年的9至11月）天气晴朗凉爽。冬天（每年的12月至次年2月）是赏枫的季节，还可以泡温泉。

三、交通状况

类别	内容
铁路	台湾全部铁路运输系统长度约1066.6公里。台北捷运、高雄捷运、台中捷运已经营运。捷运（地铁）是主要的铁路运输工具，高速铁路的建设缩短了各都会区间的车程，使台北市至高雄市往返所需最短时间降至90分钟。
公路	分为“国道”、省道、市道、县道、区道和乡道。公路与桥梁总长度约4.7万公里，绝大部分集中在西部。最长的两条是连接北部至南部的道路系统——全长373公里的中山高速公路和全长432公里的“福尔摩沙”高速公路。在东部发达地区则通过快速公路连接，台北市至宜兰县建设了含贯穿雪山山脉的雪山隧道的蒋渭水高速公路。雪山隧道是蒋渭水高速公路的关键工程。隧道全长12.9公里，是台湾省最长的公路隧道。施工期间遭遇工程史中前所未有的困难，造成工程严重受阻且进度大幅落后，并使得通车时程比预估的1998年足足晚了8年。
航空	台湾多数大城市与离岛设有机场。各大都市间及各离岛之间皆有常态班机往来，形成便利的航空网。最主要的航空公司有中华航空和长荣航空，台湾最大最繁忙的机场是台北桃园国际机场。
水运	台湾四面环海，海上交通发达，国际贸易仰赖海上运输，目前有7座国际商港，分别为高雄港、基隆港、台中港、花莲港4座主要港和苏澳港、台北港、安平港3座辅助港。高雄港位于高雄市，是台湾第一大港，港口货物吞吐量占台湾整体港口货物吞吐量的1/2。

四、历史沿革

时间	事件
7000年前	台湾的历史可上溯至7000年前。7000年前起到400年前，南岛语系原住民的祖先曾先后漂流到台湾，成为目前所知台湾最早的居民。
公元230年	台湾有文字记载。当时三国吴王孙权派1万官兵到达“夷洲”（台湾），吴人沈莹的《临海水土志》留下了对台湾最早的记述。

（续表）

时间	事件
12世纪中叶	宋朝将澎湖划归福建泉州晋江县管辖，并派兵戍守。元、明两朝政府在澎湖设巡检司。明朝后期开拓的规模越来越大。
17世纪初	荷兰殖民者乘明末农民起义和东北满族势力日益强大、明政府处境艰难之时，侵入台湾。不久，西班牙人侵占了台湾北部和东部的一些地区，后于 1642 年被荷兰人赶走，台湾沦为荷兰的殖民地。
1644年	清军入关，在北京建立清朝政权。
1661年4月	郑成功以南明王朝招讨大将军的名义，率 2.5 万将士及数百艘战舰，由金门进军台湾。
1662年2月	**郑成功**迫使荷兰总督揆一签字投降。郑成功从荷兰殖民者手中收复了中国领土台湾，成为一位伟大的民族英雄。
1684年	清政府设置分巡台厦兵备道及台湾府，隶属于福建省。1811 年，台湾人口已达 190 万，其中多数是来自福建、广东的移民。移民大量开垦荒地，使台湾成为一个新兴的农业区域。这个时期，台湾与福建、广东的来往十分密切，中华文化更加全面地传入台湾。
1884年—1885年	**中法战争期间**，法军进攻台湾，遭刘铭传率军队重创，到 1885 年 6 月签订《中法新约》，法军被迫撤出台湾。
	中法战争以后，清政府为了加强海防，于 1885 年将台湾划为单一行省，台湾成为中国第 20 个行省。刘铭传积极推行自强新政，把众多新式事业集中于一省，使台湾成为当时中国的先进省份之一。
1894年	日本发动甲午战争，翌年清政府战败，于 4 月 17 日被迫签订丧权辱国的《马关条约》，把台湾割让给日本。举国同愤，反对割台；台湾全省哭声震天、鸣锣罢市。协理台湾军务的清军将领刘永福等率军民反抗日本的侵占，坚持战斗 5 个多月，历经大小百余仗，使日本侵略者付出了惨重的代价，仍以失败告终。从此，台湾沦为日本的殖民地达 50 年之久。台湾人民从未屈服于日本的殖民统治，在日本侵占初期，以农民为主体的抗日武装进行了长达 20 年的斗争。后来，文化协会、民众党、共产党等还组织领导了反抗日本殖民统治的民族抵抗运动。
1937年7月	日本制造“七七事变”，中国人民开始了全民族的抗日战争，最终收复了台湾。台湾同胞欢天喜地，庆祝回归祖国。1945 年 10 月 25 日，同盟国中国战区台湾省受降仪式于台北进行，受降主官代表中国政府宣告：自即日起，台湾及澎湖列岛已正式重入中国版图，所有一切土地、人民、政事皆已置于中国主权之下。至此，台湾、澎湖重归中国主权管辖之下。

五、民俗风情

类别	内容
概况	汉族占台湾人口 98% 左右，大多是福建省和广东省的移民，主要少数民族是高山族，居住在台湾的高山族同胞有自己独特的文化艺术，他们口头文学很丰富，有神话、传说和民歌等。台湾普遍使用普通话，文字是中文繁体字，主要方言是闽南语和客家语。
饮食	台湾居民祭祀神明，宴请客人，必备好酒。

（续表）

类别	内容
建筑	彩画、书法、木雕、石雕、泥塑、陶瓷、剪黏等都是构成建筑的要素，展示了内涵深刻的台湾文化。庙宇建筑随处可见，其中鹿港的龙山寺、天后宫以及北港朝天宫等，都是台湾知名且历史悠久的寺庙，具有很高的艺术价值。
节日	有春节、元宵节、端午节、七夕、中元节等，元宵节除了赏花灯、猜灯谜外，还有特色的台北“北天灯”、台南“南蜂炮”等；台南市盐水区武庙的蜂炮是百姓为感念关圣帝君的神威，百姓于每年元宵节当天燃放烟火，并举行关帝绕境活动。随着旅游业发展，盐水区蜂炮提前在元宵节前夜引燃。当神轿抵达时，附近商家、住户蜂拥而上将蜂炮抬出点燃，飞炮冲天，烟花四溅，热闹非凡。 台湾中秋三大件是月饼、柚子和烤肉，主要活动包含拜月、祭土地、走月亮、吃月饼等，都是从月亮衍生而来的习俗。松柏岭玄天上帝祭典、大甲妈祖进香、北港妈祖出巡、台北迎城隍、东港王船祭、二结王公过火及原住民祭典等也是台湾本土重要的民俗活动。还有丰年祭、祖灵祭、狩猎祭、图腾、蛇纹等特色民俗。
禁忌	☆禁送粽子，因为台湾居丧之家习惯包粽子； ☆禁送甜果，甜果在台湾指年糕，是过年的常用祭品； ☆禁送手帕，手帕是丧事完毕后主人送给吊丧者的礼物，寓意与死者永别； ☆禁送扇子，台湾有“送扇，无期见”的俗语； ☆禁送刀剪，意为“一刀两断”； ☆禁送雨伞，“伞”和“散”同音； ☆禁送镜子，因为镜子容易打碎，“破镜难圆”； ☆禁以钟送人，因为“钟”与“终”同音，送钟会使人想到“送终”。

六、文旅资源

台湾有快速隆升的高大山脉、壮观幽静的深切峡谷、蜿蜒绵长的环岛海岸线、鬼斧神工的海蚀地貌、丰富的地热资源、多样的自然生态与独特的人文风情，这些构成了独一无二的美丽台湾。

台湾境内有阿里山、日月潭、太鲁阁峡谷、玉山、垦丁、阳明山等著名的旅游景区，还有新北市瑞芳区九份老街、台北市北投区、彰化县鹿港镇、新北市莺歌区等观光小镇，地方风情浓厚，是寻幽访古的旅游胜地。境内有不少特色温泉，温泉文化别具一格，位于城市的著名景区有台北 101、台北故宫博物院、台北中山纪念馆等。

景区	介绍
台北	位于台湾岛北部的台北盆地，是台湾第四大城市，台北市划为 12 个区，总人口约 260 万。台北是台湾政治、经济和文化的中心，是华语流行音乐、文化创意、娱乐产业的枢纽中心。台北属亚热带季风气候，四季不明显。台北有台北城门、龙山寺、孔庙、圆山文化遗址、台北故宫博物院等。**台北故宫博物院**外观采用中国宫廷式设计。该博物院收藏品共 70 万余件，大部分为 1949 年前从北京故宫博物院运走的文物，毛公鼎、翠玉白菜和肉形石为三大镇馆之宝。**101 大楼**位于台北精华地段的信义商圈，楼高 509 米，是台湾的标志性建筑。台北也是美食之都，台北夜市有众多的台湾著名小吃。

（续表）

景区	介绍
高雄	台湾第二大城市，也是台湾最大的国际港口，有“港都”之名。面积 2947 平方公里，人口约 276 万。高雄的主要景点有佛光山、六合夜市、高雄美丽岛、驳二艺术特区、打狗英国领事馆、西子湾风景区、爱河、高雄港、渔人码头、瑞丰夜市等。
野柳	位于台湾基隆市西北方约 15 公里处，是一个突出海面的岬角。因远望如一只海龟蹒跚离岸，昂首拱背而游，因此称为野柳龟。受造山运动的影响，深埋海底的沉积岩上升至海面，产生了附近海岸的单面山、海蚀崖、海蚀洞等地形，海蚀、风蚀等在不同硬度的岩层上作用，形成蜂窝岩、豆腐岩、蕈状岩、姜状岩、风化窗等世界级的岩层景观。景区分三大区：第一区有女王头、仙女鞋、乳石等景点，第二区有豆腐岩、龙头石等景点，第三区有海蚀壶穴、海狗石等景点，适合做地质教学的田野调查课程。第一区的林添祯塑像是纪念他当年舍身救人的英勇事迹。
太鲁阁	位于台湾岛东部，地跨花莲县、台中县、南投县三个行政区。园内有台湾第一条东西横贯公路通过，称为中横公路系统。太鲁阁公园的特色为峡谷和断崖。园内的高山保留了许多冰河时期的孑遗生物，如山椒鱼等。太鲁阁亦成为台铁之列车名。主要景点有长春祠、燕子口、靳珩公园、九曲洞、慈母桥、天祥；主要的自然景观有锥麓断崖、流芳桥、大禹岭、布洛湾、砂卡礑步道、绿水合流步道、清水断崖步道、白杨步道，豁然亭步道、莲花池步道、黄金峡谷。千万年来，立雾溪丰沛的河水不断切割太鲁阁这块台湾地质史上最古老的大理岩层，于是形成了最独特的大理石峡谷景观，20 公里长的太鲁阁峡谷是世界上最大规模的大理石峡谷。太鲁阁是台湾最具特色的自然与人文合一的旅游景观。
日月潭	位于南投县，是台湾最大、最有名的天然湖泊，水域面积达 900 多公顷，比杭州西湖大 1/3 左右。日月潭中的光华岛远望好像浮在水面的珠子，以此光华岛为界，北半湖形状如圆日，南半湖形状如弯月，日月潭因此而得名。
阿里山	位于嘉义县东北，是台湾最理想的避暑胜地。日出、云海、晚霞、森林与高山铁路，合称阿里山五奇。景区素有“神秘的森林王国”之称，拥有长达 72 公里的森林铁路，阿里山铁路有 70 多年历史，是世界上仅存的三条高山铁路之一，途经热、暖、温、寒四带，景致迥异。尤其三次螺旋环绕及第一分道的“Z”形爬升，更是难忘的经历。
垦丁	位于台湾屏东县最南端的恒春半岛，是台湾本岛唯一的热带地区，终年气温和暖。垦丁公园是台湾唯一拥有海域和陆地的公园，被称为台湾的天涯海角。最南端突出的两大峡角鹅銮鼻公园和猫鼻头公园是两大热门景点。

七、风物特产

（一）饮品

传统饮品——茶，台湾全境皆产茶，名茶有阿里山高山茶、冻顶乌龙茶、文山包种茶、东方美人茶和铁观音等。茶艺形式主要是工夫茶。泡沫红茶文化是台湾茶文化新的发展，代表性茶饮珍珠奶茶广受欢迎。

（二）农副土产

盛产大米，著名的有“蓬莱米”；盛产蔗糖，有“东方糖库”之称；兰花品种多、品质好，盛产蝴蝶，有精美的蝴蝶标本和蝴蝶工艺品。台湾气候宜人，盛产水果，一年四季不断，有“水果之乡”的美称，有台湾凤梨、台湾释迦、莲雾等特产水果。还有金门贡糖、台湾牛轧糖、台湾蛋黄酥等伴手礼以及大溪豆干、樱花虾、太阳饼等其他土特产。

（三）美食

饮食文化融合各地美食风格，台湾菜与闽南菜、广东潮汕潮州菜渊源深厚，也受客家菜、广州菜和日本料理的影响。台湾菜有海鲜丰富、腌菜酱菜入菜、节令食补等特色，倾向自然原味，调味不求繁复，风格鲜香、清淡。台湾菜素有“汤汤水水”之称，羹汤类菜肴广受欢迎。台湾的特色美食有三杯鸡、卤肉饭、菜脯蛋、花生猪脚、姜母鸭、蒸笼沙虾、生炒花枝等。台湾饮食文化中有著名的“小吃”文化，各式风味小吃云集的夜市是台湾市民生活文化的代表之一，台湾常见的小吃有大肠包小肠、鼎边锉、蚵仔煎、阿宗面线、甜不辣、棺材板、彰化肉、牛肉面等。鼎泰丰是享誉世界的台湾小笼包专卖店，在台湾已成为中华传统美食的代表，游客到台湾必到鼎泰丰尝小笼包的美味。

八、特色产业

台湾是以中小企业为主的出口导向型经济体，对国际市场依赖度较高。在国际分工体系中，台湾重点发展高端制造业和高新技术产业，半导体、IT、通信和电子精密制造等产业处于全球领先地位，拥有富士康、宏碁、华硕、台积电等一大批明星企业。台湾生产的主机板、芯片组、笔记本电脑、扫描仪等产品曾占有一半以上的全球市场，尤其在晶圆代工产业领域，台湾长期占据全球第一的位置。

易错考题小试牛刀

1.（判断题）大型活动“国际综艺合家欢”是台湾主办的。（　）

2.（单选题）维多利亚港位于香港岛与（　）之间，被评为中国最美八大海岸之一。

A. 澳门半岛　B. 新界　C. 大屿山　D. 九龙半岛

3.（多选题）台湾包括台湾岛以及（　）等岛屿。

A. 澎湖列岛　B. 钓鱼岛　C. 兰屿岛　D. 路环岛　E. 氹仔岛

4.（多选题）下列选项中，属于澳门非物质文化遗产的有（　）。

A. 南音说唱　B. 凉茶配制　C. 粤剧　D. 哪吒信俗　E. 大澳端午龙舟游涌

5.（多选题）被誉为阿里山“五奇”的有（　）。

A. 高山铁路　B. 瀑布　C. 森林　D. 云海　E. 日出

【答案】1. 错　2.D　3.ABC　4.ABCD　5.ACDE

附录

附录 1　中国的世界遗产项目

20 世纪 30 年代，国际现代建筑协会在《雅典宪章》中明确提出“有价值的建筑和地区”的保护问题，确定了一些个体建筑保护基本原则及具体的保护措施，促进了保护历史文化遗产国际运动的展开。50 年代以来，国外历史文化遗产的保护对象从个体的文物建筑扩大到历史地段。60 年代美国白宫会议首先提出设立“世界遗产信托资金”的建议案，提出要保护世界上杰出的自然风景区和历史遗址。美国在提出这个“世界遗产信托资金”理论的时候，恰恰赶上埃及政府在尼罗河上游修阿斯旺水坝，由于修这个水坝使水位加高，淹没了一座有 2000 年历史的神庙，所以联合国提出了《保护自然和文化遗产的公约》。1964 年 5 月通过的《威尼斯宪章》，提出了文物古迹保护的基本概念、基本原则与方法，扩大了文物古迹的概念，不仅包括单个建筑物，而且包括能够从中找出一种独特的文明，一种有一定意义的发展或一个历史事件见证的城市和乡村环境。

1970 年，美国首度将这一理念写进当时一部重要法案《国家环境政策法》。1972 年，联合国教科文组织向全世界提出要保护自然和文化遗产。当时提出了“保护自然和文化遗产”的概念。1972 年 11 月，联合国教科文组织第十七届大会在巴黎通过的《保护世界文化和自然遗产公约》，确定文化遗产、自然遗产、文化与自然双重遗产的三种类型，扩大了历史文化遗产的范围。从此，历史文化遗产保护受到世界各国政府和公众的普遍关注和重视。

1992 年 12 月，在美国圣菲召开的联合国教科文组织世界遗产委员会第 16 届会议将文化景观作为文化遗产的类型，从而进一步丰富了历史文化遗产的内涵。1997 年 11 月，非物质文化遗产——“人类口头与非物质文化遗产代表作”得到国际的认可。截至 2005 年 7 月，世界上有 170 多个国家成为《保护世界文化和自然遗产公约》的缔约国，已有 788 处遗产被列入世界遗产名录，47 处被列入非物质遗产名录。

一、世界遗产的主要类型

类型	定义
文化遗产	在概念上可分为有形文化遗产和无形文化遗产两大类，包括物质文化遗产和非物质文化遗产。 ☆物质文化遗产是指具有历史、艺术和科学价值的文物、建筑群和遗址。从历史、艺术或科学角度看，文物是指具有突出、普遍价值的建筑物、雕刻和绘画，具有考古意义的成分或结构，铭文、洞穴、住区及各类文物的综合体；建筑群是指因其建筑的形式、同一性及其在景观中的地位，具有突出、普遍价值的单独或相互联系的建筑群；遗址是指从历史、美学、人种学或人类学角度看，具有突出、普遍价值的人造工程或人与自然的共同杰作以及考古遗址地带。 ☆非物质文化遗产是指各种以非物质形态存在的、与群众生活密切相关、世代相承的传统文化表现形式。
文化景观遗产（包含在文化遗产中）	是“人类与大自然的共同杰作”，见证了人类社会和居住地在自然限制和/或自然环境的影响下随着时间的推移而产生的进化，也展示了社会、经济和文化外部和内部的发展力量；包含了人类与其所在的自然环境之间互动的多种表现。文化景观分为三类：人类刻意设计及创造的景观、关联性文化景观和有机演进的景观。庐山、五台山、杭州西湖、哈尼梯田、花山岩画和普洱景迈山古茶林文化景观是中国的世界遗产项目中仅有的六项文化景观。**（速记：三山一湖梯田画）**
自然遗产	自然界的特有景观和生物，主要包括以下三个层次的内容： ☆从美学或科学角度看，具有突出、普遍价值的由地质和生物结构或这类结构群组成的自然面貌。 ☆从科学或保护角度看，具有突出、普遍价值的地质和自然地理结构以及明确划定的濒危动植物物种生态区。 ☆从科学、保护或自然美角度看，具有突出、普遍价值的天然名胜或明确划定的自然地带。
世界农业遗产（包括在文化遗产中）	从2002年起，联合国粮农组织开发计划署和全球环境基金开始启动设立全球重要农业文化遗产项目。按照粮农组织的解释，世界农业遗产属于世界文化遗产的一部分，在概念上等同于世界文化遗产，世界农业遗产保护项目将对全球重要的受到威胁的传统农业文化与技术遗产进行保护。
国际湿地遗产	国际湿地遗产是世界遗产的一部分。2009年，湿地国际联盟组织正式开展了对国际湿地纳入世界遗产保护战略的范畴，已经在中国计划开展湿地世界遗产评估的项目有青海湖、洞庭湖、泸沽湖等湿地。

二、中国的世界遗产简介

（一）中国的世界遗产概况

（1）中国于1985年12月12日正式加入《保护世界文化与自然遗产公约》。

（2）1986年，中国开始向联合国教科文组织申报世界遗产项目。

（3）1999年10月29日，中国当选为世界遗产委员会成员。

（4）从2006年起，每年6月的第二个星期六为中国文化遗产日。

（5）从构成上看，截至2023年9月17日，中国世界遗产已达57项，其中世界文化遗产（含文化景观遗产）39 项、世界文化与自然双重遗产 4 项、世界自然遗产 14 项。

（6）从特点上看，中国是世界上拥有世界遗产类别最齐全的国家之一，也是世界文化与自然双重遗产数量最多的国家（与澳大利亚并列，均为 4 项），世界自然遗产 14 项位居第一，超过美国和加拿大。

（7）中国的首都北京是世界上拥有遗产项目数最多的城市（7 项）。

（8）苏州是中国第一个承办过世界遗产委员会会议的城市（2004 年，第 28 届）。

（二）中国的世界遗产项目

（资料来源：国家文物局官网，办事服务——公共信息服务——中国世界遗产）

1. 中国的世界文化遗产（含文化景观遗产）

序号	名称	所在省	列入时间	备注
1	长城	黑龙江、吉林、辽宁、河北、天津、北京、山东、河南、山西、陕西、湖北、湖南、甘肃、宁夏、青海、内蒙古、新疆	1987 年 12 月	17 省区
2	莫高窟	甘肃	1987 年 12 月	
3	明清故宫	北京（北京故宫）	1987 年 12 月	2 省区
		辽宁（沈阳故宫）	2004 年 7 月 1 日	
4	秦始皇陵及兵马俑坑	陕西	1987 年 12 月	
5	周口店北京人遗址	北京	1987 年 12 月	
6	拉萨布达拉宫历史建筑群	西藏（大昭寺、罗布林卡）	1994 年 12 月	1 市 3 处
7	承德避暑山庄及其周围寺庙	河北	1994 年 12 月	
8	曲阜孔庙、孔林和孔府	山东	1994 年 12 月	
9	武当山古建筑群	湖北	1994 年 12 月	
10	庐山风景名胜区	江西	1996 年 12 月 6 日	
11	丽江古城	云南	1997 年 12 月	
12	平遥古城	山西	1997 年 12 月	
13	苏州古典园林	江苏	1997 年 12 月	
14	北京皇家祭坛——天坛	北京	1998 年 11 月	
15	北京皇家园林——颐和园	北京	1998 年 11 月	
16	大足石刻	重庆	1999 年 12 月	
17	龙门石窟	河南	2000 年 11 月	
18	明清皇家陵寝	湖北（明显陵）、河北（清东陵、清西陵）	2000 年 11 月	5 省区
		江苏（明孝陵）、北京（明十三陵）	2003 年 7 月	
		辽宁（盛京三陵）	2004 年 7 月	

（续表）

序号	名称	所在省	列入时间	备注
19	青城山—都江堰	四川	2000 年 11 月	
20	皖南古村落—西递、宏村	安徽	2000 年 11 月	
21	云冈石窟	山西	2001 年 12 月	
22	高句丽王城、王陵及墓葬	吉林、辽宁	2004 年 7 月 1 日	2 省
23	澳门历史城区	澳门	2005 年 7 月 15 日	
24	安阳殷墟	河南	2006 年 7 月 13 日	
25	开平碉楼与村落	广东	2007 年 6 月 28 日	
26	福建土楼	福建	2008 年 7 月 7 日	
27	五台山	山西	2009 年 6 月 26 日	
28	登封“天地之中”历史古迹	河南	2010 年 8 月 1 日	
29	杭州西湖	浙江	2011 年 6 月 24 日	
30	元上都遗址	内蒙古	2012 年 6 月 29 日	
31	红河哈尼梯田	云南	2013 年 6 月 22 日	
32	大运河	北京、天津、河北、山东、河南、安徽、江苏、浙江	2014 年 6 月 22 日	8 省区
33	丝绸之路：长安—天山廊道的路网	河南、陕西、甘肃、新疆	2014 年 6 月 22 日	4 省区
34	土司遗址	湖南、湖北、贵州	2015 年 7 月 4 日	3 省区
35	左江花山岩画文化景观	广西	2016 年 7 月 15 日	
36	鼓浪屿：历史国际社区	福建	2017 年 7 月 8 日	
37	良渚古城遗址	浙江	2019 年 7 月 6 日	
38	泉州：宋元中国的世界海洋商贸中心	福建	2021 年 7 年 25 日	
39	普洱景迈山古茶林文化景观	云南	2023 年 9 月 17 日	

速记：
长城故宫北京人（3）；避暑山庄平遥城（2）；颐和天坛苏州园（3）；丽江大足兵马坑（3）；敦煌武当布达拉（3）；龙门三孔明清陵（3）；西递宏村都江堰（2）；云冈安阳澳门城（3）；福建土楼高句丽（2）；天地之中庐山真（2）；开平碉楼元上都（2）；西湖之畔土司镇（2）；五台山下哈尼田（2）；大运河畔良渚城（2）；岩画铺开丝绸路（2）；普洱鼓浪屿泉州（3）。
注：描色字体为文化遗产的一类特例——文化景观遗产，共 6 处，分别为庐山（江西，1996 年 12 月）、五台山（山西，2009 年 6 月）、杭州西湖（浙江，2011 年 6 月）、红河哈尼梯田（云南，2013 年 6 月）、左江花山岩画（广西，2016 年 7 月 15 日）、普洱景迈山古茶林文化景观（云南，2023 年 9 月）。

2. 中国的世界自然遗产项目

<table>
<tr><th>序号</th><th>名称</th><th>所在省</th><th>列入时间</th></tr>
<tr><td>1</td><td>九寨沟</td><td>四川</td><td>1992 年 12 月 7 日</td></tr>
<tr><td>2</td><td>黄龙</td><td>四川</td><td>1992 年 12 月 7 日</td></tr>
<tr><td>3</td><td>武陵源</td><td>湖南</td><td>1992 年 12 月 7 日</td></tr>
<tr><td>4</td><td>云南三江并流保护区</td><td>云南</td><td>2003 年 7 月 2 日</td></tr>
<tr><td>5</td><td>四川大熊猫栖息地</td><td>四川</td><td>2006 年 7 月 12 日</td></tr>
<tr><td>6</td><td>三清山世界地质公园</td><td>江西</td><td>2008 年 7 月 8 日</td></tr>
<tr><td>7</td><td>澄江化石遗址</td><td>云南</td><td>2012 年 7 月 1 日</td></tr>
<tr><td>8</td><td>新疆天山</td><td>新疆</td><td>2013 年 6 月 21 日</td></tr>
<tr><td rowspan="2">9</td><td>湖北神农架</td><td>湖北</td><td>2016 年 7 月 17 日</td></tr>
<tr><td>重庆五里坡
（湖北神农架世界自然遗产边界调整项目）</td><td>重庆</td><td>2021 年 7 月 29 日</td></tr>
<tr><td>10</td><td>青海可可西里</td><td>青海</td><td>2017 年 7 月 7 日</td></tr>
<tr><td>11</td><td>梵净山</td><td>贵州</td><td>2018 年 7 年 2 日</td></tr>
<tr><td>12</td><td>黄（渤）海候鸟栖息地（一期）</td><td>江苏</td><td>2019 年 7 月 5 日</td></tr>
<tr><td>13</td><td>中国南方喀斯特</td><td>云南、贵州、重庆、广西</td><td>2007 年 6 月 27 日一期
2014 年 6 月 23 日二期</td></tr>
<tr><td>14</td><td>中国丹霞</td><td>贵州、福建、湖南、广东、江西、浙江</td><td>2010 年 8 月 1 日</td></tr>
<tr><td colspan="4">速记：
三江武黄九（4）——三江并流、武陵源、黄龙、九寨沟；
三清栖南丹（4）——三清山、大熊猫栖息地、中国南方喀斯特、中国丹霞；
候鸟化石地（2）——黄（渤）海候鸟栖息地、澄江化石地；
天山神可梵（4）——天山、神农架、可可西里、梵净山。</td></tr>
</table>

注：关于“中国南方喀斯特”和“中国丹霞”

<table>
<tr><th>项目</th><th>列入时间</th><th>具体地点</th><th>涉及省区</th></tr>
<tr><td rowspan="2">中国南方喀斯特</td><td>2007 年（第一期）</td><td>云南石林、贵州荔波、重庆武隆</td><td>云南、贵州、重庆</td></tr>
<tr><td>2014 年（第二期）</td><td>广西桂林、环江、贵州施秉、重庆金佛山</td><td>广西、贵州、重庆</td></tr>
<tr><td>中国丹霞</td><td>2010 年</td><td>贵州赤水、福建泰宁、湖南崀山、广东丹霞山、江西龙虎山及龟峰、浙江江郎山</td><td>贵州、福建、湖南、广东、江西、浙江</td></tr>
</table>

3. 中国世界文化与自然双重遗产

序号	名称	所在省	批准时间
1	泰山	山东	1987 年 12 月
2	黄山	安徽	1990 年 12 月
3	峨眉山—乐山大佛	四川	1996 年 12 月
4	武夷山	福建	1999 年 12 月
速记：武夷山、黄山、泰山、峨眉山及乐山大佛——吾皇太饿。			

附录 2　中国的人类非物质文化遗产项目

一、非物质文化遗产简介

项目	内容
概念	非物质文化遗产（以下简称“非遗”）指被各群体、团体或有时为个人视为其文化遗产的各种实践、表演、表现形式、知识和技能及有关的工具、实物、工艺品和文化场所。
种类	☆口头传说和表现形式，包括作为非物质文化遗产媒介的语言。（如：《玛纳斯》《格萨尔》） ☆表演艺术。（如：昆曲、木卡姆等） ☆社会实践、礼仪、节庆活动。（如：妈祖信俗、端午节） ☆有关自然界和宇宙的知识和实践。（如：二十四节气） ☆传统手工艺。（如：蚕桑丝织技艺、书法、篆刻、剪纸等） ☆传统节日。（如：端午节）
特点	非遗最大的特点是不脱离民族特殊的生活生产方式，是民族个性、民族审美习惯“活”的显现。它依托于人本身而存在，以声音、形象和技艺为表现手段，并以身口相传作为文化链而得以延续，是“活”的文化及其传统中最脆弱的部分。因此对于非遗传承的过程来说，人就显得尤为重要。
意义	根据联合国教科文组织通过的《保护非物质文化遗产公约》中的定义，各个群体和团体所处环境、与自然界的相互关系和历史条件的不断变化使代代相传的非物质文化遗产得到创新，同时使他们自己具有一种认同感和历史感，从而促进文化多样性和激发人类的创造力。世界文化遗产的数量能够反映某地区、某国家历史文化的多样性与深厚程度，物质与非物质文化遗产如果被评为世界文化遗产，不仅能受世界瞩目，还能被更好地保护传承。申遗是一种对历史文化、秀丽江山的珍视情怀，是向全世界展示我们的文明。联合国教科文组织认为非物质文化遗产是确定文化特性、激发创造力和保护文化多样性的重要因素，在不同文化相互宽容、协调中起着至关重要的作用，因而于 1998 年通过决议设立非物质文化遗产评选。

二、中国的非遗项目

截至2022年12月，我国入选联合国教科文组织的非遗名录（含“急需保护名录”和“优秀实践名册”）的项目已达43个，也是目前世界上拥有世界非物质文化遗产数量最多的国家。

代表作名录	急需保护名录	优秀实践名录	合计
35 项	7 项	1 项	43 项

（一）列入人类非物质文化遗产代表作名录的中国项目

序号	名称	批准时间	序号	名称	批准时间
1	昆曲	2001 年	19	藏族《格萨尔》	2009 年
2	古琴艺术	2003 年	20	龙泉青瓷烧制技艺	2009 年
3	新疆维吾尔木卡姆艺术	2005 年	21	热贡艺术	2009 年
4	蒙古族长调民歌（与蒙古国共同申报）	2005 年	22	藏戏	2009 年
5	中国传统桑蚕丝织技艺（苏、浙、川）	2009 年	23	端午节	2009 年
6	福建南音	2009 年	24	妈祖信俗	2009 年
7	南京云锦织造技艺	2009 年	25	中国雕版印刷技艺	2009 年
8	《玛纳斯》	2009 年	26	蒙古族呼麦	2009 年
9	花儿	2009 年	27	中医针灸	2010 年
10	西安鼓乐	2009 年	28	京剧	2010 年
11	中国朝鲜族农乐舞	2009 年	29	中国皮影	2011 年
12	中国书法	2009 年	30	珠算	2013 年
13	中国篆刻	2009 年	31	二十四节气	2016 年
14	中国剪纸	2009 年	32	中国藏医药浴法	2018 年
15	中国传统木结构营造技艺	2009 年	33	太极拳	2020 年
16	安徽宣纸传统制作技艺	2009 年	34	送王船——有关人与海洋可持续联系的仪式及相关实践（与马来西亚联合申报）	2020 年
17	侗族大歌	2009 年	35	中国传统制茶技艺及其相关习俗	2022 年
18	粤剧（广东、香港、澳门联合申报）	2009 年			

（二）列入急需保护的非物质文化遗产名录的中国项目

序号	遗产项名称	批准时间	序号	遗产项目名称	批准时间
1	羌年庆祝习俗	2009 年	5	福建的中国水密隔舱福船制造技艺	2010 年
2	黎族传统纺染织绣技艺	2009 年	6	中国木版活字印刷术	2010 年
3	中国木拱桥传统营造技艺	2009 年	7	赫哲族伊玛堪说唱	2011 年
4	新疆的麦西热甫	2010 年			

（三）列入非物质文化遗产优秀实践名册的中国项目

序号	遗产项目名称	批准时间
1	福建木偶戏传承人培养计划	2012 年

附录 3　国家 5A 级旅游景区名录

截至 2022 年 7 月，我国共有国家 5A 级旅游景区 318 家，名单如下（资料来源：文化和旅游部官网）：

注：按中国 5A 级旅游景区数量（多到少）排序；黄河壶口瀑布旅游区为陕西、山西共有。

省区（市）	数量	名称	评定年份
江苏	25	苏州市姑苏区苏州园林	2007 年
		苏州市昆山市周庄古镇景区	2007 年
		南京市玄武区钟山—中山陵风景名胜区	2007 年
		无锡市滨湖区中央电视台无锡影视基地三国水浒城景区	2007 年
		无锡市滨湖区灵山大佛景区	2009 年
		苏州市吴江区同里古镇景区	2010 年
		南京市秦淮区夫子庙—秦淮河风光带	2010 年
		常州市新北区环球恐龙城景区	2010 年
		扬州市邗江区瘦西湖风景区	2010 年
		南通市崇川区濠河风景区	2012 年
		泰州市姜堰区溱湖国家湿地公园	2012 年
		苏州市吴中区金鸡湖国家商务旅游示范区	2012 年
		镇江市三山风景名胜区	2012 年
		无锡市滨湖区鼋头渚旅游风景区	2012 年
		苏州市吴中区太湖旅游区	2013 年

（续表）

省区（市）	数量	名称	评定年份
江苏	25	苏州市常熟市沙家浜—虞山尚湖旅游区	2013 年
		常州市溧阳市天目湖景区	2013 年
		镇江市句容市茅山景区	2014 年
		淮安市淮安区周恩来故里景区	2015 年
		盐城市大丰区中华麋鹿园景区	2015 年
		徐州市泉山区云龙湖景区	2016 年
		连云港市海州区花果山景区	2016 年
		常州市武进区春秋淹城旅游区	2017 年
		无锡市惠山古镇景区	2019 年
		宿迁市洪泽湖湿地景区	2020 年
浙江	20	杭州市西湖区杭州西湖风景区	2007 年
		温州市乐清市雁荡山风景区	2007 年
		舟山市普陀区普陀山风景区	2007 年
		杭州市淳安县千岛湖风景区	2010 年
		嘉兴市桐乡市乌镇古镇旅游区	2010 年
		宁波市奉化区溪口—滕头旅游景区	2010 年
		金华市东阳市横店影视城景区	2010 年
		嘉兴市南湖区南湖旅游区	2011 年
		杭州市西湖区西溪湿地旅游区	2012 年
		绍兴市越城区鲁迅故里—沈园景区	2012 年
		衢州市开化县根宫佛国文化旅游区	2013 年
		湖州市南浔区南浔古镇景区	2015 年
		台州市天台县天台山景区	2015 年
		台州市仙居县神仙居景区	2015 年
		嘉兴市嘉善县西塘古镇旅游景区	2017 年
		衢州市江山市江郎山・廿八都旅游区	2017 年
		宁波市海曙区天一阁・月湖景区	2018 年
		丽水市缙云仙都景区	2020 年
		温州市刘伯温故里景区	2020 年
		台州市台州府城文化旅游区	2022 年
新疆	17	昌吉回族自治州阜康市天山天池风景名胜区	2007 年
		吐鲁番市高昌区葡萄沟风景区	2007 年
		伊犁哈萨克自治州阿勒泰地区布尔津县喀纳斯景区	2007 年

（续表）

省区（市）	数量	名称	评定年份
新疆	17	伊犁哈萨克自治州新源县那拉提旅游风景区	2011 年
		伊犁哈萨克自治州阿勒泰地区富蕴县可可托海景区	2012 年
		喀什地区泽普县金胡杨景区	2013 年
		乌鲁木齐市乌鲁木齐县天山大峡谷	2013 年
		巴音郭楞蒙古自治州博湖县博斯腾湖景区	2014 年
		喀什地区喀什市喀什噶尔老城景区	2015 年
		伊犁哈萨克自治州特克斯县喀拉峻景区	2016 年
		巴音郭楞蒙古自治州和静县巴音布鲁克景区	2016 年
		伊犁哈萨克自治州阿勒泰地区哈巴河县白沙湖景区	2017 年
		喀什地区帕米尔旅游区	2019 年
		新疆维吾尔自治区克拉玛依市世界魔鬼城景区	2020 年
		新疆维吾尔自治区赛里木湖景区	2021 年
		新疆生产建设兵团塔克拉玛干・三五九旅文化旅游区	2021 年
		新疆维吾尔自治区昌吉回族自治州江布拉克景区	2022 年
四川	16	成都市都江堰市青城山—都江堰旅游景区	2007 年
		乐山市峨眉山市峨眉山景区	2007 年
		阿坝藏族羌族自治州九寨沟县九寨沟景区	2007 年
		乐山市市中区乐山大佛景区	2011 年
		阿坝藏族羌族自治州松潘县黄龙风景名胜区	2012 年
		绵阳市北川羌族自治县羌城旅游区	2013 年
		阿坝藏族羌族自治州汶川县汶川特别旅游区	2013 年
		南充市阆中市阆中古城旅游景区	2013 年
		广安市广安区邓小平故里旅游区	2013 年
		广元市剑阁县剑门蜀道剑门关旅游景区	2015 年
		南充市仪陇县朱德故里景区	2016 年
		甘孜藏族自治州泸定县海螺沟景区	2017 年
		雅安市碧峰峡旅游景区	2019 年
		巴中市光雾山旅游景区	2020 年
		甘孜州稻城亚丁旅游景区	2020 年
		成都市安仁古镇景区	2022 年
广东	15	广州市番禺区长隆旅游度假区	2007 年
		深圳市南山区华侨城旅游度假区	2007 年
		广州市白云区白云山景区	2011 年

（续表）

省区（市）	数量	名称	评定年份
广东	15	梅州市梅县区雁南飞茶田景区	2011 年
		深圳市龙华区观澜湖休闲旅游区	2011 年
		清远市连州市地下河旅游景区	2011 年
		韶关市仁化县丹霞山景区	2012 年
		佛山市南海区西樵山景区	2013 年
		惠州市博罗县罗浮山景区	2013 年
		佛山市顺德区长鹿旅游休博园	2014 年
		阳江市江城区海陵岛大角湾海上丝路旅游区	2015 年
		中山市孙中山故里旅游区	2016 年
		惠州市惠城区惠州西湖旅游景区	2018 年
		肇庆市星湖旅游景区	2019 年
		江门市开平碉楼文化旅游区	2020 年
河南	15	郑州市登封市嵩山少林寺景区	2007 年
		洛阳市洛龙区龙门石窟景区	2007 年
		焦作市云台山—神农山—青天河风景区	2007 年
		安阳市殷都区殷墟景区	2011 年
		洛阳市嵩县白云山景区	2011 年
		开封市龙亭区清明上河园景区	2011 年
		平顶山市鲁山县尧山—中原大佛景区	2011 年
		洛阳市栾川县老君山—鸡冠洞旅游区	2012 年
		洛阳市新安县龙潭大峡谷景区	2013 年
		南阳市中国西峡恐龙遗迹园—伏牛山—老界岭旅游区	2014 年
		驻马店市遂平县嵖岈山旅游景区	2015 年
		安阳市林州市红旗渠—太行大峡谷旅游景区	2016 年
		商丘市永城市芒砀山汉文化旅游景区	2017 年
		新乡市八里沟景区	2019 年
		信阳市鸡公山景区	2022 年
湖北	14	武汉市武昌区黄鹤楼公园	2007 年
		宜昌市三峡大坝—屈原故里文化旅游区	2007 年
		宜昌市夷陵区三峡人家风景区	2011 年
		十堰市丹江口市武当山风景区	2011 年
		恩施土家族苗族自治州巴东县神龙溪纤夫文化旅游区	2011 年
		神农架林区神农架生态旅游区	2012 年

（续表）

省区（市）	数量	名称	评定年份
湖北	14	宜昌市长阳土家族自治县清江画廊景区	2013 年
		武汉市洪山区中国武汉—东湖生态旅游风景区	2013 年
		武汉市黄陂区木兰文化生态旅游区	2014 年
		恩施土家族苗族自治州恩施市恩施大峡谷景区	2015 年
		咸宁市赤壁市三国赤壁古战场景区	2018 年
		襄阳市古隆中景区	2019 年
		恩施州腾龙洞景区	2020 年
		宜昌市三峡大瀑布景区	2022 年
江西	14	九江市庐山市庐山风景名胜区	2007 年
		吉安市井冈山市井冈山风景旅游区	2007 年
		上饶市玉山县三清山旅游景区	2011 年
		鹰潭市贵溪市龙虎山风景名胜区	2012 年
		上饶市婺源县江湾景区	2013 年
		景德镇市昌江区古窑民俗博览区	2013 年
		赣州市瑞金市共和国摇篮景区	2015 年
		宜春市袁州区明月山旅游区	2015 年
		抚州市资溪县大觉山景区	2017 年
		上饶市弋阳县龟峰景区	2017 年
		南昌市东湖区滕王阁旅游区	2018 年
		萍乡市武功山景区	2019 年
		九江市庐山西海景区	2020 年
		赣州市三百山景区	2022 年
山东	14	泰安市泰山区泰山景区	2007 年
		烟台市蓬莱区蓬莱阁—三仙山—八仙过海旅游区	2007 年
		济宁市曲阜市明故城三孔旅游区	2007 年
		青岛市崂山区崂山景区	2011 年
		威海市环翠区刘公岛景区	2011 年
		烟台市龙口市南山景区	2011 年
		枣庄市台儿庄区台儿庄古城景区	2013 年
		济南市历下区天下第一泉景区	2013 年
		山东沂蒙山旅游区	2013 年
		潍坊市青州市青州古城景区	2017 年
		威海市环翠区威海华夏城景区	2017 年

（续表）

省区（市）	数量	名称	评定年份
山东	14	东营市黄河口生态旅游区	2019 年
		临沂市萤火虫水洞・地下大峡谷旅游区	2020 年
		济宁市微山湖旅游区	2022 年
安徽	12	黄山市黄山区黄山风景区	2007 年
		池州市青阳县九华山风景区	2007 年
		安庆市潜山市天柱山风景区	2011 年
		黄山市黟县皖南古村落—西递、宏村	2011 年
		六安市金寨县天堂寨旅游景区	2012 年
		宣城市绩溪县龙川景区	2012 年
		阜阳市颍上县八里河风景区	2013 年
		黄山市徽州区古徽州文化旅游区	2014 年
		合肥市肥西县三河古镇景区	2015 年
		芜湖市鸠江区方特旅游区	2016 年
		六安市舒城县万佛湖风景区	2016 年
		马鞍山市长江采石矶文化生态旅游区	2020 年
陕西	12	西安市临潼区秦始皇兵马俑博物馆	2007 年
		西安市临潼区华清池景区	2007 年
		延安市黄陵县黄帝陵景区	2007 年
		西安市雁塔区大雁塔—大唐芙蓉园景区	2011 年
		渭南市华阴市华山风景区	2011 年
		宝鸡市扶风县法门寺佛文化景区	2014 年
		商洛市商南县金丝峡景区	2015 年
		宝鸡市眉县太白山旅游景区	2016 年
		西安市城墙・碑林历史文化景区	2018 年
		延安市延安革命纪念地景区	2019 年
		西安市大明宫旅游景区	2020 年
		延安市黄河壶口瀑布旅游区	2022 年
湖南	11	张家界市武陵源—天门山旅游区	2007 年
		衡阳市南岳区衡山旅游区	2007 年
		湘潭市韶山市韶山旅游区	2011 年
		岳阳市岳阳楼—君山岛景区	2011 年
		长沙市岳麓区岳麓山一橘子洲旅游区	2012 年
		长沙市宁乡市花明楼景区	2013 年

（续表）

省区（市）	数量	名称	评定年份
湖南	11	郴州市资兴市东江湖旅游区	2015 年
		邵阳市新宁县崀山景区	2016 年
		株洲市炎帝陵景区	2019 年
		湖南省常德市桃花源旅游区	2020 年
		湘西州矮寨·十八洞·德夯大峡谷景区	2021 年
河北	11	承德市双桥区承德避暑山庄及周围寺庙景区	2007 年
		保定市安新县白洋淀景区	2007 年
		保定市涞水县野三坡景区	2011 年
		石家庄市平山县西柏坡景区	2011 年
		唐山市遵化市清东陵景区	2015 年
		邯郸市涉县娲皇宫景区	2015 年
		邯郸市永年区广府古城景区	2017 年
		保定市涞源县白石山景区	2017 年
		秦皇岛市山海关区山海关景区	2018 年
		保定市清西陵景区	2019 年
		河北省承德市金山岭长城景区	2020 年
重庆	11	大足区大足石刻景区	2007 年
		巫山小三峡—小小三峡旅游区	2007 年
		武隆区喀斯特旅游区	2011 年
		酉阳土家族苗族自治县桃花源旅游景区	2012 年
		綦江区万盛黑山谷—龙鳞石海风景区	2012 年
		南川区金佛山景区	2013 年
		江津区四面山景区	2015 年
		云阳县龙缸景区	2017 年
		彭水县阿依河景区	2019 年
		黔江区濯水景区	2020 年
		奉节县白帝城·瞿塘峡景区	2022 年
福建	10	厦门市思明区鼓浪屿风景名胜区	2007 年
		南平市武夷山市武夷山风景名胜区	2007 年
		三明市泰宁县泰宁风景旅游区	2011 年
		福建土楼（永定·南靖）旅游景区	2011 年
		宁德市屏南县（白水洋·鸳鸯溪）旅游景区	2012 年
		泉州市丰泽区清源山风景名胜区	2012 年

（续表）

省区（市）	数量	名称	评定年份
福建	10	宁德市福鼎市太姥山旅游区	2013 年
		福州市鼓楼区三坊七巷景区	2015 年
		龙岩市上杭县古田旅游区	2015 年
		莆田市湄洲岛妈祖文化旅游区	2020 年
山西	10	大同市云冈区云冈石窟景区	2007 年
		忻州市五台县五台山风景名胜区	2007 年
		晋城市阳城县皇城相府生态文化旅游区	2011 年
		晋中市介休市绵山风景名胜区	2013 年
		晋中市平遥县平遥古城景区	2015 年
		忻州市代县雁门关景区	2017 年
		临汾市洪洞县洪洞大槐树寻根祭祖园旅游景区	2018 年
		长治市壶关太行山大峡谷八泉峡景区	2019 年
		临汾市云丘山景区	2020 年
		临汾市黄河壶口瀑布旅游区	2022 年
贵州	9	安顺市镇宁布依族苗族自治县黄果树瀑布景区	2007 年
		安顺市西秀区龙宫景区	2007 年
		毕节市黔西县百里杜鹃景区	2013 年
		黔南布依族苗族自治州荔波县樟江景区	2015 年
		贵阳市花溪区青岩古镇景区	2017 年
		铜仁市梵净山（江口・印江）旅游区	2018 年
		黔东南州镇远古城旅游景区	2019 年
		遵义市赤水丹霞旅游区	2020 年
		毕节市织金洞景区	2022 年
云南	9	昆明市石林彝族自治县石林风景区	2007 年
		丽江市玉龙纳西族自治县玉龙雪山景区	2007 年
		丽江市古城区丽江古城景区	2011 年
		大理白族自治州大理市崇圣寺三塔文化旅游区	2011 年
		西双版纳傣族自治州勐腊县中科院西双版纳热带植物园	2011 年
		迪庆藏族自治州香格里拉市普达措国家公园	2012 年
		昆明市盘龙区昆明世博园景区	2016 年
		保山市腾冲市火山热海旅游区	2016 年
		文山州普者黑旅游景区	2020 年

（续表）

省区（市）	数量	名称	评定年份
广西	9	桂林市漓江风景区	2007 年
		桂林市兴安县乐满地度假世界	2007 年
		桂林市秀峰区独秀峰·靖江王城景区	2012 年
		南宁市青秀区青秀山旅游区	2014 年
		桂林市两江四湖·象山景区	2017 年
		崇左市大新县德天跨国瀑布景区	2018 年
		百色市百色起义纪念园景区	2019 年
		北海市涠洲岛南湾鳄鱼山景区	2020 年
		贺州市黄姚古镇景区	2022 年
北京	8	东城区故宫博物院	2007 年
		东城区天坛公园	2007 年
		海淀区颐和园	2007 年
		八达岭—慕田峪长城旅游区	2007 年
		昌平区明十三陵景区	2011 年
		西城区恭王府景区	2012 年
		朝阳区北京奥林匹克公园	2012 年
		海淀区圆明园景区	2020 年
甘肃	7	嘉峪关市嘉峪关文物景区	2007 年
		平凉市崆峒区崆峒山风景名胜区	2007 年
		天水市麦积区麦积山景区	2011 年
		酒泉市敦煌市鸣沙山月牙泉景区	2015 年
		张掖市七彩丹霞景区	2019 年
		临夏州炳灵寺世界文化遗产旅游区	2020 年
		陇南市官鹅沟景区	2022 年
吉林	7	延边朝鲜族自治州安图县长白山景区	2007 年
		长春市宽城区伪满皇宫博物馆	2007 年
		长春市南关区净月潭景区	2011 年
		长春市南关区长影世纪城景区	2015 年
		延边朝鲜族自治州敦化市六鼎山文化旅游区	2015 年
		长春市南关区世界雕塑公园景区	2017 年
		通化市高句丽文物古迹旅游景区	2019 年

（续表）

省区（市）	数量	名称	评定年份
海南	6	三亚市崖州区南山文化旅游区	2007 年
		三亚市崖州区南山大小洞天旅游区	2007 年
		保亭县呀诺达雨林文化旅游区	2012 年
		陵水黎族自治县分界洲岛旅游区	2013 年
		保亭县海南槟榔谷黎苗文化旅游区	2015 年
		三亚市海棠区蜈支洲岛旅游区	2016 年
黑龙江	6	哈尔滨市松北区太阳岛景区	2007 年
		黑河市五大连池市五大连池景区	2011 年
		牡丹江市宁安市镜泊湖景区	2011 年
		伊春市汤旺河区林海奇石景区	2013 年
		大兴安岭地区漠河市北极村旅游景区	2015 年
		虎林市虎头旅游景区	2019 年
内蒙古	6	鄂尔多斯市达拉特旗响沙湾旅游景区	2011 年
		鄂尔多斯市伊金霍洛旗成吉思汗陵旅游区	2011 年
		呼伦贝尔市满洲里市中俄边境旅游区	2016 年
		兴安盟阿尔山市阿尔山·柴河旅游景区	2017 年
		赤峰市克什克腾旗阿斯哈图石阵旅游区	2018 年
		阿拉善盟胡杨林旅游区	2019 年
辽宁	6	沈阳市浑南区沈阳植物园	2007 年
		大连市中山区老虎滩海洋公园—老虎滩极地馆	2007 年
		大连市金州区金石滩景区	2011 年
		本溪市本溪满族自治县本溪水洞景区	2015 年
		鞍山市千山区千山景区	2017 年
		盘锦市红海滩风景廊道景区	2019 年
西藏	5	拉萨市城关区布达拉宫景区	2013 年
		拉萨市城关区大昭寺景区	2013 年
		林芝市工布江达县巴松错景区	2017 年
		日喀则市桑珠孜区扎什伦布寺景区	2017 年
		林芝市雅鲁藏布大峡谷旅游景区	2020 年
青海	4	青海湖风景区	2011 年
		西宁市湟中区塔尔寺景区	2012 年
		海东市互助土族自治县互助土族故土园旅游区	2017 年
		海北州阿咪东索景区	2020 年

（续表）

省区（市）	数量	名称	评定年份
宁夏	4	石嘴山市平罗县沙湖旅游景区	2007 年
		中卫市沙坡头区沙坡头旅游景区	2007 年
		银川市西夏区宁夏镇北堡西部影视城	2011 年
		银川市灵武市水洞沟旅游区	2015 年
上海	4	浦东新区东方明珠广播电视塔	2007 年
		浦东新区上海野生动物园	2007 年
		浦东新区上海科技馆	2010 年
		中国共产党一大・二大・四大纪念馆景区	2021 年
天津	2	南开区天津古文化街旅游区（津门故里）	2007 年
		蓟州区盘山风景名胜区	2007 年

附录 4　国家级旅游度假区名录

国家级旅游度假区是为适应我国居民休闲度假旅游需求快速发展的需要，为人民群众积极营造有效的休闲度假空间，提供多样化、高质量的休闲度假旅游产品，为落实职工带薪休假制度创造更为有利的条件而设立的综合性旅游载体品牌。国家级旅游度假区更注重于度假旅游目的地建设，度假区建设必须建立在对度假旅游市场进行充分调研的基础上，准确定位、科学规划、合理布局，注重软开发，适度硬开发，同时更注重“供给侧”的旅游项目开发。

截至 2023 年 7 月，中国共有国家级旅游度假区 63 家。

序号	省区（市）	名称
1	河北	崇礼冰雪旅游度假区
		秦皇岛市北戴河度假区
2	黑龙江	亚布力滑雪旅游度假区
3	上海	上海佘山国家旅游度假区
		上海国际旅游度假区
4	江苏	南京汤山温泉旅游度假区
		无锡市宜兴阳羡生态旅游度假区
		天目湖旅游度假区
		常州太湖湾旅游度假区

（续表）

序号	省区（市）	名称
4	江苏	阳澄湖半岛旅游度假区
		常熟虞山文化旅游度假区
		宿迁骆马湖旅游度假区
5	浙江	东钱湖旅游度假区
		湘湖旅游度假区
		湖州市太湖旅游度假区
		湖州市安吉灵峰旅游度假区
		德清莫干山国际旅游度假区
		淳安千岛湖旅游度假区
		泰顺廊桥—氡泉旅游度假区
		鉴湖旅游度假区
6	吉林	长白山旅游度假区
7	山东	凤凰岛旅游度假区
		海阳旅游度假区
		烟台市蓬莱旅游度假区
		日照山海天旅游度假区
		烟台金沙滩旅游度假区
		荣成好运角旅游度假区
8	河南	尧山温泉旅游度假区
		三门峡市天鹅湖旅游度假区
9	湖北	武当太极湖旅游度假区
		神农架木鱼旅游度假区
10	湖南	灰汤温泉旅游度假区
		常德柳叶湖旅游度假区
		岳阳洞庭湖旅游度假区
11	广东	东部华侨城旅游度假区
		河源巴伐利亚庄园
12	广西	桂林阳朔遇龙河旅游度假区
		大新明仕旅游度假区
		北海银滩国家旅游度假区
13	重庆	仙女山旅游度假区
		重庆丰都南天湖旅游度假区

（续表）

序号	省区（市）	名称
14	云南	阳宗海旅游度假区
		西双版纳旅游度假区
		大理古城旅游度假区
		玉溪抚仙湖旅游度假区
15	四川	邛海旅游度假区
		成都天府青城康养休闲旅游度假区
		峨眉山市峨秀湖旅游度假区
		宜宾蜀南竹海旅游度假区
16	海南	三亚市亚龙湾旅游度假区
		琼海博鳌东屿岛旅游度假区
17	福建	福州市鼓岭旅游度假区
18	江西	宜春市明月山温汤旅游度假区
		上饶市三清山金沙旅游度假区
		新余市仙女湖七夕文化旅游度假区
		赣州市大余县丫山旅游度假区
19	安徽	合肥市巢湖半汤温泉养生度假区
20	贵州	遵义市赤水河谷旅游度假区
		六盘水市野玉海山地旅游度假区
21	西藏	林芝市鲁朗小镇旅游度假区
22	陕西	宝鸡市太白山温泉旅游度假区
		商洛市牛背梁旅游度假区
23	新疆	那拉提旅游度假区